ALEXANDRE DUMAS

IMPRESSIONS DE VOYAGE

ÉDITION NOUVELLE REVUE PAR L'AUTEUR

ILLUSTRÉE PAR COPPIN, LANCELOT, J.-A. BEAUCÉ, STAAL, ETC.

PUBLIÉE PAR DUFOUR ET MULAT

DEUXIÈME PARTIE
SUISSE — II

PARIS — 1853
CHEZ MARESCQ ET Cⁱᵉ, LIBRAIRES
5 — RUE DU PONT-DE-LODI — 5

IMPRESSIONS DE VOYAGE

SUISSE — II

PARIS — IMPRIMERIE SIMON RAÇON ET Cie, RUE D'ERFURTH, 1.

ED.COPPIN   H.DELAVILLE

Le duc de Bourgogne.

IMPRESSIONS
DE VOYAGE

PAR

ALEXANDRE DUMAS

ÉDITION NOUVELLE REVUE PAR L'AUTEUR

ILLUSTRÉE PAR COPPIN, LANCELOT, J.-A. BEAUCÉ, STAAL, ETC.

PUBLIÉE PAR DUFOUR ET MULAT.

DEUXIÈME PARTIE
SUISSE — II

PARIS
CHEZ MARESCQ ET Cⁱᵉ, LIBRAIRES
5, RUE DU PONT-DE-LODI, 5

1853

IMPRESSIONS DE VOYAGE

ÉDITION NOUVELLE REVUE PAR L'AUTEUR.

DEUXIÈME PARTIE.

PREMIÈRE COURSE DANS L'OBERLAND.

LE LAC DE THUN.

L a seconde journée que nous passâmes à Berne fut consacrée à visiter la ville, matériellement parlant.

Nous partîmes de Berne à sept heures et demie du soir : la route, jusqu'à Thun, est une des moins montueuses et des plus faciles de toute la Suisse.

Deux heures après notre départ, la nuit nous enveloppa, mais de cette ombre transparente qui indique le lever de la lune ; elle était cependant encore visible pour nous.

Nous continuâmes ainsi notre route au milieu de tous les fantastiques enchantements de la nuit, sans perdre de vue un instant la muraille de neige vers laquelle nous avancions, et de laquelle nous arrivaient, quoique nous en fussions éloignés encore de près de six lieues, des rumeurs inconnues et plaintives, produites par la chute des avalanches et le craquement des glaciers.

Nous arrivâmes à dix heures et demie à Thun, désespérés de n'avoir pas encore cinq ou six lieues à faire par une si belle nuit.

Ici notre mode de voyage allait changer, et les grandes routes allaient faire place aux lacs et aux montagnes. Nous réglâmes nos comptes avec notre cocher ; il était désespéré de nous quitter, disait-il. Nous comprîmes que c'était une manière honnête de nous prier d'ajouter quelque chose à son pourboire : comme c'était un très-brave garçon, cela ne fit point difficulté. Un quart d'heure après il revint nous dire, tout consolé, qu'il avait retrouvé une dame et un monsieur à reconduire à Lausanne.

Comme Thun n'offre rien de remarquable que son école d'artillerie, et que nous n'étions pas venus en Suisse pour voir tirer le canon, je retins ma place pour Interlaken dans le bateau de poste, non que ce moyen de transport fût le plus commode, mais parce que j'espérais accrocher, chemin faisant, quelque tradition aux passagers. Le lendemain, à neuf heures et demie, nous partîmes.

On s'embarque à la porte même de l'auberge.

Pendant dix minutes à peu près on remonte l'Aar, qui descend des glaciers du Finster-Aarhorn, se précipite aux rochers de la Handek d'une hauteur de trois cents pieds, et vient alimenter, en les traversant dans toute leur largeur, les deux lacs de Brientz et de Thun, séparés l'un de l'autre par le charmant village d'Interlaken, dont le nom seul indique la position. Après ces dix minutes de marche, on entre dans le lac.

Aussitôt l'horizon s'élargit sur tous les points, demeurant cependant plus borné à gauche qu'à droite ; car, à gauche, une colline couverte de bois borde le lac dans toute sa longueur, et, de la distance où on la voit, semble un mur tapissé de lierre; tandis qu'à droite le paysage s'étend en présentant deux étages de montagnes, dont les secondes ont l'air de regarder par-dessus les premières. De temps en temps ce premier plan s'ouvre et présente la gorge bleuâtre d'une vallée, qui, des bords du lac, paraît large comme un fossé de citadelle, et qui, à son entrée, présente une ouverture d'une lieue.

La première ruine qui frappe les yeux en entrant dans le lac est celle du manoir de Schadeau, qui fut élevé au commencement du dix-septième siècle par un descendant de la famille d'Erlac. Sa vue ne rappelle aux habitants aucune tradition historique ; d'ailleurs celui de Stratlingen, situé une demi-lieue plus loin, l'écrase de ses souvenirs.

Le chef de cette maison, si l'on en croit la chronique d'Einigen, n'est autre qu'un Ptolémée issu par sa mère du sang royal d'Alexandrie, et, par son père, d'une famille patricienne de Rome. Converti au christianisme par un miracle (il avait aperçu

une croix entre les bois d'un cerf qu'il chassait), il prit à son baptême le nom de Théode-Rik, et, fuyant les persécutions de l'empereur Adrien, se présenta à la cour du duc de Bourgogne, alors en guerre avec le roi de France. Lorsque les deux armées se trouvèrent en présence, il fut convenu entre les chefs qu'un combat singulier déciderait de la querelle ; le duc de Bourgogne nomma Théode-Rik son champion, et le jour du combat fut fixé. Mais, dans la nuit, le tenant du roi de France vit en rêve l'archange Michel combattant pour son adversaire. Cette vision lui inspira une telle épouvante, qu'en se réveillant il se déclara vaincu. Le duc de Bourgogne, reconnaissant envers Théode-Rik d'une victoire où l'intervention divine s'était manifestée d'une manière si visible, lui donna en récompense sa fille Demut et le Hübsland, dot qui se composait de la Bourgogne et du lac Vandalique. C'est au bord de ce lac, et dans la partie la plus pittoresque de la contrée, que le nouveau maître de ce beau pays fit bâtir le château de Stratlingen.

Deux cents ans après ces événements, sir Arnold de Stratlingen, descendant de Théode-Rik, fonda, en l'honneur de l'assistance miraculeuse que saint Michel avait prêtée à son ancêtre, l'église de Paradis, qu'il dédia à ce saint. Au moment où les ouvriers venaient en poser la dernière pierre, une voix se fit entendre : « Ici se trouve un trésor, si grand, que personne n'en pourrait payer la valeur. » On se mit aussitôt en quête de ce trésor, et l'on trouva dans le maître-autel une roue du char du prophète Élie et soixante-sept cheveux de la Vierge. La cavité avait été pratiquée dans l'autel pour y introduire les malades et les possédés, qui, les jours de grande fête, y obtinrent maintes fois leur entière guérison.

Après bien des révolutions successives dans les autres parties du monde, la petite Bourgogne, qui était toujours soumise aux seigneurs de la même race, fut érigée en royaume. Le roi Rodolphe et la reine Berthe, dont nous avons vu à Payerne la selle et le tombeau, y régnaient vers le dixième siècle ; mais les mœurs simples et religieuses qui les avaient immortalisés firent bientôt place au luxe et à l'impiété.

La contrée qui leur était soumise prit, sous leurs successeurs, le nom de *Zur Goldenen Lust*, « séjour d'or et de plaisir ; » et le château de Spietz, qu'ils firent bâtir sur les rives du lac, celui de *Goldener Hof*, « cour dorée. » Enfin, la licence et l'impiété furent portées à un tel degré, dans ce petit royaume, que la miséricorde céleste se lassa, et que sa perte fut résolue. En conséquence, Ulric, le dernier seigneur de cette race, ayant, le jour de son mariage, invité sa cour à une promenade sur le lac, Dieu suscita une tempête, et, d'un seul coup de vent, fit chavirer toute cette petite flottille. Un instant le lac fut couvert de fleurs et de diamants, puis tout s'engloutit aussitôt, sans qu'une seule des personnes conviées à cette fête mortuaire obtint grâce devant son juge.

Le même jour, la roue du char et les soixante-sept cheveux de la Vierge disparurent. Oncques n'en entendit reparler depuis. — Une inscription, gravée sur le roc, indique l'endroit du lac qui fut témoin de cet événement.

Pendant que l'un des passagers nous racontait cette histoire tragique, le ciel paraissait se préparer à faire un miracle du même genre que celui qui avait éteint la famille royale de Stratlingen. Le jour s'était obscurci, les nuages s'abaissaient graduellement et nous dérobaient les cimes blanches de la Blumlisalp et de la Yungfrau ; ils s'étendaient ensuite sur la chaîne de montagnes moins élevée qui formait le second plan du tableau, tronquant leurs formes pour leur donner les aspects les plus bizarres et les plus inconnus ; le Niesen surtout, magnifique pyramide qui s'élève dans des proportions parfaites à la hauteur de cinq mille pieds, paraissait se prêter avec une complaisance parfaite aux jeux les plus fantasques de ces capricieux enfants de l'air. Ce fut d'abord une nuée, qui, arrêtée par son sommet aigu, s'y fixa, et, s'étendant sur ses larges épaules, prit la forme onduleuse d'une perruque à la Louis XIV ; puis, s'élargissant en cercle à son extrémité inférieure, vint se rejoindre sur sa poitrine et s'y nouer comme une cravate. Enfin, cette masse transparente, s'épaississant et s'abaissant peu à peu, trancha complètement la tête du géant, et fit de sa base puissante une table sur laquelle la nappe paraissait mise pour un dîner auquel Micromégas aurait invité Gargantua.

J'étais très-occupé à faire toutes ces remarques lorsqu'une espèce de bise visible qui nous semblait raser la terre accourut de la vallée à nous, plus rapide mille fois qu'un cheval de course. Ce qui la rendait ainsi visible n'était rien autre chose que la poussière neigeuse qu'elle avait enlevée aux cimes des montagnes dont elle descendait ; je le fis remarquer à notre pilote, qui me répondit d'une voix brève et sans même se retourner vers elle, tant il était occupé du gouvernail :

— Oui, oui, je la vois bien, et je vous réponds qu'elle va nous donner une chasse sévère, si nous n'avons pas le temps de nous mettre à l'abri derrière ces rochers. Allons, mes enfants, cria-t-il aux bateliers, quatre bras à chaque rame, et nageons vivement.

Les bateliers obéirent à l'instant, et notre petite embarcation rasa la surface du lac comme une hirondelle qui trempe le bout de ses ailes dans l'eau.

En même temps un premier coup de vent, messager de l'orage qui s'avançait, passa sur nous, emportant le chapeau du pilote. Celui-ci parut si indifférent à cet accident, que je crus qu'il ne s'en était pas aperçu.

— Dites donc, maître, lui dis-je en étendant la main vers l'endroit où le feutre nageait sur le lac comme un petit bateau perdu, est-ce que vous ne voyez pas?

— Si, si, me répondit-il toujours sans regarder.

— Eh bien! mais votre chapeau?

— L'administration m'en donnera un autre, c'est un cas prévu par mon marché avec elle. Sans cela, mes appointements n'y suffiraient pas : c'est le cinquième de l'année.

— Très-bien. Alors, bon voyage.

Au même moment, le chapeau, qui faisait eau par la cale, à ce qu'il paraît, sombra sous voile et disparut.

Pendant que je regardais le naufrage du pauvre feutre, je sentis le mouvement de la barque se ralentir. Je me retournai pour en voir la cause : deux de nos bateliers avaient abandonné leurs rames et roulaient vivement la toile qui couvrait notre bateau. Cette manœuvre fit pousser de grands cris à nos dames, qui voyaient la pluie s'avancer rapidement, et qui avaient compté sur cet abri pour les en garantir. Le pilote se retourna vers elles :

— Voulez-vous en faire autant que mon chapeau? leur dit-il... non. Eh bien! laissez-nous faire et tenez-vous tranquilles.

En effet, il était bien visible que nous n'aurions pas le temps de joindre l'abri que les rochers nous offraient, quoique nous n'en fussions plus éloignés que de cinquante pas ; le vent nous gagnait de vitesse, et il nous annonça son approche par les sifflements aigus de ses premières bouffées chargées de neige. Au même moment, notre petit bateau bondit sur l'eau comme une pierre à laquelle un enfant fait faire des ricochets ; nous étions au milieu de l'ouragan ; notre petit océan se donnait des airs d'avoir une tempête.

Cependant la chose était plus sérieuse qu'on ne pourrait le croire au premier abord ; à l'endroit même où nous étions, et pendant le dernier hiver, un bateau chargé de bois s'était englouti, et les bateliers ne s'étaient sauvés qu'en montant sur la pyramide que formait leur cargaison ; ils avaient passé la nuit sur cette éminence, qui, le matin, entourée de glaçons que la gelée de la nuit avait consolidés autour d'elle, s'était trouvée le centre d'une petite île polaire. Ce ne fut qu'après être restés vingt-quatre heures dans cette situation que d'autres bateliers vinrent les secourir.

Quant à nous, nous n'avions pas même cette chance de salut ; c'est ce que le pilote nous fit parfaitement comprendre en me demandant à demi-voix :

— Savez-vous nager?

Je compris parfaitement, et, sous prétexte que n'ayant que ma blouse je ne voulais pas l'exposer à être mouillée, je me débarrassai de l'espèce de fourreau dans lequel elle m'emboîtait, et je me tins prêt à tout événement.

Voulez-vous en faire autant que mon chapeau ? — Page 3.

Nous en fûmes cependant quittes pour la peur; notre bateau, toujours emporté par le vent, qui, le prenant en travers, avait l'air de vouloir le retourner, traversa ainsi le lac dans toute sa largeur, et aborda sans accident à la pointe de la Nase, au-dessous de la grotte de Saint-Beat.

En mettant pied à terre, je remerciai la tempête au lieu de lui garder rancune; grâce à elle, je pouvais faire un pèlerinage au *Saint-Beaten Hohle*, que je n'aurais pas eu l'occasion de visiter. Je payai donc mon passage à notre pilote, et lui déclarai que, n'ayant plus qu'une lieue et demie à parcourir pour arriver à Neuhaus, où l'on trouve des voitures pour Interlaken, je ferais le reste du chemin à pied.

L'orage dura encore une demi-heure à peu près, pendant laquelle nous trouvâmes un abri dans une cabane bâtie à la base de la côte. Ce temps écoulé, le ciel s'éclaircit, le lac cessa de bouillonner, et notre embarcation se remit en route, tandis que je commençais mon ascension, accompagné d'un gamin qui s'était offert pour me servir de guide.

J'appris de lui, chemin faisant, que la grotte que nous allions visiter avait servi de demeure à saint Beat, qui vint s'y établir au troisième siècle. Il l'avait

Chute de l'Aar, à la Handek. — PAGE 2.

conquise lui-même sur un dragon qui y faisait sa résidence, et auquel il ordonna de laisser la place libre, ce que l'animal docile fit aussitôt. La légende dit qu'il était originaire d'Angleterre, et d'une illustre naissance. Avant d'être converti et baptisé à Rome, sous l'empereur Claude, il se nommait Suétone ; c'est de cette ville qu'il partit avec son compagnon, qui avait changé aussi son nom d'Achates en celui de Just, afin de venir prêcher le christianisme à l'Helvétie. Il y fit promptement de nombreux néophytes, dont un miracle doubla encore le nombre. Un jour que des bateliers refusaient de conduire saint Beat de l'autre côté du lac, au village d'Einigen, où il était attendu par une grande foule de peuple, il étendit son manteau sur le lac, et, montant dessus, il fit sur cette frêle embarcation les deux lieues qui le séparaient du village où il était attendu : dès lors, toute la contrée fut soumise à la parole de l'homme dont la mission céleste s'était manifestée par une telle merveille.

Le chemin de la grotte, comme si le saint l'eût choisi par allusion à celui du ciel, n'est rien moins que facile ; il est entrecoupé par de nombreux ravins; mon petit bonhomme de guide me montra l'un d'eux, que les habitants nomment le Flocksgraben, et me raconta qu'un homme, voyageant de nuit, y était tombé, il y a quelques années, avec son cheval. Le malheureux se cassa les deux jambes dans cette chute, et poussa de tels cris qu'on l'entendit de l'autre côté du lac, quoique ses rives fussent distantes d'une lieue ; dans l'attente du secours, mourant de soif, comme il arrive presque toujours dans les cas de fracture, et ne pouvant bouger de la place où il était tombé, il avait trempé le bout de son manteau dans le ruisseau qui coulait au-dessous de lui, et l'avait ensuite sucé pour se désaltérer.

Nous parvînmes cependant, sans que rien de pareil nous arrivât, jusqu'à l'ouverture de la grotte, ou plutôt des grottes, car la caverne a deux orifices. De la plus basse de ces deux voûtes sort la source du Beaten Bach (ruisseau de saint Beat), qui se précipite en grondant entre les rochers. C'est au bord de ce ruisseau que le saint expira, âgé de quatre-vingt-dix-huit ans ; son crâne fut conservé dans la caverne voisine, et offert jusqu'en 1528 à la vénération des fidèles ; à cette époque seulement, deux députés du grand conseil de la ville de Berne, qui venaient d'adopter la réformation, vinrent enlever cette relique, et la firent enterrer à Interlaken. Les catholiques n'en ayant pas moins continué leurs pèlerinages à la grotte, on en mura l'entrée en 1566 : elle a été rouverte depuis. Cette voûte peut avoir trente pieds à peu près de profondeur sur quarante à quarante-cinq de large.

La grotte du ruisseau, quoique moins vénérée, est plus curieuse ; les arcades par lesquelles le torrent arrive, quoique en s'abaissant graduellement, offrent un chemin praticable pendant l'espace de six cent à six cent cinquante pieds. Nous n'avions fait aucun des préparatifs nécessaires pour nous aventurer dans ce gouffre ; d'ailleurs, les eussions-nous faits, la chose fut bientôt impossible.

En effet, à peine avions-nous eu le temps de visiter l'orifice de la grotte, qu'il me sembla que le bruit qu'on entendait dans les profondeurs augmentait graduellement. J'en fis la remarque à mon petit guide, qui écouta avec attention, puis qui, sans me dire autre chose que ces mots : — C'est la revue de

Seefeld, sauvons-nous ! prit ses jambes à son cou. Je ne savais pas ce que c'était que la revue de Seefeld ; mais il courait de si bon cœur, que je me mis à courir derrière lui, sans savoir où j'allais, ni ce que je fuyais. Il s'arrêta, je m'arrêtai. Nous nous regardâmes, il se mit à rire.

Je crus que le drôle s'était moqué de moi, et je venais de le prendre par l'oreille pour lui témoigner le peu de goût que je prenais à ces sortes de plaisanteries, lorsque, étendant la main vers la caverne, il me dit : — Regardez !...

Je jetai les yeux dans la direction qu'il m'indiquait, et je fus témoin d'un phénomène dont l'explication me parut facile : la gueule de la grotte était presque entièrement remplie par l'eau, dont le volume avait plus que triplé. C'était le bruit de cette eau qui accourait que nous avions entendu, et son augmentation était due à l'eau de l'orage, qui avait filtré à travers les fentes du rocher, et grossi celle de la source ; si nous avions été avancés de cent pas seulement dans la caverne, nous n'aurions pas eu le temps de fuir ; quant au nom de revue du Seefeld, par lequel on désigne cet accident, qui se renouvelle à chaque orage nouveau, mon guide m'expliqua qu'il venait à la fois du nom du pâturage qui forme le sommet de la montagne, qu'on appelle Seefeld, et de la ressemblance du bruit qu'il produit avec celui que feraient des décharges de mousqueterie entremêlées de coups de canon. Il m'assura que ces espèces de détonations s'entendaient de deux lieues.

Ces explications données, nous prîmes congé du Beaten Höhle, et nous nous mîmes en route pour Neuhaus, où nous arrivâmes sains et saufs, et où je trouvai une petite voiture qui, moyennant la somme de un franc cinquante centimes, me conduisit à Interlaken. J'y trouvai nos passagers encore très-peu remis de leur frayeur, et qui allaient se mettre à table. Un des voyageurs cependant manquait à l'appel ; ce pauvre diable avait pris une telle peur, que, en mettant le pied à terre, il fut atteint d'une fièvre qui ne l'avait pas encore quitté lorsque je revins, cinq jours après, de mon excursion dans la montagne

DEUXIÈME COURSE DANS L'OBERLAND.

LA VALLÉE DE LAUTERBRUNNEN.

En arrivant à Thun, j'ai dit, je crois, que c'était là que commençait l'*Oberland*.

Les préparatifs de départ nous avaient retenus toute la matinée. Nous ne pûmes donc nous mettre en route pour Lauterbrunnen qu'à une heure après midi.

On nous avait recommandé de ne pas oublier, en passant à Mattin, petit village situé à un quart d'heure de marche d'Interlaken, de visiter les vitraux peints qui ornent les fenêtres d'une maison particulière, et qui datent de trois siècles. L'un d'eux me parut assez original pour que j'en demandasse l'explication au propriétaire; il représentait un ours armé d'une massue, et portant deux raves dans son ceinturon, et une à sa patte. Voici à quelle tradition cette peinture bizarre se rapporte :

En 1250, l'empereur d'Allemagne fit un appel de guerre à ses peuples de l'Oberland, leur ordonnant d'envoyer à son armée le plus d'hommes qu'ils pourraient en mettre sous les armes. Trois géants, forts et puissants, habitaient alors à Iseltwald, sur les rives du lac de Brienz; ils passaient leurs journées à la chasse, et s'habillaient avec les peaux des ours qu'ils étouffaient entre leurs bras. Les peuples de l'Oberland crurent avoir dignement fourni leur contingent en envoyant ces trois hommes.

Lorsque l'empereur les vit arriver, il se mit dans une grande colère, car il avait compté sur un secours plus efficace. Les trois hommes qu'on lui envoyait n'étaient pas même armés.

Les trois géants dirent à l'empereur de ne point s'inquiéter de leur petit nombre, qu'ils lui promettaient de lui rendre à eux trois autant de services qu'une troupe entière ; que, quant à leurs armes, la première forêt venue leur en fournirait.

En effet, une heure avant le combat, ils entrèrent dans un bois qui s'élevait près du champ de bataille, et coupèrent chacun un hêtre dont ils élaguèrent les branches; ils s'en firent des massues avec lesquelles ils revinrent se placer, l'un à l'aile droite, l'autre à l'aile gauche, et le troisième au centre du corps d'armée. L'issue de la bataille prouva qu'ils n'avaient point trop présumé de leur mérite : leurs énormes massues firent dans les rangs ennemis un ravage qui eut bientôt décidé la victoire. L'empereur, reconnaissant, dit alors : — Demandez ce que vous voudrez et vous l'aurez. Les trois géants se consultèrent entre eux ; puis l'aîné, se retournant, dit :

— *Nous demandons qu'il plaise à votre gracieuse Majesté nous octroyer le droit d'arracher, dans les plantages de Bonigen, sur le territoire de l'empire, toutes les fois que nous nous promènerons sur les bords du lac, et que nous aurons soif, trois raves dont nous emporterons l'une à la main, et les deux autres dans notre ceinturon.*

Sa Majesté daigna leur accorder leur demande. Les trois géants, enchantés, revinrent à Iseltwald, où ils jouirent du privilége de manger des raves impériales tout le reste de leur vie.

Un quart de lieue après Mattin, et à droite de la route, les ruines du château d'Unspunnen achèvent de s'écrouler : il appartenait autrefois au seigneur de ce nom, qui était très considéré par le conseil de Berne. Il avait plusieurs fois tenté, en faisant des démarches près du vieux Walter de Waldeuschwyl, de joindre la vallée d'Oberhasli, dont ce dernier était seigneur indépendant, au territoire de la ville. Pendant que le seigneur d'Unspunnen s'occupait de ce soin, le jeune Walter vit sa fille, en devint amoureux, et tenta à son tour près de son père une dernière démarche, qui n'eut pas plus de succès que les autres. Le seigneur d'Unspunnen, furieux, défendit aux jeunes gens de se revoir ; mais les jeunes gens, qui s'occupaient peu des affaires de leurs parents, disparurent un jour ensemble, laissant les vieillards démêler leurs intérêts et ceux de la ville de Berne.

Au bout d'un an, le vieux Walter mourut.

Un soir que le châtelain d'Unspunnen pleurait, solitaire et triste, la perte de sa fille unique, deux pèlerins venant de Rome demandèrent l'hospitalité à la porte de son château ; il les fit entrer. Tous deux alors vinrent à lui, s'agenouillèrent à ses pieds, et, relevant leur capuce, lui demandèrent la bénédiction paternelle, seule formalité qui manquât encore à leur mariage. Le vieillard voulut la leur refuser d'abord ; mais ils tirèrent de leur sein deux papiers qu'ils lui présentèrent : l'un était un pardon

Le rocher des Deux-Frères.

du pape, l'autre une donation au canton de Berne de la vallée d'Oberhasli. Le vieillard ne put tenir contre cette double attaque ; les fugitifs, d'ailleurs, l'avaient trop fait souffrir pour qu'il ne leur pardonnât point.

Au bout d'une demie-lieue, nous traversâmes le ruisseau de Saxeten sur les débris de son pont, que l'orage de la veille avait fracassé ; puis nous entrâmes dans la vallée de Lauterbrunnen, remontant le cours de la Lutchine.

La petite vallée de Lauterbrunnen est certes une des plus délicieuses vallées de la Suisse ; nulle part cette ardeur de végétation, si développée à la base des montagnes, ne se fait mieux remarquer qu'en la traversant.

Après avoir fait une demi-lieue à peu près dans ce paysage, dont les tons primitifs, déjà si accentués naturellement, prennent une nouvelle vigueur par les accidents d'ombre et de lumière que versent sur ses différentes parties les nuages et le soleil, on arrive auprès du Rocher-des-Frères, qui est dominé par la Rothenfluh. Ce pic rougeâtre, comme l'indique son nom, était autrefois couronné par un château fort appartenant à deux frères, Ulric et Rodol-

Ils s'agenouillèrent à ses pieds et lui demandèrent la bénédiction paternelle. — PAGE 7.

phe. L'amour d'une femme les désunit. Rodolphe, qui avait été méprisé, cacha sa douleur et renferma quelque temps sa haine. La veille du jour où le mariage devait se faire, il proposa au fiancé une chasse dans la montagne ; celui-ci, sans défiance, accepta l'offre de son frère et partit avec lui. Arrivés au pied du rocher que nous avons désigné, et voyant quelle solitude régnait autour d'eux, Rodolphe frappa son frère d'un coup de poignard. Ulric tomba.

Alors, tirant des broussailles une bêche qu'il y avait cachée la veille, le meurtrier creusa une fosse, y déposa la victime, la recouvrit de terre, et, s'apercevant qu'il était souillé de sang, il alla vers la Lutchine, qui coule à quelques pas du rocher.

Lorsque les taches dont son pourpoint était couvert eurent disparu, il se releva et jeta un dernier regard vers le théâtre du meurtre, pour voir si rien ne le dénonçait. Le cadavre d'Ulric qu'il venait d'enterrer était couché sur le sable.

Rodolphe creusa une nouvelle fosse, y jeta une seconde fois son frère ; mais il s'aperçut qu'au fur et à mesure qu'il le couvrait de terre les traces de sang reparaissaient sur son pourpoint. La fosse comblée, l'assassin se retrouva tout sanglant.

Doutant de lui-même, Rodolphe redescendit une seconde fois vers la rivière, dont les eaux limpides eurent bientôt fait disparaître de nouveau l'épouvantable prestige ; puis, se retournant presque en délire vers le rocher, il jeta un cri affreux et s'enfuit. Le tombeau avait une deuxième fois rejeté le cadavre.

Le soir, les gens d'Ulric retrouvèrent le corps de leur maître et le rapportèrent au château.

Rodolphe, n'osant demander l'hospitalité à personne, mourut de faim dans la montagne.

Une inscription creusée dans le rocher constate la vérité du fait, mais sans entrer dans les détails que nous venons de raconter, et qui, sans doute, auront paru trop puérils à l'historien sévère qui l'a fait graver. La voici :

ICI LE BARON DE ROTHENFLUH FUT OCCIS PAR SON FRÈRE ; OBLIGÉ DE FUIR, LE MEURTRIER TERMINA SA VIE DANS L'EXIL ET LE DÉSESPOIR, ET FUT LE DERNIER DE SA RACE, JADIS SI RICHE ET SI PUISSANTE.

Presque en face des ruines du château de Rothenfluh, de l'autre côté de la vallée, et comme un pendant colossal, s'élève le Scheinige-Platte ; c'est une montagne dont le sommet rouge et arrondi porte la trace des eaux primitives. C'est de la cime de ce roc, qui domine la vallée à la hauteur de trois mille pieds à peu près, que fut précipité, par le génie de la montagne, un chasseur de chamois dont mon guide me raconta l'histoire avec un accent qui offrait un singulier mélange de doute et de crédulité. Ce chasseur, qui se livrait à sa profession avec toute l'ardeur qu'ont pour elle les hommes de la montagne, était un pauvre diable que la misère avait forcé d'abord de faire ce métier, devenu désormais pour lui un besoin. Son adresse était reconnue, et sa réputation s'étendait d'une limite à l'autre de l'Oberland. Un jour, qu'il poursuivait une chamelle pleine, la pauvre bête, ne pouvant traverser un précipice que dans tout autre temps elle eût franchi d'un bond, voyant la mort devant et derrière elle, se coucha au bord de l'abîme, et, comme un cerf aux abois, se mit à pleurer. La vue des angoisses de la pauvre mère n'attendrit pas le chasseur, qui banda son arbalète, prit une flèche dans sa trousse et s'apprêta à la percer ; mais, en reportant les yeux vers l'endroit où il venait de la voir seule un instant auparavant, il aperçut un vieillard assis, ayant à ses pieds la chamelle haletante qui lui léchait la main : ce vieillard était le génie de la montagne. A cette vue, le chasseur baissa son arbalète, et le génie lui dit :

— Hommes de la vallée, à qui Dieu a donné tous les dons qui enrichissent la plaine, pourquoi venez-vous tourmenter ainsi les habitants de la montagne ? Je ne descends pas vers vous, moi, pour enlever les poules de vos basses-cours et les bœufs de vos étables. Pourquoi donc alors montez-vous vers moi pour tuer les chamois de mes rocs et les aigles de mes nuages ?

— Parce que Dieu m'a fait pauvre, répondit le chasseur, et qu'il ne m'a rien donné de ce qu'il a donné aux autres hommes, excepté la faim. Alors, comme je n'avais ni poules ni vaches, je suis venu chercher l'œuf de l'aigle dans son aire et surprendre le chamois dans sa retraite. L'aigle et le chamois trouvent leur nourriture dans la montagne ; moi, je ne puis trouver la mienne dans la vallée.

Alors le vieillard réfléchit, puis, ayant fait signe au chasseur de s'approcher, il se mit à traire la chamelle dans une petite coupe de bois ; le lait y prit aussitôt la consistance et la forme d'un fromage ; le vieillard le donna au chasseur.

— Voilà, lui dit-il, de quoi apaiser à l'avenir ta faim ; quant à ta soif, ma sœur fournit assez d'eau à la vallée pour que tu en prennes ta part. Ce fromage se retrouvera toujours dans ton sac ou ton armoire, pourvu que tu ne le consommes jamais entièrement ; je te le donne à la condition que tu laisseras tranquilles désormais mes chamois et mes aigles.

Le chasseur promit de renoncer à son état, redescendit dans la plaine, accrocha son arbalète à sa cheminée, et vécut un an du fromage miraculeux, qu'il retrouvait intact à chaque nouveau repas.

De leur côté, les chamois joyeux avaient repris confiance dans les hommes, ils descendaient jusque dans la vallée, on les voyait gracieusement bondir en venant à la rencontre des chèvres qui grimpaient dans la montagne.

Un soir que le chasseur était à sa fenêtre, un chamois vint si près de sa maison, qu'il pouvait le tuer sans sortir de chez lui ; la tentation était trop forte, il décrocha son arbalète, et, oubliant la promesse qu'il avait faite au génie, il ajusta avec son adresse ordinaire l'animal qui passait sans défiance, et le tua.

Il courut aussitôt vers l'endroit où la pauvre bête était tombée, la chargea sur ses épaules, et, l'ayant rapportée chez lui, il en prépara un morceau pour son souper.

Lorsque ce morceau fut mangé, il songea à son fromage, qui cette fois allait lui servir non de repas, mais de dessert. Il alla donc vers son armoire et l'ouvrit : il en sortit un gros chat noir, qui avait les yeux et les mains d'un homme ; il tenait le fromage à sa gueule, et, sautant par la fenêtre, qui était restée ouverte, il disparut avec lui.

Le chasseur s'inquiéta peu de cet accident ; les chamois étaient redevenus si communs dans la vallée, que, pendant un an, il n'eut pas besoin de les alle

Grotte de Saint-Béat.

chercher dans la montagne ; cependant peu à peu ils s'effarouchèrent, devinrent de plus en plus rares, puis enfin disparurent tout à fait. Le chasseur, qui avait oublié l'apparition du vieillard, reprit ses anciennes courses dans les rocs et dans les glaciers.

Un jour il se trouva au même endroit où trois ans auparavant il avait lancé une chamelle pleine. Il frappa sur le buisson d'où elle était partie ; un chamois en sortit en bondissant. Le chasseur l'ajusta, et l'animal blessé alla tomber sur le bord du précipice où était apparu le vieillard.

Le chasseur l'y suivit; mais il n'arriva pas assez à temps pour empêcher que, dans les mouvements de son agonie, l'animal qu'il poursuivait ne glissât sur la pente inclinée, et ne se précipitât du haut en bas du rocher.

Il se pencha alors sur le bord pour regarder où il était tombé. Le génie de la montagne était au fond du gouffre; leurs yeux se rencontrèrent, et le chasseur ne put plus détacher les siens de ceux du vieillard.

Alors il sentit un incroyable vertige s'emparer de tous ses sens; il voulut fuir et ne le put. Le vieillard l'appela trois fois par son nom, et, à la troisième fois, le chasseur jeta un cri de détresse qui fut entendu dans toute la vallée, et se précipita dans l'abîme.

Nous continuâmes de côtoyer la Lutchine, et une heure après nous étions arrivés à l'auberge de Lauterbrunnen.

Nous profitâmes aussitôt de la demi-heure que l'aubergiste nous déclara lui être nécessaire à la confection de notre dîner pour aller visiter le Staubach, l'une des cascades les plus vantées de la Suisse.

Nous avions vu de loin cette immense colonne, semblable à une trombe, qui se précipite de neuf cents pieds de haut, par une chute perpendiculaire, quoique légèrement arquée par l'impulsion que lui donnent les chutes supérieures. Nous nous approchâmes d'elle aussi près que nous le pûmes, c'est-à-dire jusqu'au bord du bassin qu'elle s'est creusé dans le roc, nou par la force, mais par la continuité de sa chute; car cette colonne, compacte au mo-

ment où elle s'élance du rocher, en arrivant au bas n'est plus que poussière. Il est impossible de se figurer quelque chose d'aussi gracieux que les mouvements ondulés de cette magnifique cascade : un palmier qui plie, une jeune fille qui se cambre, un serpent qui se déroule, n'ont pas plus de souplesse qu'elle. Chaque souffle du vent la fait onduler comme la queue d'un cheval gigantesque, si bien que, dans ce volume immense d'eau qui se précipite, puis se divise, puis s'éparpille, quelques gouttes à peine tombent quelquefois dans le bassin destiné à la recevoir. La brise emporte le reste, et va le secouer, à la distance d'un quart de lieue, sur les arbres et sur les fleurs, comme une rosée de diamants.

C'est grâce aux accidents auxquels est soumise cette belle cascade que deux voyageurs, à dix minutes d'intervalle l'un de l'autre, ont rarement pu la voir sous la même forme, tant les caprices de l'air ont d'influence sur elle, et tant elle met de coquetterie à les suivre. Ce n'est pas seulement dans sa forme, mais encore dans sa couleur, qu'elle varie; à chaque heure du jour elle semble changer l'étoffe de sa robe, tant les rayons du soleil se réfractent en nuances différentes dans sa poussière liquide et dans ses étincelles d'eau. Parfois arrivent tout à coup des courants d'un vent du sud (fœnwind) qui saisissent la cascade au moment où elle va tomber, l'arrêtent suspendue, la repoussent vers sa source, et interrompent entièrement sa chute; puis, les eaux raccourent bientôt se précipiter dans la vallée, plus bruyantes et plus rapides. Parfois encore des bouffées du vent du nord à l'haleine glacée gèlent d'un souffle ces flocons d'écume, qui se condensent en grêle. Sur ces entrefaites, l'hiver arrive, la neige tombe, s'attache à la paroi du rocher d'où la cascade se balance, se convertit en glace, augmente de jour en jour les masses qui s'allongent à sa droite et à sa gauche, puis enfin finissent par figurer deux énormes pilastres renversés, qui semblent le premier essai d'une architecture audacieuse qui poserait ses fondements en l'air et bâtirait du haut en bas.

TROISIÈME COURSE DANS L'OBERLAND.

PASSAGE DE LA VENGENALP.

ne tyrolienne chantée sous nos fenêtres par notre guide nous éveilla le lendemain au point du jour.

Depuis Berne, et avec les premiers mots tudesques que nous avions entendus, des chants populaires particuliers au pays nous avaient accompagnés. Il faut avoir voyagé en Allemagne pour se douter combien le génie musical est à l'aise sur cette terre.

Mon guide, croyant que je ne l'avais pas entendu, commença une seconde tyrolienne dans un ton plus élevé. J'ouvris ma fenêtre, et je l'écoutai jusqu'au bout.

— Aurons-nous beau temps, Willer? lui dis-je quand il eut fini.

— Oui, oui, me dit-il en se retournant; on entend siffler les marmottes, c'est bon signe. Seulement, si monsieur voulait partir tout de suite, nous arriverions sur les trois heures à Grinderwald, de sorte qu'il aurait le temps de visiter le glacier aujourd'hui.

— Je suis prêt, moi.

En effet, je n'avais que mes guêtres à mettre et ma blouse à passer. A la porte de l'auberge, je trouvai Willer, le sac sur le dos et mon bâton à la main; il me le donna, et nous nous mîmes en route.

J'allais donc reprendre ma vie de montagnard, pèlerinage de chasseur, d'artiste et de poëte, mon album dans ma poche, ma carabine sur l'épaule, mon bâton ferré à la main.

Nous gravîmes la montée de la Vengenalp, et une vue merveilleuse s'étendit devant nous au fur et à mesure que nous nous élevions. Sous nos pieds, la vallée de Lauterbrunnen, verte comme une émeraude, éparpillait ses maisons rouges sur le gazon; en face, le magnifique Staubach, dont nous apercevions alors les chutes supérieures, méritait son nom de poussière d'eau, tant il semblait une vapeur flottante; à gauche, la vallée fermée au bout de deux ou trois lieues par la montagne neigeuse d'où se précipite le Schmadribach, comme si le monde finissait là; à droite, la vallée que nous venions de parcourir se développant en ligne droite dans toute son

étendue, et reportant les yeux, à l'aide de la Lutchine qui leur sert de conducteur, jusqu'au village d'Interlaken, dont, à travers cette atmosphère bleuâtre qui n'appartient qu'au pays de montagnes, on apercevait les maisons et les arbres, pareils à ces joujoux qu'on enferme dans une boîte, et dont les enfants font sur une table des villes et des jardins.

Au bout d'une heure nous fîmes une halte pour combiner notre admiration et notre déjeuner; ce fut chose facile. Un rocher en saillie nous offrit une table, une source son eau glacée, et un noyer son ombre. Nous tirâmes les provisions du sac, et je reconnus avec grand plaisir, au premier coup d'œil que je jetai sur elles, que Willer était, sous le rapport de la prévoyance, digne d'être nommé pour le reste de la route commissaire général des vivres de toute la caravane.

Une nouvelle étape d'une heure nous conduisit au premier sommet de la Vengena'p, sommet à pic au haut duquel on n'arrive que par un chemin taillé en zigzag. Une fois sur le plateau, la pente de la montée devient plus douce, et le sentier, prenant enfin un parti, se tend à ligne droite l'espace d'une lieue encore, puis on trouve un chalet où l'on fait halte. On est arrivé au pied de la Yungfrau.

Je ne sais si ce nom de jeune fille, donné à la montagne que j'avais devant les yeux, la décorait pour moi d'un charme magique, mais je sais que, outre la cause qui le lui a fait donner, il s'harmonie merveilleusement avec ses proportions élégantes et sa blancheur virginale. En tout cas, et au milieu de cette chaîne de colosses, ses frères et ses sœurs, elle m'a paru la privilégiée des voyageurs et des montagnards. C'est avec un sourire que les guides vous indiquent deux autres montagnes posées sur sa puissante poitrine, que les géographes appellent *pointes d'argent*, et auxquelles les guides, plus naïfs, ont donné le nom de *mamelles*. Ils vous montrent bien à sa droite le Finster-Aarhorn, plus élevé qu'elle, la Blumlisalp, plus puissante par sa base; mais ils reviennent toujours à la vierge des Alpes, dont ils font la reine des montagnes.

Ce nom de vierge fut donné à la Yungfrau parce qu'aucun être créé n'avait, depuis la formation du monde, souillé son manteau de neige; ni le pied du chamois, ni la serre de l'aigle, n'étaient parvenus à

Rodolphe frappa son frère d'un coup de poignard. — Page 9.

ces hautes régions où elle porte sa tête. L'homme cependant résolut de lui faire perdre le titre qu'elle avait si longtemps et si religieusement gardé. Un chasseur de chamois, nommé Poumann, fit pour elle ce que Balmat avait fait pour le mont Blanc; après plusieurs tentatives inutiles et dangereuses, il parvint à gravir sa pointe la plus élevée; et les montagnards émerveillés virent un matin un drapeau rouge flotter sur la tête de la jeune fille déflorée. Depuis ce temps ils l'appellent la *Frau;* car, selon eux, elle n'a plus le droit de porter l'épithète de *yung;* outrage qui est le même que si nous arrachions du front ou du cercueil d'une jeune fille le bouquet d'oranger, parure symbolique avec laquelle ses compagnes la conduisent à l'autel ou au tombeau.

C'est sur l'une de ses mamelles, sur celle qui regarde la vallée de Lauterbrunnen, qu'un lammergeyer (1) emporta un enfant de Grinderwald et le dévora, sans que ses parents ni personne du village, accourus à ses cris, pussent lui porter secours.

A la droite de la Yungfrau s'élève le Wetter-Horn (pic du temps), ainsi nommé, non point parce

(1) Grand vautour des Alpes.

qu'il est contemporain du monde, *intacta ævis congenita mundo*, mais parce que, selon qu'il est couvert ou dégagé de nuages, on peut prédire le temps qu'il fera.

A sa gauche s'étend, sur une base de plusieurs lieues, la Blumlisalp (montagne des fleurs), dont le nom, aussi significatif que celui de Wetter-Horn, me parut présenter, avec son apparence, une analogie plus difficile à expliquer; car la montagne des fleurs est entièrement couverte de neige. J'eus alors recours à Willer, qui m'expliqua ainsi cette contradiction entre le nom et la montagne à laquelle il est appliqué.

— Nos Alpes, me dit-il, n'ont pas toujours été sauvages comme elles le sont aujourd'hui. Les fautes des hommes et les punitions de Dieu ont fait descendre les neiges sur nos montagnes et les glaciers dans nos vallées; les troupeaux paissaient là où l'aigle ni le chamois n'osent parvenir aujourd'hui. Alors la Blumlisalp était comme ses sœurs, et plus brillante qu'elles encore, sans doute, puisque, seule entre elles, elle avait mérité le nom de montagne des fleurs. C'était le domaine d'un pâtre riche comme un roi, et qui possédait un magnifique troupeau; dans ce troupeau, une génisse blanche était l'objet de son affection. Il avait fait bâtir pour cette favorite une étable qui ressemblait à un palais, et à laquelle on montait par un escalier de fromages. Pendant un soir d'hiver, sa mère, qui était pauvre et qui habitait la vallée, vint pour le visiter; mais, n'ayant pu supporter les reproches qu'elle lui faisait sur sa prodigalité, il lui dit qu'il n'avait pas de place pour la loger cette nuit, et qu'il fallait qu'elle redescendît vers le village. Vainement elle lui demanda une place au coin du feu de la cuisine ou dans l'étable de sa génisse; il la fit prendre par ses bergers, et la fit jeter dehors. Une bise humide et glacée sifflait dans l'air, et la pauvre femme, misérablement vêtue comme elle l'était, fut promptement saisie par le froid; alors elle se mit à descendre vers la vallée en dévouant ce fils ingrat à toutes les vengeances célestes. A peine la malédiction fut-elle prononcée, que la pluie qui tombait se convertit en neige si épaisse, qu'au fur et à mesure que la mère descendait, et derrière le dernier pli de sa robe traînante, la montagne semblait se couvrir d'un linceul. Parvenue dans la vallée, elle tomba épuisée de froid, de fatigue et de faim. Le lendemain on la trouva morte; et, depuis ce temps, la montagne des fleurs est couverte de neige.

Pendant que Willer me donnait cette explication, un bruit pareil au roulement du tonnerre, entremêlé d'épouvantables craquements, arriva jusqu'à nous; je crus que la terre allait se fendre sous nos pieds, et je regardai avec inquiétude notre guide en lui disant :

— Eh bien !... qu'est-ce donc?

Alors, il étendit la main vers la Yungfrau, et me montra une espèce de ruban argenté et mouvant qui se précipitait des flancs de la montagne.

— Tiens, une cascade! dis-je.

— Non, une avalanche, répondit Willer.

— Et c'est elle qui a produit ce bruit effroyable?

— Elle-même.

Je ne voulais pas le croire; il me semblait impossible que ce ruisseau de neige, qui de loin semblait une écharpe de gaze flottante, produisît un bruit aussi effrayant. Je tournai les yeux de tous les côtés pour en chercher la véritable cause; mais pendant ce temps il s'éteignit, et, lorsque je reportai la vue vers la Yungfrau, la cascade avait cessé de couler.

Alors Willer me dit de détacher ma carabine et de tirer en l'air : je le fis.

La détonation, qui, au premier abord, me parut plus faible qu'en plaine, alla se heurter contre la montagne, et nous fut renvoyée soudain par son écho; puis aux dernières vibrations succéda un grondement sourd et croissant, pareil à celui qui avait déjà une fois causé ma surprise. Willer alors me montra à la base de l'une des mamelles de la Yungfrau une seconde cascade improvisée, et, comme le bruit était pareil, il me fallait bien reconnaître que la cause était la même.

Alors accourut à nous une espèce de nain de montagne, double crétin, portant dans ses bras un petit canon; il le posa à nos pieds, le pointa en s'accroupissant avec autant de soin que si le boulet eût dû faire une brèche à la montagne, et, approchant un morceau d'amadou de la lumière, il souffla dessus jusqu'à ce que le coup partît. Aussitôt le même accident se renouvela pour la troisième fois. La précipitation du pauvre petit diable était causée par la détonation de ma carabine; il était faiseur d'avalanches de son état, et, comme au moyen de ma carabine je m'étais approvisionné moi-même, il craignait que les quelques-batz qu'il prélève, au moyen de son artillerie, sur les voyageurs qui traversent la Vengenalp ne lui échappassent cette fois; je le rassurai bien vite en lui payant le coup de ma carabine au même tarif que son coup de canon.

Après nous être arrêtés une heure environ en face de ce magnifique spectacle, nous nous remîmes en route, continuant de monter sur une pente douce jusqu'au moment où nous nous trouvâmes sur le point le plus élevé de l'arête de la Vengenalp : déjà depuis longtemps nous avions laissé derrière nous les sapins qui, pareils à de braves soldats repoussés dans un assaut, nous avaient offert d'abord, réunis en forêt, l'aspect d'une armée qui se rallie; plus haut, disséminés selon leur force végétative, l'apparence de tirailleurs qui soutiennent la retraite; puis enfin, où finit leur domaine, des troncs renversés sans feuillage ni écorce, pareils à des corps morts étendus et dépouillés sur le champ de bataille.

Nous nous arrêtâmes avant de descendre le versant opposé pour prendre congé du pays que nous venions de parcourir, et pour saluer celui dans lequel nous allions entrer. Je remarquai alors que nous nous trouvions par-hasard au centre d'un cercle d'une trentaine de pas de circonférence, et, quoique autour de ce cercle la terre fût couverte de roses des Alpes, de gentiane purpurine et d'aconit, sous nos pieds le sol était nu et desséché, comme il l'est dans nos forêts aux places où l'on vient d'exploiter les fourneaux à charbon. J'en demandai la cause à Willer, qui se fit longtemps prier pour me raconter la tradition suivante, et qui ne me la raconta même, je lui dois cette justice, qu'en me prévenant d'avance qu'il n'y croyait pas.

Il y avait autrefois dans la vallée de Gadmin un homme téméraire très-puissant en magie, et qui commandait aux animaux comme à des serviteurs intelligents. Toutes les nuits, du samedi au dimanche, il les rassemblait sur les plus hautes montagnes, tantôt les ours, tantôt les aigles, tantôt les serpents, et là, traçant avec sa baguette un cercle qu'ils ne pouvaient franchir, il les appelait en sifflant; et, lorsqu'ils étaient réunis, il leur donnait ses ordres, qu'ils allaient exécuter aussitôt aux quatre coins de l'Oberland. Une nuit qu'il avait rassemblé les dragons et les serpents, il leur commanda des choses telles, à ce qu'il paraît, qu'ils refusèrent leur service accoutumé. Le magicien entra dans une grande colère et eut recours à des charmes qu'il n'avait point encore employés, tant lui-même hésitait à avoir recours à des paroles qu'il savait toutes-puissantes, mais aussi coupables que puissantes : à peine les eut-il prononcées, qu'il vit deux dragons quitter la troupe des reptiles qui l'environnaient et se diriger vers une caverne voisine ; il crut qu'ils obéissaient enfin ; mais bientôt ils reparurent, portant sur le dos un serpent énorme, dont les yeux brillaient comme deux escarboucles, et qui portait sur sa tête une petite couronne de diamants : c'était le roi des basilics. Ils s'approchèrent ainsi jusqu'au cercle qu'ils ne pouvaient dépasser ; mais, arrivés là, ils soulevèrent leur souverain sur leurs épaules et le lancèrent par-dessus la ligne magique, qu'il franchit ainsi sans le toucher. Le magicien n'eut que le temps de faire le signe de la croix et de dire *je suis perdu;* le lendemain on le retrouva mort au milieu de son cercle infernal, sur lequel, depuis, aucune verdure n'a poussé.

Nous quittâmes à l'instant cet endroit maudit, et nous nous remîmes en route pour Grinderwald, où nous arrivâmes heureusement, sans avoir rencontré ni le roi ni la reine des basilics.

Nous ne nous arrêtâmes à l'auberge que pour commander le dîner, et nous nous acheminâmes aussitôt vers le glacier, qui n'est qu'à un quart d'heure de marche du village.

J'ai déjà tant parlé de glaciers, que je ne m'étendrai pas sur la description de celui-ci, qui n'offre rien de particulier. Je raconterai seulement un accident dont il fut témoin, et qui servira à faire ressortir les mœurs à part de cette race d'hommes courageux et dévoués qui exercent le métier de guides.

On monte sur le glacier de Grinderwald à l'aide de quelques escaliers grossièrement pratiqués dans la glace ; je ne me souciais pas d'abord beaucoup de faire cette ascension ; mais Willer, qui connaissait mon faible, me dit qu'il avait quelque chose d'intéressant à m'y faire voir. Je le suivis aussitôt.

Après une escalade assez pénible, et qui dura près d'un quart d'heure, nous nous trouvâmes sur la surface du glacier, dont la pente plus douce devient dès lors plus facile ; cependant à chaque pas il faut tourner des gerçures profondes dont les parois vont, en se fonçant de couleur, se réunir à cinquante, soixante et cent pieds de profondeur. Willer sautait par-dessus ces crevasses, et je finis par faire comme lui ; après un quart d'heure de marche, nous arrivâmes à un trou rond comme l'ouverture d'un puits. Willer y jeta une grosse pierre, qui mit plusieurs secondes à trouver le fond, puis il me dit :

— C'est en tombant dans ce précipice que s'est tué, en 1821, M. Mouron, pasteur de Grinderwald.

Voici de quelle manière l'accident arriva et quelles en furent les suites :

M. Mouron, l'un des plus habiles explorateurs de la contrée, consacrait tout le temps que lui laissait l'exercice de ses fonctions à des courses dans les montagnes ; assez bon physicien et botaniste distingué, il avait fait des observations météorologiques curieuses, et possédait un herbier où il avait réuni et classé par familles à peu près toutes les plantes des Alpes. Un jour, qu'il se livrait à de nouvelles recherches, il traversa le glacier de Grinderwald, et s'arrêta à l'endroit où nous étions pour jeter des pierres dans le trou que nous avions devant les yeux. Après avoir écouté la chute de plusieurs, il voulut découvrir l'intérieur du précipice, et, appuyant son bâton ferré sur le bord opposé à celui sur lequel il se trouvait, il se pencha sur l'abîme : le bâton mal arrêté glissa, et le pasteur fut précipité. Le guide accourut tout haletant au village et raconta l'accident dont il venait d'être témoin.

Quelques jours se passèrent pendant lesquels cette nouvelle devint l'entretien de toute la contrée ; le pasteur y était chéri, et, comme les regrets causés par sa mort étaient grands, des soupçons s'éveillèrent sur la fidélité du guide qui l'avait accompagné ; ces soupçons prirent bientôt de la consistance, et l'on alla jusqu'à dire que ce pasteur avait été assassiné et jeté ensuite dans le trou du glacier : le but de l'assassinat aurait été de lui voler sa montre et sa bourse.

Alors le corps tout entier des guides, que ce soupçon attaquait dans l'un de ses membres, se réunit et décida que l'un d'eux, que le sort désignerait, descendrait, au péril de sa vie, dans le précipice qui

Ils reparurent portant sur leur dos un serpent énorme. — Page 15.

avait servi de tombeau à leur malheureux pasteur; si le cadavre avait sur lui sa montre et sa bourse, le guide était innocent. Le sort tomba sur l'un des hommes les plus forts et les plus vigoureux de la contrée, nommé Burguenen.

Au jour dit, tout le village se rendit sur le glacier.

Burguenen se fit attacher une corde autour du corps, une lanterne au cou, et, prenant une sonnette d'une main pour indiquer en l'agitant qu'il fallait le retirer, et son bâton ferré de l'autre afin de se préserver du contact tranchant des glaçons, il se laissa glisser, suspendu à un câble que quatre hommes laissaient filer peu à peu. Deux fois, sur le point d'être asphyxié par le manque d'air, il sonna et fut ramené à la surface du trou; mais enfin, à la troisième, on sentit qu'un poids plus lourd pesait au bout de la corde, et Burguenen reparut rapportant le corps mutilé du pasteur.

Le cadavre avait sa bourse et sa montre!

Burguenen estima qu'il était descendu à la profondeur de sept cent cinquante pieds.

Le Faulhorn.

LE FAULHORN.

huit heures du matin, le lendemain, nous nous mîmes en route pour accomplir la plus rude ascension que nous eussions encore tentée ; nous avions la prétention d'aller coucher dans la plus haute habitation de l'Europe, c'est-à-dire à huit mille cent vingt et un pieds au-dessus du niveau de la mer ; — cinq cent soixante-dix-neuf pieds plus haut que l'hospice du Saint-Bernard, dernière limite des neiges éternelles.

Le Faulhorn est, sinon la plus haute, du moins l'une des plus hautes montagnes de la chaîne qui sépare les vallées de Thun, d'Interlaken et de Brienz, de celles du Grinderwald et de Rosenlauwi. Ce n'est que depuis un an ou deux qu'un aubergiste, spéculant sur la curiosité des voyageurs, eut l'idée d'établir sur le plateau qui tranche son sommet une petite hôtellerie qui n'est habitable que l'été. Aussitôt le mois d'octobre arrivé, il abandonne sa spéculation et son domicile, démonte les portes et les volets, afin de n'en avoir pas d'autres à faire établir l'année suivante, et abandonne sa maison à tous les ouragans du ciel, qui font rage autour d'elle jusqu'à ce qu'il n'en reste plus un poteau debout.

Notre hôte de la vallée eut grand soin de nous prévenir d'avance, en confrère charitable, que la vie animale était fort pauvrement alimentée dans les régions supérieures où nous allions parvenir, attendu que l'aubergiste, obligé de tirer tous ses comestibles du Grinderwald et de Rosenlauwi, faisait le lundi les provisions de la semaine : mesure qui n'avait aucun inconvénient pour les voyageurs qui lui rendaient visite le mardi, mais qui, tout le long de la route, devait tenir dans une grande perplexité ceux que, comme nous, le hasard amenait chez lui le dimanche. Il nous invita en conséquence, et cela dans notre intérêt, nous dit-il, à revenir coucher chez lui, où nous trouverions, comme nous avions pu nous en convaincre, bon lit et bonne table. Nous le remerciâmes de l'avis; mais nous lui dîmes que notre intention bien positive, si nous descendions le même jour, était de nous rendre droit à Rosenlauwi et de gagner ainsi une journée de marche. Cette déclaration lui fit perdre à l'instant une grande partie de la sollicitude qu'il venait si tendrement de nous manifester, et qui, au moment de notre départ, parut même avoir fait place à la plus complète indifférence, sentiment dont il nous donna enfin une preuve en refusant net de me vendre un poulet froid dont je voulais, à tout hasard, faire mon camarade de route. Nous partîmes donc assez inquiets de notre avenir gastronomique.

Tout mon espoir reposait de ce côté sur le fusil que je portais en bandoulière; mais chacun sait combien en Suisse est précaire pour le voyageur la chance de dîner avec sa chasse; le gibier, naturellement rare, déserte encore les environs des routes fréquentées. Je m'écartai donc autant que je le pus du chemin frayé, et je m'en allai, suivi par mon guide et frappant à tous les buissons, dans l'espoir d'en faire partir un gibier quelconque.

De temps en temps celui-ci s'arrêtait et me disait :

— Entendez-vous?

J'écoutais. Et, en effet, une espèce de sifflement aigu arrivait jusqu'à moi.

— Qu'est-ce cela? faisais-je.

— Des marmottes, répondait mon guide. Voyez-vous, continuait-il, les marmottes, c'est fameux.

— Diable! si je pouvais rejoindre celle qui siffle.

— Oh! vous ne pourrez pas. Ça se dépouille comme un lapin, ça se met à la broche, ça s'arrose avec du beurre frais ou de la crème, puis on sème là-dessus des fines herbes, et, quand on a mangé la chair et sucé les os, on se lèche les doigts.

— Dites donc, l'ami, alors je ne serais pas fâché d'en tuer une, moi.

— Impossible. Ou bien, quand on veut la manger froide, on la met tout bonnement dans une marmite, avec du sel, du poivre, un bouquet de persil; il y en a qui ajoutent un filet de vin. On la laisse bouillir deux heures, puis on fait à la bête une sauce avec de l'huile, du vinaigre et de la moutarde. Voyez-vous, si jamais vous en mangez, vous m'en direz de fameuses nouvelles.

— Eh bien! mon cher ami, je tâcherai que ce soit ce soir.

— Ouiche, courez. C'est malin comme tout, ces animaux, ça sait bien que c'est fameux rôti et bouilli. V'là pourquoi ça ne se laisse pas approcher. Il n'y a que l'hiver; on défonce leurs terriers, et l'on en trouve des douzaines qui dorment en rond.

Comme je ne comptais pas attendre l'hiver pour goûter de la marmotte, je me mis incontinent en quête de celle qui sifflait; mais, lorsque je fus à quatre cents pas d'elle environ, le sifflement cessa, et la bête rentra probablement dans son terrier, car je ne pus l'apercevoir. Une autre me rendit presque aussitôt le même espoir, qui fut déçu de la même manière, et ainsi de suite jusqu'à ce que, harassé de cinq ou six tentati̇ aussi infructueuses, je reconnus la vérité des p̶les que mon guide m'avait dites.

Je regagnais le chemin, tout penaud, lorsqu'un oiseau que je ne connaissais pas partit à mes pieds; je n'étais pas sur mes gardes. Il était donc déjà à une cinquantaine de pas lorsque je lui envoyai mon coup de fusil. Je vis, malgré la distance, qu'il en tenait; mon guide me cria de son côté que la bête était blessée. L'oiseau continua son vol, et je me mis à courir après l'oiseau.

Il n'y a qu'un chasseur qui puisse comprendre par quels chemins on passe lorsqu'on court après une pièce de gibier qui emporte son coup. Je ne crois pas m'être présenté au lecteur comme un montagnard bien intrépide. Eh bien! je descendis à grande course une montagne aussi rapide qu'un toit, embarrassée de buissons que j'enjambais, de rochers du haut desquels je sautais, emmenant avec moi un régiment de pierres qui avaient toutes les peines du monde à me suivre, et, de plus, ne jetant pas un regard à mes pieds, tant mes yeux étaient fixés sur les courbes que décrivait en voletant la bête inconnue que je poursuivais. Elle tomba enfin de l'autre côté du torrent; emporté par mon élan, je sautai par-dessus sans même calculer sa largeur, et je mis la main sur mon rôti. C'était une magnifique gélinotte blanche.

Je la montrai aussitôt à mon guide en poussant un grand cri de triomphe; il était resté à l'endroit où j'avais tiré, et ce fut alors seulement que je re-

Cascade de Staubach.

connus quel espace j'avais parcouru. Je crois avoir fait un quart de lieue en moins de cinq minutes.

Il s'agissait de regagner la route, chose peu facile pour plusieurs raisons : la première était le torrent. Je m'en approchai, et m'aperçus seulement alors qu'il avait quatorze à quinze pieds de large, espace que j'avais franchi il n'y avait qu'un instant sans y regarder, mais qui, maintenant que je l'examinais, me paraissait fort respectable. Je pris deux fois mon élan, deux fois je m'arrêtai au bord : j'entendais rire mon guide. Je me souvins alors de Payot, dont j'avais ri en pareille circonstance, et je me décidai à faire comme lui, c'est-à-dire à remonter la cascade jusqu'à ce que je trouvasse un pont, ou que son lit devînt plus étroit. Au bout d'un quart d'heure, je m'aperçus qu'elle prenait une direction opposée à celle qu'il me fallait suivre, et que je m'étais déjà fort écarté de mon chemin.

Je me tournai du côté de mon guide; une éminence de terrain me le cachait, je profitai de la circonstance, et, prenant une branche de sapin, je sondai le torrent avec elle; puis, bien convaincu qu'il n'avait que deux ou trois pieds de profondeur, je descendis bravement dedans, le traversai à gué, et arrivai sur l'autre bord trempé jusqu'à la ceinture.

Je n'étais qu'à la moitié de mes peines : il me fallait maintenant gravir la montagne.

Comme je commençais cette opération, mon guide parut au sommet; je lui criai de m'apporter mon bâton, sans l'aide duquel il était évident que je resterais en route; il eût peut-être été plus philanthropique de lui dire de me le jeter; mais, outre que j'ignorais si aucun obstacle ne devait l'arrêter en chemin, je n'étais pas fâché de me venger de certain éclat de rire qui me bruissait encore aux oreilles, et pour lequel la fraîcheur de l'eau, qui ruisselait dans mes pantalons, entretenait une bonne et loyale rancune.

Willer n'en vint pas moins à moi avec toute l'obéissance obligeante qui fait le fond du caractère de ces braves gens, m'aida de son expérience, me tirant après son bâton, ou me soutenant sous les épaules, si bien qu'au bout de trois quarts d'heure à peu près j'eus refait le chemin que j'avais parcouru en cinq minutes.

Cependant nous avions monté toujours, et nous commencions à rencontrer sur notre chemin de grandes flaques de neige que la chaleur de l'été n'avait pu fondre; un vent froid passait par bouffées chaque fois qu'une ouverture de la montagne lui offrait une issue; dans toute autre circonstance, j'y eusse fait attention à peine, mais le bain local que je venais de prendre me rendait pour le moment fort sensible. Je grelottais donc tant soit peu en arrivant aux bords d'un petit lac situé à sept mille pieds au-dessus du niveau de la mer; ce qui signifie que, onze cent vingt et un pieds plus haut,

c'est-à-dire au sommet du Faulhorn, je grelottais beaucoup.

Aussi me précipitai-je dans la petite baraque sans m'occuper le moins du monde du paysage que je venais chercher; je me sentais des douleurs d'entrailles assez vives, et j'aurais été très-peu flatté d'être pris d'une inflammation, même dans la demeure la plus élevée de l'Europe; en conséquence, je réclamai un grand feu; l'hôte me demanda combien je voulais de livres de bois.

— Eh! pardieu, mon cher ami, donnez-moi un fagot; il pèsera ce qu'il pèsera. J'ai trop froid pour me chauffer à l'once.

L'hôte alla me chercher une espèce de falourde qu'il suspendit à un peson : l'aiguille indiqua dix livres.

— En voilà pour trente francs, me dit-il.

Cela devait paraître naturellement un peu cher à un homme né au milieu d'une forêt, où le bois se vend douze francs la voie; aussi fis-je une grimace fort significative.

— Dame! monsieur, me dit l'hôte, qui la comprit à ce qu'il paraît, c'est qu'on est obligé de l'aller chercher à quatre ou cinq lieues, et cela à dos d'hommes : c'est ce qui fait que la vie est un peu chère ici, attendu que, comme on ne peut pas faire la cuisine sans bois....

La tournure de la dernière phrase et sa terminaison par une réticence ne m'annonçaient rien de bon pour l'addition de la carte; mais, en tous cas, comme mon rôti me coûtait déjà les trente francs de bois que j'allais brûler pour me réchauffer, je portai le défi à mon hôte de me compter le reste du dîner sur le même pied; bien entendu que ce fut tout bas que je lui portai ce défi; car, si je l'avais fait tout haut, il me paraissait homme à l'accepter sans la moindre hésitation.

Je fis scier en conséquence ma falourde en trois, m'enfermai avec elle dans ma chambre, fourrai pour dix francs de bois dans mon poêle, et, tirant de mon sac du linge, un pantalon de drap et ma redingote de fourrure, je commençai une toilette analogue à la localité.

Je l'achevais à peine lorsque Willer frappa à ma porte : il venait m'inviter à me dépêcher, si je voulais jouir de la vue dans toute la largeur de son horizon. Le temps menaçait de se mettre à l'orage, et l'orage promettait de nous dérober bientôt l'aspect de l'immense panorama que nous étions venus visiter. Je m'empressai de sortir.

Nous gravîmes aussitôt une petite éminence d'une quinzaine de pieds de hauteur contre laquelle s'adosse l'auberge, et nous nous trouvâmes sur la pointe la plus élevée du Faulhorn.

En nous tournant vers le nord, nous avions en face de nous toute la chaîne des glaciers que nous voyions depuis Berne, et qui, quoique courant de l'orient à l'occident, à quatre ou cinq lieues de

La Yungfrau.

nous, paraissait fermer l'horizon à quelques pas de distance seulement. Tous ces colosses, aux épaules et aux cheveux blancs, semblaient la personnification des siècles se tenant par la main en encerclant le monde; quelques-uns, plus géants encore que les autres, tels que le Wetter-Horn, le Finster-Aarhorn, la Yungfrau et la Blumlisalp, dépassaient de la tête toute cette famille patriarcale de vieillards, et, de temps en temps, nous donnaient le bruyant spectacle d'une avalanche se détachant de leur front, se déployant sur leurs épaules comme une cascade, et se glissant entre les rochers qui forment leurs armures, comme un serpent immense dont les écailles argentées reluisent au soleil. Chacun de ces pics porte un nom significatif, qu'il doit soit à sa forme, soit à quelques traditions connues des gens du pays, tels que le Schreck-Horn, *pic tronqué*, ou la Blumlisalp, *montagne de fleurs*.

En nous tournant vers le midi, le paysage changeait complétement d'aspect : à trois pas de l'endroit où se posaient nos pieds, la montagne, fendue par quelque cataclysme, et coupée à pic, laissait apercevoir, s'étendant à six mille cinq cents pieds au-dessous de nous, toute la vallée d'Interlaken,

La chapelle du Righi.

avec ses villages et ses deux lacs, qui semblaient d'immenses glaces placées là dans leur cadre vert pour que Dieu puisse s'y mirer du ciel. Au delà, et dans le lointain, se détachaient en masses sombres, sur un horizon bleuâtre, le Pilate et le Righi, placés aux deux côtés de Lucerne, comme les géants des *Mille et une Nuits* chargés de garder quelque ville merveilleuse : tandis qu'à leurs pieds se tordait le lac des quatre cantons ; et, derrière eux, aussi loin que la vue pouvait s'étendre, resplendissait le lac bleu de Zug, confondu avec le ciel, auquel il semblait toucher.

Willer me frappa sur l'épaule ; je tournai la tête, et, suivant des yeux la direction de son doigt, je vis que j'allais assister à l'un des spectacles les plus imposants de la nature, après une tempête sur mer, c'est-à-dire à une tempête dans la montagne.

Les nuées qui apportaient l'orage avec elles se détachaient, l'une du sommet du Wetter-Horn, l'autre des flancs de la Yungfrau, et s'avançaient silencieuses, noires et menaçantes, comme deux armées ennemies qui marchent l'une contre l'autre, et ne veulent commencer le feu qu'à une portée mortelle. Quoiqu'elles voguassent avec une rapidité extrême, on ne sentait aucun souffle d'air ; on eût dit qu'elles étaient poussées l'une vers l'autre par une double puissance attractive ; un silence profond, que le cri d'aucun être ne troublait, s'était étendu sur la nature, et la création tout entière semblait attendre, muette et immobile, la crise qui la menaçait.

Un éclair, suivi d'une détonation épouvantable reproduite et prolongée par tous les échos des glaciers, annonça que les nuées venaient de se joindre, et que le combat était commencé ; cette commotion électrique sembla rendre la vie à la création, elle se réveilla en sursaut avec tous les symptômes de l'effroi. Un souffle chaud et lourd passa sur nous, agitant, à défaut d'arbres, une grande croix de bois mal fixée en terre ; les chiens de nos guides hurlèrent, et trois chamois, se levant je ne sais d'où, parurent tout à coup, bondissant sur la pente d'une montagne qui s'élevait côte à côte avec la nôtre ; une balle que je leur envoyai, et qui alla labourer la neige à quelques pieds d'eux, ne parut nullement avoir attiré leur attention ; le bruit du coup ne leur fit pas même tourner la tête, tant ils étaient tout entiers livrés à la terreur que leur inspirait l'ouragan.

Pendant ce temps, les nuées se croisaient, passant l'une au-dessus de l'autre, et se renvoyant éclair pour éclair. De tous les points de l'horizon, on voyait accourir, comme des régiments pressés de prendre part à une bataille, des nuages de formes et de couleurs différentes, qui, se précipitant dans la mêlée, augmentaient la masse de vapeurs en se réunissant à elles. Bientôt le midi tout entier fut en feu ; la partie du ciel où était le soleil s'empourpra d'une couleur vive, comme celle d'un incendie ; le paysage s'éclaira d'une manière fantastique, le lac de Thun parut rouler des vagues de flammes ; celui de Brienz se teignit de vert, comme une décoration de l'Opéra illuminée par des lampes de couleur, et ceux des Quatre-Cantons et de Zug perdirent leur teinte azurée pour devenir d'un blanc mat.

Bientôt le vent redoubla de violence ; des portions de nuages se déchirèrent, et, fouettées par lui, quittèrent le centre commun, s'égarèrent dans toutes les directions, et, comme à un signal donné, se précipitèrent vers la terre ; des portions de paysages disparurent comme si l'on avait étendu sur elles un rideau. Nous sentîmes quelques gouttes de pluie ; puis, presque aussitôt, nous fûmes enveloppés de vapeur : l'éclair s'alluma près de nous, et vint réfléchir un de ses rayons sur le canon de ma carabine, que je lâchai comme si elle était de fer rouge. Nous étions au milieu de l'orage. Un sauve qui peut général se fit entendre, et nous nous réfugiâmes dans l'auberge. Pendant dix minutes, la pluie fouetta dans nos carreaux ; l'ouragan ébranla la cabine comme s'il voulait la déraciner : la foudre eut littéralement l'air de frapper à la porte. Enfin la pluie s'arrêta, le jour reparut, nous nous hasar-

dâmes à sortir. Le ciel était pur, le soleil brillant, l'orage, que nous avions eu sur la tête, était maintenant à nos pieds ; le bruit du tonnerre remontait au lieu de descendre : à cent pieds au-dessous de nous, l'orage, comme une vaste mer, roulait des vagues dans la profondeur desquelles s'allumait l'éclair ; puis, de cet océan, qui comblait les précipices et les vallées, sortaient, comme de grandes îles, les têtes neigeuses de l'Eiger, du Monck, de la Blumlisalp et de la Yungfrau. Tout à coup un être animé parut, se débattant au milieu de ces flots de vapeur, et se soulevant à cent pieds au-dessus de nous : c'était un grand aigle des Alpes qui cherchait le soleil, et qui, l'apercevant enfin, monta majestueusement vers lui, passant à quarante pas de moi, sans que je songeasse même à lui envoyer une balle, tant le spectacle qui m'entourait tout entier dans la contemplation de sa magnificence.

L'orage gronda pendant le reste du jour dans la vallée ; la nuit vint.

Harassé de fatigue, et encore tout souffrant des douleurs que j'avais éprouvées, je comptais sur le sommeil pour rétablir mon équilibre sanitaire, que je sentais violemment dérangé ; mais, cette fois, je comptais sans mon hôte ou plutôt sans mes hôtes.

À peine fus-je couché, qu'un tapage infernal commença au-dessus de ma tête. Il paraît que le fluide électrique répandu dans l'air avait vigoureusement impressionné le système nerveux de nos guides, et l'avait poussé vers la gaieté. Les drôles étaient rassemblés, au nombre d'une douzaine, dans l'espèce de grenier qui formait le premier étage de la maison dont les voyageurs habitaient le rez-de-chaussée ; et, comme ce premier étage et ce rez-de-chaussée n'étaient séparés l'un de l'autre que par des planches de sapin d'un pouce d'épaisseur tout au plus, nous ne perdions pas une syllabe d'une conversation que peut-être j'eusse trouvée aussi intéressante qu'elle me paraissait gaie, si elle ne se fût tenue en allemand. Le bruit des verres qui se choquaient sans interruption, celui de bouteilles vides qui roulaient sur le plancher, l'introduction de deux ou trois nouveaux convives d'un sexe différent, l'absence complète des lumières bannies par la crainte du feu, m'inspirèrent des terreurs tellement vives sur la durée et la progression bruyante de cette bacchanale, que je pris le bâton ferré qui était près de mon lit, et que j'en frappai à mon tour le plancher, en signe d'invitation au silence. Effectivement, le bruit cessa, les tapageurs se parlèrent à voix basse ; mais il paraît que c'était pour s'encourager mutuellement à la résistance, car, au bout de quelques secondes, un grand éclat de rire annonça le cas qu'ils faisaient de ma réclamation. Je repris mon bâton, et le renouvelai en l'accompagnant du plus abominable juron allemand que je pus trouver dans le répertoire tudesque ; cette fois leur réponse ne se fit pas attendre : l'un d'eux prit une chaise, en frappa de son côté sur le plancher le même nombre de coups que j'avais frappés du mien, et, pour ne rien garder à moi, me renvoya en français le plus beau s.... n... de.Dieu que j'aie jamais entendu : c'était une révolte ouverte.

Je restai un instant abasourdi de la riposte ; puis je me mis à chercher dans mon esprit de quelle manière je pourrais forcer les rebelles à se rendre. Mon silence les fit croire à ma défaite, et les cris et le tapage recommencèrent de plus belle dans les régions supérieures.

Cependant, je venais de me rappeler que le tuyau de mon poêle avait son orifice dans un coin du grenier même où se gaudissaient mes ennemis. La cherté du bois ayant fait présumer au propriétaire que ce poêle serait habituellement un meuble de luxe, cette conviction ne lui avait par conséquent inspiré aucune crainte sur les conséquences, attendu que, s'il n'y a pas de feu sans fumée, il est incontestable qu'il y a encore bien moins de fumée sans feu.

Ce souvenir fut un trait de lumière ; un autre moins modeste dirait une inspiration du génie. Je sautai à bas de mon lit, frappant dans mes deux mains, comme un chef arabe qui appelle son cheval, et, courant à la cuisine, j'y ramassai tout le foin que j'y pus trouver, le rapportai dans ma forteresse, dont je barricadai au dedans les fenêtres et les portes, et commençai immédiatement mes préparatifs de vengeance. Ils consistaient, le lecteur l'a déjà deviné sans doute, à humecter légèrement la matière combustible, afin qu'elle donnât pour résultat la fumée la plus épaisse qu'il était possible d'en tirer ; puis, cette précaution préalablement prise, d'en bourrer atrocement le poêle ; enfin, mon artillerie ainsi préparée, d'approcher le feu des combustibles : c'est ce que je fis ; après quoi, je revins tranquillement attendre dans mon lit le résultat d'une opération si habilement préparée, et pour la réussite de laquelle l'obscurité qui enveloppait mes ennemis me donnait des garanties presque certaines.

En effet, quelques minutes se passèrent sans amener aucun changement dans la manière de faire de mes guides ; puis tout à coup l'un d'eux toussa, un autre éternua, et un troisième, après une seconde consacrée à l'aspiration nasale, déclara que cela sentait la fumée. Chacun se leva de table sur ces mots.

C'était le moment de redoubler mon feu, et de profiter du désordre qui s'était mis dans l'armée ennemie pour l'empêcher de se rallier : je me précipitai donc vers le poêle, je le bourrai à double charge, puis, refermant la porte, j'attendis, les bras croisés comme un artilleur près de sa pièce, le résultat de cette seconde manœuvre.

Il fut aussi complet que je pouvais le désirer ; ce n'était plus une toux, ce n'étaient plus des éternuments : c'étaient des cris de rage, des hurlements de désespoir ; je les avais enfumés comme des renards.

Cinq minutes après, un parlementaire frappait à ma fenêtre, c'était à mon tour de faire mes conditions : j'usai de la victoire en véritable héros ; comme Alexandre, je pardonnai à la famille de Darius, et la paix fut jurée entre elle et moi, à cette condition qu'elle ne ferait plus de bruit et que je ne ferais plus de feu.

Les clauses du traité furent religieusement exécutées des deux côtés, et je commençais non pas à m'endormir, mais à espérer que je m'endormirais, lorsque les chiens de nos guides poussèrent un cri plaintif et prolongé qui finit par se résumer en hurlements continus.

Je crus que les quadrupèdes étaient d'accord avec leurs maîtres pour me faire damner ; je cherchai dans mon arsenal une arme qui tînt le milieu entre une houssine et un bâton, et je sortis de ma chambre dans l'intention d'aller au chenil et d'y épousseter vigoureusement le poil de ses habitants, à quelque race qu'ils appartinssent.

A peine eus-je mis le pied dehors, que Willer, que je ne voyais pas, tant la nuit était abominablement noire, surtout pour moi qui sortais d'une chambre éclairée, me prit par le bras et me fit signe de garder le silence ; j'obéis, écoutant de toutes mes oreilles sans savoir ce que j'allais entendre. Un cri modulé d'une certaine manière monta des profondeurs de la vallée, mais si lointain et si affaibli par la distance, qu'il vint mourir à l'endroit où nous étions, et que vingt pas plus loin peut-être il eût été impossible de l'entendre.

— C'est un cri de détresse, dirent tout d'une voix les guides réunis pour écouter. Il y a des voyageurs perdus dans la montagne ; allumons les torches, lâchons les chiens, et en route.

Peu de harangues eurent jamais un effet aussi prompt sur les auditeurs que celle que je viens de rapporter. Chacun courut à son poste, les uns à la cuisine pour prendre du rhum, les autres au grenier pour chercher des falots, d'autres enfin au chenil pour lâcher les bêtes ; puis tous ensemble se réunissant poussèrent d'une seule voix un grand cri, ayant pour but d'annoncer aux voyageurs qu'on les avait entendus et qu'on allait à leur secours.

J'avais pris ma torche comme les autres, non que j'eusse la présomption de croire que je pourrais être, la nuit, d'une grande aide dans des chemins où le jour j'étais quelquefois obligé de marcher à quatre pattes ; mais je voulais voir cette scène nouvelle pour moi dans tous ses détails. Malheureusement, à peine eûmes-nous fait cinq cents pas, que chacun tira de son côté, la connaissance des localités permettant à mes braves compagnons de s'engager dans des chemins impraticables pour tout autre que pour eux. Je vis donc que, si j'allais plus loin à la recherche des autres, les autres seraient à leur

Ville d'Interlaken.

tour obligés de venir à la mienne, ce qui ferait naturellement une perte de temps inutile. Je pris alors le parti moins philanthropique, mais plus prudent, de m'asseoir sur une pointe de rocher, d'où mon regard, plongeant dans la vallée, pouvait suivre, dans les différentes directions qu'elles prenaient, toutes ces lumières bondissantes comme des feux follets sur un étang.

Pendant une demi-heure, elles parurent s'égarer, tant elles prirent des directions différentes et folles : disparaissant dans des ravins, reparaissant sur des cimes; toutes leurs évolutions accompagnées en ou-

tre de cris d'hommes, d'aboiements de chiens, de coups de pistolet, qui donnaient à ce spectacle une apparence étrange et désordonnée. Enfin elles se dirigèrent vers un centre commun; se réunirent dans un espace circonscrit dont elles ne s'écartèrent plus; puis, se mettant en route avec un certain ordre, elles s'acheminèrent vers mon rocher, accompagnant sur deux rangs les voyageurs retrouvés, dans le même ordre que le fait une patrouille qui conduit des vagabonds au corps de garde.

Au fur et à mesure que ce cortége s'avançait, je distinguais, à la lueur saccadée que les torches re-

L'Anglais avait attendu flegmatiquement le coup de javelot d'une nouvelle espèce. — Page 27.

flétaient sur lui, une troupe confuse d'hommes, de femmes, d'enfants, de mulets, de chevaux et de chiens; tout cela parlant, hennissant, hurlant dans une langue différente : c'était l'arche de Noé lâchée dans la tour de Babel.

Je me joignis à la caravane au moment où elle passa devant moi, et j'arrivai avec elle à l'auberge. Lorsqu'on eut trié cette macédoine, on y reconnut : dix Américains, un Allemand et un Anglais, le tout dans le plus mauvais état possible, les Américains ayant été retrouvés dans le lac, l'Allemand sur la neige, et l'Anglais suspendu à une branche d'arbre, au-dessus d'un précipice de trois mille pieds.

Le reste de la nuit s'écoula dans la tranquillité la plus parfaite.

—➤✦❀◗ ⊰✦◄

ROSENLAUWI.

out le monde était sur pied à huit heures du matin, infanterie et cavalerie rangées en bataille sur le plateau de Faulhorn; la cavalerie se composait d'une dame française, de l'Américain, sa femme et ses sept enfants, le fils aîné de cette jeune famille marchant à pied avec l'Anglais, les six guides et moi. Quant à l'Allemand, il était totalement perclus, et, quoiqu'il eût passé la nuit sur les dalles de la cuisine, qu'on avait fait chauffer comme un four, il ne pouvait faire un seul mouvement sans l'accompagner de cris surhumains; nous le laissâmes donc au Faulhorn, où, si la Providence n'a pas jugé à propos de faire un miracle spécial en sa faveur, il doit être encore; vu la température peu favorable à la guérison des pleurésies.

Aussitôt les préparatifs indispensables accomplis, tels que les mulets ressanglés et les gourdes remplies, la petite armée se mit en marche avec toute la gaieté qui suit par réaction toute situation précaire dont on s'est bien tiré.

Notre intention était de visiter en passant le glacier de Rosenlauwi et de nous en aller de là coucher à Meyringen : c'était une assez forte journée, mais nos dames étaient bien montées, et nous avions, mes deux camarades et moi, des jambes avec lesquelles nous pouvions défier à la course les plus rudes montagnards de l'Oberland.

Je dis mes deux camarades, car nous n'avions pas fait cinq cents pas que nous étions les meilleurs amis du monde : rien ne lie aussi vite que le collège, la chasse ou les voyages; j'avais vu d'ailleurs l'Américain à Paris, chez madame la princesse de Salm; quant à l'Anglais, contre la nature de ses compatriotes, il était d'un caractère très-gai et d'une constitution très-remuante, ce qui tranchait singulièrement avec son visage grave, qui restait impassible au milieu de toutes les gambades qu'il faisait à chaque instant : c'est un contraste dont Deburau, seul, avec sa figure froide et ses gestes animés, offre le pendant dans mes souvenirs. On devine donc qu'avec nos dispositions à la gaieté il nous mit très-vite à l'aise, sinon avec sa physionomie, du moins avec ses manières.

Je n'ai rien vu, au reste, de plus agile, de plus imprudent et de plus adroit dans ces imprudences, que ce corps de Fantoccini et cette tête de Clown; le tout faisait l'admiration de nos guides, qui le regardaient faire avec un air de doute et d'étonnement qui voulait visiblement dire : — Va toujours, va, et un beau matin tu te casseras le cou. Quant à lui, il ne faisait aucun compte de cet avis, et continuait tranquillement à enjamber les précipices, à passer à cloche-pied sur les arbres qui servent de pont aux torrents, et à faire un gros bouquet de fleurs dont la plus facile à recueillir aurait pu rester pendant l'éternité à la place où elle était, sans me donner, si belle qu'elle fût, l'envie de l'y aller chercher.

Cette témérité était d'autant plus méritoire, que nous suivions sur du schiste argileux un chemin détestable, tracé depuis deux ans seulement de Faulhorn à Rosenlauwi, et rendu plus dangereux encore par la pluie tombée la veille une partie de la nuit. A tout moment le pied des hommes et des mulets glissait sur un fond ardoisé, dont chaque pas enlevait un peu de la terre végétale qui le recouvrait; nos dames poussaient incessamment des cris affreux, bien justifiés par l'aspect du sentier où les conduisaient leurs montures. Un moment nous nous trouvâmes, bêtes et gens, côtoyant un précipice de mille cinq cents pieds de profondeur, sur une espèce de gouttière si étroite, que les guides, malgré le danger, ne pouvaient tenir la bride des chevaux. Au milieu de ce défilé, le mulet de la fille aînée de l'Américaine butta, et la jeune personne, enlevée de sa selle par la secousse, se trouva sur le cou de sa monture, oscillant comme le balancier d'une pendule, et ne sachant, pendant une seconde, si elle tomberait soit à gauche, soit à droite, c'est-à-dire sur le talus ou dans le précipice. Heureusement l'un des guides la poussa de son bâton, et elle tomba avec un cri affreux du côté où elle ne courait d'autre danger que de se faire une contusion ou une égratignure.

Cet accident mit la confusion dans la caravane. Les dames, de peur de tomber, sautèrent, et en sautant tombèrent; des cris plus aigus les uns que les autres partaient de tous côtés; tout le monde, se croyant en danger de mort, appelait le secours qu'on ne pouvait porter à personne, et dont, à tout prendre, personne n'avait besoin. Les chiens hurlaient, les guides juraient, les mulets profitaient de cet instant de répit pour brouter l'herbe qui poussait au bord du précipice; et l'Anglais, perché à vingt-cinq pieds au-dessus de nos têtes, dans une position à donner des vertiges à un chamois, sifflait tranquillement le *God save the king*.

Au bout d'un instant cependant, le calme se rétablit : on tira nos dames d'entre les jambes de leurs quadrupèdes; elles traversèrent une à une, et conduites par les guides, le reste du mauvais chemin, et dix minutes après toute la caravane se retrouvait saine et sauve sur une pelouse unie comme le tapis vert du jardin de Versailles.

Nous profitâmes de la circonstance pour déjeuner, et nos dames, tout à fait remises de leur frayeur, qui, pour toutes, une exceptée, n'avait été qu'une panique, nous tinrent courageusement compagnie. Puis nous nous remîmes en route.

Bientôt nous entrâmes dans l'Oberhasli, et nous traversâmes la place des Lutteurs. La veille même, des exercices avaient eu lieu entre les montagnards, et nous regrettâmes beaucoup que le hasard ne nous eût pas conduits là au moment du spectacle.

Nous étions descendus dans une atmosphère plus tempérée, et de place en place nous commencions à voir reparaître les sapins, qui s'arrêtaient à une région convenue, comme si la baguette d'un enchanteur avait tracé un cercle magique qu'ils ne peuvent franchir. Ces troncs isolés offrirent une variété à nos exercices; ils devinrent le but de nos bâtons de montagne, qui, lancés comme des javelots, allaient à la distance de trente à quarante pas s'y enfoncer de toute la longueur de leur fer. L'Américain surtout excellait dans cet exercice, auquel l'Anglais était le moins habile de nous trois. Cette supériorité amena entre eux une discussion assez vive, au milieu de laquelle je les laissai, pour suivre, non pas avec mon bâton, mais avec mon fusil, un coq de bruyère qui se leva trop loin de moi pour que je pusse le tirer, et que j'espérais rejoindre à sa remise. Ma pointe fut inutile, et dix minutes après je redescendis de l'autre côté du petit bois où j'avais laissé mes compagnons de voyage.

Je les aperçus de loin arrêtés au bord d'un torrent, et je m'approchai d'eux sans pouvoir bien comprendre à quel exercice se livrait l'Anglais, tant cet exercice me paraissait bizarre : il consistait à prendre de l'eau dans sa bouche et à faire sortir cette eau par le milieu de sa joue. Je crus d'abord que cette éjaculation se faisait par l'oreille, et j'admirais ce nouveau genre de jonglerie lorsque, ayant fait quelques pas encore, je m'aperçus que l'eau prenait, en sortant, une teinte rouge qu'elle devait à son mélange avec le sang.

Voici ce qui était arrivé : l'Anglais, furieux de son infériorité, avait parié qu'il se planterait à soixante pas de l'Américain, et que celui-ci ne l'atteindrait pas avec son bâton. L'Américain avait accepté le pari, les parties intéressées s'étaient placées à la distance convenue, et l'Anglais, esclave de sa parole, avait attendu flegmatiquement le coup de javelot d'une nouvelle espèce, dont le fer lui avait percé la joue et cassé une dent.

Cet accident ramena un peu de calme à l'arrière-garde de notre caravane, dont la tête entra bientôt sous la grande porte de l'auberge de Rosenlauwi.

Nous ne nous arrêtâmes que le temps d'y prendre un bain, qu'on n'eut pas même la peine de faire chauffer, l'eau thermale nous arrivant toute tiède d'une source voisine; après quoi nous nous acheminâmes vers le glacier, l'un des plus renommés de l'Oberland.

Cette fois, nous avions sur la tête le frère cadet de l'orage que la veille nous avions eu sous les pieds; cette différence dans sa position en faisait une très-grave dans la nôtre; nous n'en continuâmes pas moins notre route, malgré l'avertissement de prudence que nous donnait le tonnerre, et nous arrivâmes sans accident au pied de la mer de glace située à un quart de lieue à peu près de l'auberge.

Le glacier de Rosenlauwi mérite sa réputation, et, s'il n'est pas le plus grand, c'est, à mon avis, le plus beau de l'Oberland. Resplendissant partout d'une teinte azurée dont j'ignore la cause, et qui n'appartient qu'à lui, il offre toutes les nuances de cette couleur, depuis le bleu mat et pâle de la turquoise jusqu'au bleu étincelant et foncé du saphir. L'ouverture située à sa base, et par laquelle sort en bouillonnant le Reichenbach, semble le portique d'un palais de fée; et de merveilleuses colonnes, qu'on croirait l'œuvre des génies, tant elles sont légères et transparentes, soutiennent une voûte dentelée par les festons les plus variés, les plus élégants et les plus bizarres. Lorsqu'on se penche pour regarder dans ses profondeurs, où tourbillonne le torrent, on est si émerveillé de cette architecture fantastique, qu'on porte envie à la déesse qui habite une pareille demeure, et qu'on éprouve le besoin jaloux de s'y précipiter pour la partager avec elle. Ce dut être à l'entrée d'une pareille grotte que Goëthe fit son *Ondine*.

Le bruit produit par le bouillonnement de l'eau, qui se brise sur les rochers et rejaillit en écume, nous empêchait depuis un quart d'heure d'entendre le tonnerre, qui cependant redoublait de force. Nous avions complétement oublié l'orage, lorsque quelques gouttes larges et tièdes vinrent nous le rappeler; nous levâmes la tête, le ciel semblait s'être abaissé sur le vaste entonnoir de montagne au fond duquel nous nous trouvions, et, de moment en moment, il s'affaissait encore sur leur pente, se rapprochant toujours de nous, comme s'il devait finir par peser sur nos têtes; la respiration nous manquait, comme si nous eussions été enfermés sous une vaste machine pneumatique; il nous semblait qu'il ne faudrait qu'un éclair pour enflammer l'atmosphère ardente qui nous environnait. Enfin, un violent coup de tonnerre déchira ce dais de vapeurs, et l'ouragan, fouettant l'air, secoua sur nous ses vastes ailes toutes ruisselantes de pluie.

Nous étions trop loin de l'auberge pour y aller chercher un abri; nous nous réfugiâmes donc sous un arbre, et, à l'aide de nos blouses et de nos bâtons, nous construisimes une petite tente pour mettre nos dames à couvert. Cette espèce de hangar remplit d'abord le but que nous nous étions proposé; mais, au bout d'un quart d'heure, la toile s'étant mouillée, l'eau cessa de glisser dessus, passa au travers, et trois ou quatre fontaines commencèrent à jouer sur nos têtes, en manière de douches.

Il fallut donc, bravant la pluie et le tonnerre, se remettre en campagne et tenter de regagner l'auberge; c'est ce que nous fîmes, ayant partout de la boue par-dessus la cheville, et, dans certains endroits, de l'eau par-dessus le genou. Nous y arrivâmes ruisselants comme des gouttières.

Nous appelâmes Willer, chargé de la garde de nos paquets; mais, lorsque nous lui demandâmes celui où était le linge, il nous répondit que, sachant notre désir d'arriver le soir même à Meyringen, il avait profité d'une occasion qui se présentait pour y faire parvenir nos bagages. Nous n'avions pas, à Rosenlauwi, un mouchoir de poche de rechange.

Quant à partir le même jour pour Meyringen, c'était chose impossible; l'orage avait rendu la route impraticable, et les chemins étaient devenus des lits de torrents.

Il n'y avait qu'un parti à prendre, et nous le prîmes; c'était de faire bassiner nos lits et de nous coucher, tandis que nos vêtements sécheraient.

Nous dinâmes couchés, comme les empereurs romains, puis nous nous endormîmes.

Je ne sais depuis combien de temps nous dormions; mais ce que je sais, c'est que nous étions dans le plus beau et le plus profond de notre sommeil lorsque la fille de l'auberge entra dans notre chambre un flambeau à la main.

— Qu'est-ce? dis-je avec la mauvaise humeur d'un homme interrompu dans une des fonctions qui lui sont les plus chères.

— Rien, monsieur; seulement il faudrait vous lever.

— Pourquoi cela?

— C'est que, voyez-vous, l'orage a tellement grossi les deux petites cascades qui sont au-dessus de l'auberge, que le ruisseau qui passe devant la porte vient d'enlever le pont, et qu'il est probable que la maison va être emportée...

— Comment, emportée!... la maison où nous sommes?

— Oh! oui, monsieur, ça lui est déjà arrivé une fois, pas à celle-ci, mais à une autre.

— Et mes habits?

— Vous n'avez que le temps de les mettre.

— Allez me les chercher alors.

Jamais toilette, j'en réponds, ne fut faite avec plus de promptitude; je n'avais pas encore passé les manches de ma blouse, que, sans écouter les cris de la fille, j'avais pris la rampe de l'escalier au bas duquel, trouvant la porte de la cuisine, je sautai dedans.

— Eh! fis-je aussitôt.

J'étais dans l'eau jusqu'à mi-jambes.

— Mais, monsieur !... me criait la bonne.

Je ne l'écoutais pas, et, apercevant une porte, j'allais l'ouvrir.

— Monsieur, vous allez vous trouver dans le ruisseau!

Je lâchai le loquet, et, sautant sur les fourneaux, je voulus passer par la fenêtre.

— Monsieur, vous allez sauter dans la cascade!

— Ah çà! décidément, je suis donc cerné! Par où voulez-vous que je m'en aille? alors il fallait donc me laisser dans mon lit; au moins je serais parti en bateau.

— Mais, monsieur, on peut sortir par la fenêtre du premier étage.

— Que le diable vous brûle! pourquoi ne me dites-vous pas cela tout de suite, donc?...

— Il y a une heure qu'on vous le répète; mais vous ne m'écoutez pas, vous courez comme un égaré.

— C'est vrai, j'ai tort; conduisez-moi.

Nous remontâmes au premier, et elle m'indiqua une planche dont un bout s'appuyait sur la fenêtre et l'autre sur la montagne; cela ressemblait trop au pont de Mahomet pour qu'un bon chrétien pût s'y hasarder sans faire quelques observations.

— La fille! dis-je en clignant de l'œil et en me grattant l'oreille, est-ce qu'il n'y a pas un autre chemin?

— Est-ce que celui-là vous inquiète? Bah! votre ami l'Anglais, vous savez bien, qui a une fluxion, il y a passé, et il n'a fait qu'un saut.

— Ah! il y a passé; c'est très-bien de sa part; et ces dames y ont-elles passé, elles?

— Non, les guides les ont emportées.

— Où sont-ils, les guides?

— Dans la montagne, à abattre des sapins pour couper la cascade.

Il n'y avait pas moyen de reculer: je pris mon parti en brave; seulement, au lieu de faire le chemin à pied, je le fis à cheval. Quelqu'un qui m'aurait vu d'en bas, pendant ce voyage, m'aurait certainement pris pour une sorcière se rendant au sabbat sur un manche à balai.

Lorsque je fus arrivé à ma destination, et que le contact de la terre ferme m'eut rendu la liberté d'esprit que m'avait momentanément enlevée ce mode de transport, je me dirigeai vers un endroit où je voyais briller des torches, et je n'oublierai jamais l'étrange et magnifique spectacle qui se déploya sous mes yeux.

La cascade, dont, en arrivant, nous avions ad-

Au lieu de faire le chemin à pied, je le fis à cheval. — PAGE 28

miré la grâce et la légèreté, était devenue un torrent épouvantable; ses eaux, que nous avions vues tout argentées d'écume, se précipitaient noires et boueuses, entraînant avec elles des rochers qu'elles faisaient bondir comme des cailloux, des arbres séculaires qu'elles brisaient comme des baguettes de saule. Nos guides, pendant ce temps, nus jusqu'à la ceinture et armés de haches, abattaient avec toute l'ardeur de leur nature montagnarde les sapins qui poussaient sur la rive, et dont ils dirigeaient la chute de manière à former une digue. Quatre ou cinq d'entre eux seulement, prêts à relayer les autres, tenaient à la main des torches dont la lueur tremblante éclairait ce tableau. Mais bientôt le concours de tous les bras devint urgent : les éclaireurs saisirent à leur tour des haches et cherchèrent où poser leurs torches. Voyant leur embarras et l'urgence de la position, je pris un flambeau des mains de l'un d'eux, et, courant à un sapin isolé qui dominait le terrain où nous nous trouvions, j'approchai la flamme de ses branches résineuses; dix minutes après il était en feu depuis le tronc jusqu'à la cime, et la scène fut éclairée dès lors par un candélabre en harmonie avec elle.

Je ne saurais exprimer quel caractère primitif et grandiose présentait le spectacle de ces hommes luttant en liberté contre les éléments; ces arbres, qui dans tout autre pays eussent été marqués au coin du roi, tombant les uns sur les autres, abattus par la hache montagnarde, certaine qu'elle était de n'en devoir compte à personne, offraient une image de l'une des premières scènes du déluge. Pour moi, c'était, je l'avoue, avec une certaine ébriosité que je m'acquittais de ma tâche; et, lorsque je vis tomber le sapin monstrueux que j'avais attaqué, je poussai un véritable cri de victoire : c'est peut-être le seul moment de fatuité que j'aie eu dans toute ma vie. J'éprouvais une conviction extraordinaire de ma force; j'aurais abattu, je crois, toute la forêt sans me reposer.

Cependant le cri *assez* retentit : toutes les haches restèrent levées, les regards se tournèrent vers le torrent; il était vaincu et enchaîné. La destruction cessa aussitôt qu'elle fut devenue inutile.

Nous entrâmes à l'auberge à peu près certains de ne plus en être délogés; néanmoins, deux hommes veillèrent auprès du torrent pour donner l'alarme en cas de danger. J'ignore s'ils firent une garde bien fidèle; mais, ce que je sais, c'est que nous dormîmes tout d'une haleine jusqu'à huit heures du matin.

Nous avions dormi avec une tranquillité d'autant plus grande, que nous savions que notre course du lendemain, quoique l'une des plus longues que nous eussions faites, était l'une des moins fatigantes, quatre des dix lieues dont se composait notre étape devant se faire sur le lac de Brienz, et Meyringen, par lequel nous passions, ne nous offrant rien d'assez curieux pour entraver notre marche autrement que par le déjeuner que nous comptions y prendre.

Le chemin conservait des traces affreuses de l'orage de la veille; de quart de lieue en quart de lieue la route était coupée par des torrents improvisés, qui avaient laissé à la place de leur passage un large sillon au fond duquel coulaient des ruisseaux assez rapides pour rendre la marche très-difficile et surtout très-fatigante; de temps en temps aussi, des arbres déracinés s'étaient cramponnés, à l'aide de leurs branches, aux pierres du chemin, et formaient des barricades que les mulets de nos dames aimaient beaucoup à brouter, mais très-peu à franchir; aussi étaient ce à tout moment des cris et des frayeurs, qui, quelquefois, ne manquaient réellement pas de cause.

Au bout de deux heures à peu près de travail plutôt que de marche, nous nous trouvâmes au sommet de la petite montagne qui sépare la vallée de Rosenlauwi de celle de Meyringen. Un plateau couvert de gazon offre de loin au voyageur son riche tapis pour y faire une halte, et, lorsque, séduit par cette nappe verte, il s'en approche pour s'y reposer, il s'étonne, au fur et à mesure qu'il s'avance, de la

coquetterie de la montagne, qui, au pied du plateau dans lequel il n'avait vu d'abord qu'un lieu de repos, étale toutes les richesses inattendues de la plus belle vallée de la Suisse peut-être.

C'est une chose remarquable, au reste, que le soin que prend la nature de se montrer toujours dans son aspect le plus avantageux, soit qu'elle se présente dans sa grâce ou dans sa force, dans sa richesse ou dans son âpreté. Au milieu de tant de pics et de rochers dont les chamois et les aigles seuls peuvent atteindre la cime, il y a toujours quelque sommet accessible au pied de l'homme, et c'est de celui-là surtout que la vue embrasse le plus favorablement les lignes du paysage qui s'étend sous les pieds; il semble que la nature, coquette comme une femme, indifférente qu'elle est aux suffrages des animaux, a besoin pour son orgueil des hommages de l'homme, et que, pareille à ces reines qui sentent en elles la faiblesse de leur sexe, elle ne puisse rester sur le trône sans y faire asseoir un roi.

C'est sur ce plateau de Meyringen, plus que partout ailleurs, que doivent naître dans la pensée ces réflexions étranges. Après deux heures de marche dans un pays assez médiocrement beau, où l'on n'a eu pour distraire ses yeux de l'aspect fatigant d'un double mur de montagnes qu'une chute d'eau assez élevée, mais si exiguë, qu'on l'appelle la cascade de la corde (Seilibach), voilà que tout à coup, sans préparation aucune, et comme si un vaste rideau se levait, on découvre l'un des paysages les plus variés et les plus merveilleux qui aient jamais récompensé le voyageur de sa fatigue, je devrais dire qui la lui eussent jamais fait oublier.

Après être restés une demi-heure absorbés dans la contemplation de ce spectacle que la plume ne saurait reproduire sur le papier, ni le pinceau sur la toile, nous nous acheminâmes vers la cascade de Reichenbach, dont nous ne pouvions voir encore la chute, mais dont la place était indiquée par une poussière d'eau pareille à la vapeur qui sort de la bouche d'un volcan.

Il nous fallait gravir, pour y arriver, une pente gazonneuse si rapide, qu'on a pratiqué des escaliers pour arriver à son sommet. C'est du plateau qu'il forme que l'on plonge dans l'abîme où l'eau précipite sa chute; cette eau, brisée à quatre-vingts pieds au-dessous de celui qui la contemple, remonte en poussière humide assez épaisse pour qu'on cherche, dans une maison bâtie dans ce seul but, un abri contre cette pluie venue de la terre au lieu du ciel.

Là, comme dans beaucoup d'autres endroits de la Suisse, on vend une foule de babioles de bois sculptées avec le couteau, qui feraient honte, pour la grâce des formes et le fini de l'exécution, à beaucoup d'objets d'une matière plus précieuse sortant de nos manufactures. Ce sont des sucriers, autour desquels courent des branches de lierre ou de chêne, surmontés d'un chamois à l'aide duquel on lève le

Le plateau de Meyringen.

couvercle, des fourchettes et des cuillers sculptées comme celles du moyen âge ; enfin, des coupes qui rappellent celles que les bergers de Virgile se disputaient dans leurs chants ; ces objets montent quelquefois à des prix assez élevés : je vis vendre cent francs une paire de ces vases.

Nous descendîmes de la petite maison où se tient l'entrepôt général vers un deuxième plateau situé à cent pieds à peu près au-dessous d'elle ; c'est de ce second plateau qu'on découvre la chute inférieure du Reichenbach, plus tourmentée encore que la première, par la disposition des rochers sur lesquels elle rebondit. Je n'ai pas vu le Pénée dont parle Ovide ; je ne sais si le tableau qu'il en fait est ressemblant :

..... Spumosis volvitur undis
Dejectuque gravi tenues agitantia fumos
Nubila conducit, summasque aspergine silvas
Implicit, et sonitu plus quam vicina fatigat.

mais, ce que je sais, c'est que cette description s'applique si bien au Reichenbach, que je la vole au premier livre de ses *Métamorphoses*, pour me dispenser d'en faire une qui serait probablement moins exacte.

De ce dernier plateau à Meyringen, il y a à peine pour dix minutes de chemin, et de Meyringen à Brienz pour deux heures. Arrivés à ce dernier village, nous louâmes une barque et nous nous dirigeâmes vers le Geissbach, qui a le privilége de partager avec le Reichenbach la royauté des cascades de l'Oberland. Quant à moi, je n'émettrai pas d'opinion sur cette importante question : on se lasse de tout, même des cascades, et, depuis cinq ou six jours, j'en avais tant vu, que je commençais à prendre en grippe tous les noms qui finissaient en *bach*.

Cependant, comme on aurait évidemment crié à l'hérésie si j'étais passé devant le Geissbach sans m'y arrêter, je mis bravement pied à terre, et je commençai à gravir la montagne du haut de laquelle il se précipite par les onze chutes successives dont nous entendions le bruissement depuis Brienz, c'est-à-dire à la distance d'une lieue.

A la moitié de la montée à peu près, nous trouvâmes le régent Kœrli et ses deux filles, qui nous attendaient pour nous offrir l'hospitalité dans un joli chalet dont la principale chambre était ornée d'un piano devant lequel il s'assit ; ses filles se mirent aussitôt à chanter plusieurs airs suisses et deux ou trois tyroliennes. Quoique cette hospitalité et cette musique ne fussent pas tout à fait désintéressées, elles étaient offertes avec tant de bonhomie, qu'il n'y avait pas moyen de se croire quitte avec ce brave homme en le payant ; nous le remerciâmes donc de toutes les manières. Aussi enchanté de nous que nous paraissions l'être de lui, il nous fit

don, en nous quittant, de son portrait et de celui de ses enfants. Il est lithographié, accompagnant sur son piano ses deux filles, qui chantent debout derrière lui. Une singularité qui paye à elle seule la peine que l'on a prise pour gravir le sentier assez difficile qui conduit aux chutes supérieures du Geissbach est une grotte pratiquée dans le rocher derrière l'une de ces chutes ; elle en couvre entièrement l'orifice, de sorte qu'après être parvenu dans cette grotte sans recevoir une goutte d'eau, grâce à la courbe que décrit cette cascade par la rapidité de son élan, on voit tout le paysage, c'est-à-dire le lac, le village de Brienz et le Roth-Horn auquel ils s'adossent. On jouit de cette vue à travers une gaze d'eau qui, mouvante elle-même, donne une apparence de vie aux objets sur lesquels elle est tendue ; ceux-ci, à leur tour, se meuvent derrière elle, silhouettes sans couleur, comme de gigantesques ombres chinoises.

Après avoir consacré une heure environ au régent Kœrli et à sa cascade, nous nous embarquâmes. Une *trinkgeld* double, que nous promîmes à nos bateliers si nous arrivions avant cinq heures à Interlaken, donna des ailes à notre barque. Nous passâmes, comme des oiseaux de mer attardés, près d'une jolie petite île appartenant à un général italien, longtemps au service de la France, et qui, exilé, je crois, de son pays, s'est retiré là. Un peu plus loin, nos guides nous indiquèrent le Tanzplaz, rocher coupé à pic, dont le sommet offre un magnifique plateau couvert de gazon ; c'est à cette place que les paysans des villages environnants se réunissaient autrefois pour se livrer à la danse. Un jour, un jeune homme et une jeune fille que leurs parents refusaient d'unir l'un à l'autre s'y donnèrent rendez-vous ; une grande valse se forma, à laquelle ils prirent part comme les autres ; seulement on remarqua qu'à chaque tour ils se rapprochaient du précipice ; enfin, à une dernière passe, ils se serrèrent plus étroitement dans les bras l'un de l'autre ; on vit leurs lèvres se toucher ; puis, comme si l'ardeur de la danse les eût entraînés, ils s'approchèrent de l'abîme et s'y précipitèrent : on les retrouva le lendemain dans le lac, morts et se tenant embrassés. Depuis ce temps, la place de danse a été transportée à un autre endroit de la vallée. A cinq heures moins un quart, nous abordions à dix minutes du chemin d'Interlaken.

Notre course sur le lac nous avait rafraîchis au lieu de nous fatiguer ; nous pûmes donc, après dîner, aller faire un tour à Hohbuhl, jolie promenade située derrière Interlaken.

Hohbuhl est un jardin anglais qui s'étend depuis la base jusqu'à la cime d'un petit tertre de terrain de trois ou quatre cents pieds de hauteur ; des échappées de vue, ménagées entre les arbres, laissent voir, au fur et à mesure qu'on monte, des parties isolées du panorama dont, une fois arrivé au som-

Ils s'approchèrent de l'abîme et s'y précipitèrent. — Page 31.

met, on embrasse tout l'ensemble. A part la vue merveilleuse dont on y jouit, il n'offre, comme chose remarquable, qu'un banc sur lequel Henri de France, Caroline de Berry et François de Chateaubriand ont gravé leurs noms en passant à Interlaken.

En rentrant à l'auberge, je retrouvai Willer, qui me demanda par où je comptais sortir le lendemain de l'Oberland pour me rendre dans les petits cantons. J'avais le choix entre trois passages de montagnes : le Brünig, le Grimsel et le Gemmi ; je me décidai pour le Gemmi, que je connaissais de réputation. Le surlendemain j'eus l'avantage de le reconnaître de vue, ce qui veut dire que, si jamais je retourne à Interlaken, j'en sortirai cette fois par le Grimsel ou le Brünig.

Le mont Gemmi.

449.

Le vieillard tombe et se relève pour maudire le parricide. — Page 34.

LE MONT GEMMI.

N ous devions partir à cinq heures du matin d'Interlaken dans une petite calèche qui devait nous conduire jusqu'à Kandersteg, lieu auquel la route cesse d'être praticable pour les voitures; c'était toujours la moitié du chemin épargnée à nos jambes; et,

comme nous avions quatorze lieues à faire ce jour-là pour aller aux bains de Louëche, et dans la dernière partie du chemin l'une des plus rudes montagnes des Alpes à franchir, ces sept lieues de rabais sur notre étape n'étaient pas chose à dédaigner. Aussi fûmes-nous d'une exactitude militaire. A six heures, nous étions engagés dans la vallée de la Kander, dont nous remontâmes la rive pendant l'espace de trois ou quatre lieues; enfin, à dix heures et demie, nous prenions, autour d'une table assez bien servie, à l'auberge de Kandersteg, des forces pour l'ascension que nous allions entreprendre; à onze heures, nous réglâmes nos comptes avec notre voiturier, et, dix minutes après, nous étions en route avec notre brave Willer, qui ne devait me quitter qu'à Louëche

Pendant une lieue et demie à peu près nous côtoyâmes par un chemin assez facile la base de la Blumlisalp, cette sœur colossale de la Yungfrau, qui a reçu maintenant, en échange de son nom de montagne des Fleurs, celui plus expressif et plus en harmonie surtout avec son aspect de *Wild-Frau* (femme sauvage). Cependant, si près que je fusse du *Wild-Frau*, j'oubliais la tradition qui s'y rattache, et dont une malédiction maternelle forme le dénoûment, pour penser à une autre légende et à une autre malédiction, bien autrement terrible, d'après laquelle Werner a fait son drame du *Vingt-Quatre Février*. L'auberge que nous allions atteindre dans une heure était l'auberge de Schwarrbach.

Connaissez-vous ce drame moderne, dans lequel Werner a transporté le premier la fatalité des temps antiques, cette famille de paysans que la vengeance de Dieu poursuit comme si elle était une famille royale; ces pâtres atrides qui, pendant trois générations, à jour et heure fixes, vengent les uns sur les autres, fils sur pères, pères sur fils, les crimes des fils et des pères; ce drame, qu'il faut lire à minuit, pendant l'orage, à la lueur d'une lampe qui finit, si, n'ayant jamais rien craint, vous voulez sentir pour la première fois courir dans vos veines les atteintes frissonnantes de la peur; ce drame enfin que Werner a jeté sur la scène, sans oser le regarder jouer peut-être, non pour s'en faire un titre de gloire, mais pour se débarrasser d'une pensée dévorante qui, tant qu'elle fut en lui, le rongeait incessamment, comme le vautour Prométhée?

Écoutez ce que Werner en dit lui-même dans son prologue aux fils et aux filles d'Allemagne :

« Quand je viens de me purifier devant le peuple, réveillé par la confession sincère de mes erreurs [1] et mes fautes envers lui, je veux encore me détacher de ce poëme d'horreur, qui, avant que ma voix le chantât, troublait comme un nuage orageux ma raison obscurcie, et qui, lorsque je le chantais, retentissait à mes propres oreilles comme le cri aigu des hiboux.... de ce poëme qui a été tissu dans la nuit, semblable au retentissement du râle d'un mourant, qui, bien que faible, porte la terreur jusque dans la moelle des os »

Maintenant, voulez-vous savoir ce que c'est que ce poëme? je vais vous le dire en deux mots.

Un paysan habite avec son père une des cimes les plus hautes et les plus sauvages des Alpes : le be-

soin d'une compagne se fait sentir au jeune Kuntz, et, malgré le vieillard, il épouse Trude, fille d'un pasteur du canton de Berne, qui n'a rien laissé en mourant que de vieux livres, de longs sermons et une belle fille.

Le vieux Kuntz voit avec regret entrer une maîtresse dans la maison dont il est le maître; de là des querelles intérieures entre le beau-père et la bru, querelles dans lesquelles le mari, blessé dans la personne de sa femme, s'aigrit de jour en jour contre son père.

Un soir, c'était le 24 février, il revient joyeux d'une fête donnée à Louëche. Il rentre, la gaieté au front, la chanson à la bouche. Il trouve le vieux Kuntz qui gronde et Trude qui pleure. Le malheur intérieur veillait à la porte dont il vient de franchir le seuil.

Plus il avait de joie dans le cœur, plus il a maintenant de colère. Cependant son respect pour le vieillard lui ferme la bouche; l'eau lui coule du front; il mord ses poings serrés; son sang s'allume, et pourtant il se tait. Le vieillard s'emporte de plus en plus.

Alors le fils le regarde en riant de ce rire amer et convulsif de damné, prend une faux pendue à la muraille.

— L'herbe va bientôt croître, dit-il, il faut que j'aiguise cet instrument. Le cher père n'a qu'à continuer de gronder, je vais l'accompagner en musique.

Puis, tout en aiguisant sa faux à l'aide d'un couteau, il chantait une jolie chansonnette des Alpes, fraîche et naïve comme une de ces fleurs qui s'ouvrent au pied d'un glacier :

> Un chapeau sur la tête,
> Des petites fleurs dessus;
> Une chemise de berger
> Avec de jolis rubans.

Pendant ce temps, le vieillard écumait de rage, trépignait, menaçait. Le fils chantait toujours. Alors le vieillard, hors de lui, jeta à la femme une de ces lourdes injures qui soufflètent la face d'un mari. Le jeune Kuntz se releva furieux, pâle et tremblant. Le couteau, le couteau maudit avec lequel il aiguisait sa faux, lui échappa des mains, et, conduit sans doute par le démon qui veille à la perte de l'homme, il alla frapper le vieillard. Le vieillard tombe, se relève pour maudire le parricide, puis retombe et meurt.

Depuis ce moment, le malheur entra dans la chaumière et s'y établit comme un hôte qu'on ne peut chasser. Kuntz et Trude continuèrent de s'aimer cependant, mais de cet amour sauvage, triste et morne, sur lequel il a passé du sang. Six mois après, la jeune femme accoucha. Les dernières paroles du mourant avaient été frapper l'enfant dans le sein de

_____
(1) Werner, de luthérien qu'il était, venait de se faire catholique.

sa mère; comme Caïn, il portait avec lui le signe du maudit, une faux sanglante sur le bras gauche.

Quelque temps après, la ferme de Kuntz brûla, la mortalité se mit dans ses troupeaux; la cime de Renderhorn s'écroula, comme poussée par une main vengeresse; un éboulement de neige couvrit la terre sur une surface de deux lieues, et sous cette neige étaient engloutis les champs les plus fertiles et les alpages les plus riches du parricide. Kuntz, n'ayant plus ni grange, ni terre, de fermier qu'il était se fit hôtelier. Enfin, cinq ans après être accouchée d'un garçon, Trude accouche d'une fille. Les époux crurent la colère de Dieu désarmée, car cette fille était belle et n'avait aucun signe de malédiction sur le corps.

Un soir, c'était le 24 février, la petite fille avait alors deux ans, et le garçon sept, les deux enfants jouaient sur le seuil de la porte avec le couteau qui avait tué leur aïeul; la mère venait de couper le cou à une poule, et le petit garçon, avec cette volupté de sang si particulière à la jeunesse, chez laquelle l'éducation ne l'a point encore effacée, l'avait regardée faire.

— Viens, dit-il à sa sœur, nous allons jouer ensemble; je serai la cuisinière et toi la poule.

L'enfant prit le couteau maudit, entraîna sa petite sœur derrière la porte de l'auberge; cinq minutes après la mère entendit un cri, elle accourut : la petite fille était baignée dans son sang, son frère venait de lui couper le cou. Alors Kuntz maudit son fils, comme son père l'avait maudit.

L'enfant se sauva. Nul ne sut ce qu'il devint.

A compter de ce jour tout alla de mal en pis pour les habitants de la chaumière. Les poissons du lac moururent, les récoltes cessèrent de germer; la neige, qui ordinairement fondait aux plus grandes chaleurs de l'été, couvrit la terre comme un linceul éternel; les voyageurs qui alimentaient la pauvre hôtellerie devinrent de plus en plus rares, parce que le chemin devint de plus en plus difficile. Kuntz fut forcé de vendre le dernier bien qui lui restait, cette petite cabane, devint le locataire de celui à qui il l'avait vendue, et vécut plusieurs années du prix de cette vente; puis un jour il se trouva si dénué, qu'il ne put payer le loyer de ces misérables planches que le vent et la neige avaient lentement disjointes, comme pour arriver jusqu'à la tête du parricide.

Un soir, c'était le 24 février, Kuntz rentra revenant de Louëche; il s'était mis en route le matin pour aller supplier le propriétaire, qui le poursuivait, de lui accorder du temps. Celui-ci l'avait renvoyé au bailli, et le bailli l'avait condamné à payer dans les vingt-quatre heures. Kuntz avait été chez ses amis riches; il les avait priés, implorés, conjurés, au nom de tout ce qu'il y avait de sacré dans le monde, de sauver un homme du désespoir. Pas un ne lui avait tendu la main. Il rencontra un mendiant qui partagea son pain avec lui. Il rapporta ce pain à sa femme, le jeta sur la table, et lui dit :

— Mange le pain tout entier, femme, j'ai dîné là-bas, moi.

Cependant il faisait un ouragan terrible, le vent rugissait autour de la maison comme un lion autour d'une étable; la neige tombait toujours plus épaisse, comme si l'atmosphère allait finir par se condenser; les corneilles et les hiboux, oiseaux de mort, que la destruction réjouit, se jouaient au milieu du désordre des éléments, comme les démons de la tempête, et venaient, attirés par la clarté de la lampe, frapper de l'extrémité de leurs lourdes ailes les carreaux de la cabane où veillaient les deux époux, qui, assis en face l'un de l'autre, osaient à peine se regarder, et qui, lorsqu'ils se regardaient, détournaient aussitôt la vue, épouvantés des pensées qu'ils lisaient sur le front l'un de l'autre.

En ce moment un voyageur frappa. Les deux époux tressaillirent.

Le voyageur frappa une seconde fois. Trude alla ouvrir.

C'était un beau jeune homme de vingt à vingt-quatre ans, vêtu d'une veste de chasseur, ayant une gibecière et un couteau de chasse au côté, une ceinture à mettre de l'argent autour du corps, et deux pistolets dans cette ceinture; il portait d'une main la lanterne près de s'éteindre, et de l'autre un long bâton ferré.

En apercevant cette ceinture, Kuntz et Trude échangèrent un regard rapide comme l'éclair.

— Soyez le bienvenu, dit Kuntz, et il tendit la main au voyageur. Votre main tremble? ajouta-t-il.

— C'est de froid, répondit celui-ci en le regardant avec une expression étrange.

A ces mots, il s'assit, tira de son sac du pain, du kirchenwasser, du pâté et une poule rôtie, et offrit à ses hôtes de souper avec lui.

— Je ne mange pas de poule, dit Kuntz.

— Ni moi, dit Trude.

— Ni moi, dit le voyageur.

Et tous trois soupèrent avec le pâté seulement. Kuntz but beaucoup.

Le souper fini, Trude alla dans le cabinet voisin, étendit une botte de paille sur le plancher, et revint dire à l'étranger :

— Votre lit est prêt.

— Bonne nuit, dit le voyageur.

— Dormez en paix, répondit Kuntz.

Le voyageur entra dans sa chambre, en poussa la porte, et se mit à genoux pour faire sa prière...

Trude alla s'étendre sur son lit.

Kuntz laissa tomber sa tête entre ses deux mains.

Au bout d'un instant, le voyageur se releva, détacha sa ceinture, dont il se fit un traversin, et accrocha ses habits à un clou. Le clou était mal scellé; il tomba, entraînant les habits qu'il devait soutenir.

Le voyageur essaya de le fixer de nouveau dans la muraille en frappant dessus de son poing. L'ébranlement causé par cette tentative fit tomber un

Les deux époux entrèrent.

objet suspendu de l'autre côté de la cloison. Kuntz tressaillit, chercha craintivement des yeux l'objet dont la chute venait de le tirer de sa rêverie. C'était le couteau deux fois maudit qui avait tué le père par la main du fils, et la sœur par la main du frère. Il était tombé près de la porte de la chambre qu'occupait l'étranger.

Kuntz se leva pour l'aller ramasser. En se baissant, son regard plongea par le trou de la serrure dans la chambre de son hôte. Celui-ci dormait, la tête appuyée sur sa ceinture. Kuntz resta l'œil sur la serrure, la main sur le couteau.

La lampe s'éteignait dans la chambre de l'étranger.

Kuntz se retourna vers Trude, pour voir si elle dormait.

Trude était appuyée sur son coude, les yeux fixes : elle regardait Kuntz.

— Lève-toi et éclaire-moi, puisque tu ne dors pas, dit Kuntz.

Trude prit la lampe; Kuntz ouvrit la porte; les deux époux entrèrent.

Kuntz mit la main gauche sur la ceinture. Il tenait le couteau de la main droite.

Il gesticulait comme un possédé, puis il écrivait, il écrivait! — Page 39.

L'étranger fit un mouvement, Kuntz frappa. Le coup était si sûrement donné, que la victime n'eut la force que de dire ces deux mots :

— Mon père!

Kuntz venait de tuer son fils.

Le jeune homme s'était enrichi à l'étranger et revenait partager sa fortune avec ses parents.

Voilà le drame de Werner et la légende de Schwarrbach.

On peut juger jusqu'à quel point un pareil souvenir me préoccupait. Le désir de voir l'auberge qui avait été le théâtre de ces terribles évènements m'a-

vait surtout déterminé à prendre le chemin du mont Gemmi. Il y avait bien, une lieue au delà de l'auberge, certaine descente que les gens du pays eux-mêmes regardent comme un des plus effrayants cols des Alpes, ce qui ne promettait pas à ma tête, si disposée aux vertiges, une grande liberté d'esprit pour admirer le travail des hommes qui ont pratiqué cette descente, et le caprice de Dieu qui a dressé là les rochers contre lesquels elle rampe. Mais, à force de penser à l'auberge et au chemin facile qui y conduit, j'avais fini par m'étourdir sur le chemin infernal par lequel on en sort.

Pendant que je repassais dans mon esprit tout ce drame, nous avions gravi la montagne. En arrivant sur son plateau un vent froid nous prit tout à coup. Tant que nous avions monté, il passait au-dessus de notre tête et nous ne l'avions pas senti. Parvenus au sommet, rien ne nous garantissait plus, et il descendait par bouffées terribles des pics de l'Altels et du Gemmi, comme pour garder à lui le domaine de la mort et repousser les vivants dans la vallée où ils peuvent vivre.

Il était, d'ailleurs, impossible d'inventer une décoration plus en harmonie avec le drame. Derrière nous, la délicieuse vallée de Kander (Kander-Thal), jeune, joyeuse et verte; devant nous, la neige glacée et les rochers nus; puis, au milieu de ce désert, comme une tache sur un drap mortuaire, l'auberge maudite qui vit se passer la scène que nous venons de raconter.

A mesure que j'approchais l'impression était plus vive. J'en voulais au ciel, qui était d'un bleu d'azur transparent, et au soleil joyeux qui éclairait cette chaumière : j'aurais voulu voir l'atmosphère épaissie par les nuages; j'aurais voulu entendre les sifflements de la tempête faisant rage autour de cette cabane. Rien de tout cela. Du moins, sans doute, la mine sauvage de nos hôtes allait s'harmoniser avec les souvenirs qui les entouraient. Point! deux beaux enfants blancs et roses, un petit garçon et une petite fille, jouaient sur le seuil de la porte, creusant des trous dans la neige avec un couteau. Un couteau ! comment leurs parents étaient-ils assez imprudents pour laisser encore un couteau aux mains de leur fils? Je le lui arrachai vivement; le pauvre petit me laissa faire et se mit à pleurer.

J'entrai dans la cabane; l'hôte vint à moi : c'était un gros homme de trente-cinq à quarante ans, bien gras et bien gai.

— Tenez, lui dis-je, voilà un couteau que j'ai repris à votre fils qui jouait avec sa sœur. Ne lui laissez pas une pareille arme entre les mains, vous savez ce qu'il en pourrait résulter?

— Merci, monsieur, me dit-il en me regardant avec étonnement, mais il n'y a pas de danger.

— Pas de danger, malheureux ! et le 24 février?

L'hôte fit un geste marqué d'impatience.

— Ah! dis-je, vous comprenez?

En même temps je jetai les yeux autour de moi; la disposition intérieure de la cabane était bien la même que du temps de Kuntz. Nous étions dans la première chambre; en face de nous, dans un enfoncement, était, non plus le grabat de Trude, mais un bon lit suisse, aussi large que long; à gauche était le cabinet où le voyageur avait été assassiné. J'allai à la porte de ce cabinet, je l'ouvris : une table était servie, attendant les hôtes qui passent journellement; je regardai le plancher, il me semblait que j'allais y retrouver les traces du sang.

— Que cherchez-vous, monsieur? me dit l'hôte; avez-vous perdu quelque chose? '

— Comment, dis-je, répondant à ma pensée et non à sa demande, avez-vous eu l'idée de faire de ce cabinet une salle à manger?

— Pourquoi pas? fallait-il y mettre un lit comme l'avait fait mon prédécesseur? un lit est chose inutile ici, où peu de voyageurs s'arrêtent pour passer la nuit.

— Je le crois bien, après l'événement affreux dont cette cabane a été témoin...

— Allons, encore un! grommela l'hôte entre ses dents avec une expression de mauvaise humeur qu'il ne cherchait pas même à cacher.

— Mais vous, continuai-je, comment avez-vous eu le courage de venir habiter cette maison?

— Je ne suis pas venu l'habiter, monsieur, elle a toujours été à moi.

— Mais, avant d'être à vous?

— Elle était à mon père.

— Vous êtes le fils de Kuntz?

— Je ne me nomme pas Kuntz, je me nomme Hantz.

— Oui, vous avez changé de nom, et vous avez bien fait.

— Je n'ai pas changé de nom, et, Dieu merci! j'espère n'en changer jamais.

— Je comprends, me dis-je à moi-même, Werner n'aura pas voulu...

— Tenez, monsieur, expliquons-nous, me dit Hantz.

— Je suis bien aise que vous alliez au-devant de mes désirs, je n'aurais pas osé vous demander de détails sur des événements qui paraissent vous toucher de si près, tandis que maintenant vous allez me dire... n'est-ce pas?

— Oui, je vais vous dire ce que j'ai dit vingt fois, cent fois, mille fois; je vais vous dire ce qui, depuis quinze ans, me fait damner, moi et ma femme, ce qui finira un beau jour par me faire faire quelque mauvais coup.

— Ah ! des remords ! me dis-je à demi-voix.

— Car, continua-t-il avec désespoir, une persécution pareille lasserait la patience de Calvin lui-même. Il n'y a ni 24 février, ni Kuntz, ni assassinat; cette auberge est aussi sûre pour le voyageur que le sein de la mère pour l'enfant; et il le sait mieux que personne, le brigand qui est cause de tout cela, puisqu'il est resté quinze jours ici.

— Kuntz?

— Eh ! mon Dieu non, je vous dis qu'il n'y a jamais eu à vingt lieues à la ronde un seul homme du nom de Kuntz, mais un misérable qu'on appelait Werner.

— Comment ! le poëte?

— Oui, monsieur, le poëte; car c'est comme cela qu'ils l'appellent tous. — Eh bien! monsieur, le poëte est venu chez mon père : il aurait mieux valu, pour son repos dans l'autre monde, et pour le nôtre dans celui-ci, qu'il se rompît le cou en grimpant le rocher que vous allez descendre. Il est donc venu ; c'était en 1813, je m'en souviens comme si c'était aujourd'hui : une honnête et digne figure, monsieur ; impossible de rien soupçonner. Aussi, quand il a demandé à mon pauvre père de rester huit ou dix jours avec nous, mon père n'a pas fait d'objection, il lui a dit seulement : — Dame, vous ne serez pas bien ; je n'ai que ce cabinet-là à vous donner. L'autre, qui avait son coup à faire, a répondu : C'est bon. — Alors nous l'avons installé là, là où vous êtes. — Nous aurions dû nous douter de quelque chose, cependant, car, dès la première nuit, il s'est mis à parler tout haut comme un fou. Je crus qu'il était malade ; je me levai pour regarder par le trou de la serrure : c'était à faire peur ; il était pâle, il avait les cheveux rejetés en arrière, les yeux tantôt fixes, tantôt égarés ; par moments, il restait immobile comme une statue, tout à coup il gesticulait comme un possédé, et puis, il écrivait, il écrivait... des pattes de mouches, voyez-vous, ce qui est toujours mauvais signe ; si bien que cela dura quinze jours, ou plutôt quinze nuits, parce que, dans le jour, il se promenait tout autour de la maison. C'est moi qui le conduisais. Enfin, après quinze jours, il nous dit : — Mes braves gens, j'ai fini, je vous remercie. — Il n'y a pas de quoi, répondit mon père, vu que je ne vous ai pas beaucoup aidé, je crois. — Alors, il paya, je dois le dire, il paya même bien, et puis il partit.

Un an se passa tranquillement sans que nous entendissions parler de lui. Un matin, c'était en 1815, je crois, deux voyageurs entrèrent, regardèrent attentivement l'intérieur de notre auberge. — Tiens, dit l'un, voilà la faux. — Tiens, dit l'autre, voilà le couteau. — C'étaient une belle faux toute neuve que je venais d'acheter à Kandersteg, et un vieux couteau de cuisine qui n'était plus bon qu'à casser du sucre, et qui était accroché à un clou près de la porte du cabinet... Nous les regardions avec étonnement, mon père et moi, lorsque l'un d'eux s'approcha et me dit : — N'est-ce pas ici, mon petit ami, qu'a eu lieu, le 24 février, cet horrible assassinat ? — Nous restâmes, mon père et moi, comme deux hébétés. — Quel assassinat ? dis-je... — L'assassinat commis par Kuntz sur son fils. — Alors je leur répondis ce que je viens de vous répondre.

— Connaissez-vous M. Werner ? continua le voyageur.

— Oui, monsieur ; c'est un brave et digne homme qui a passé quinze jours ici, il y a deux ans, je crois, et qui n'avait qu'un défaut, c'était d'écrire et de parler toute la nuit, au lieu de dormir.

— Eh bien ! tenez, mon ami, voilà ce qu'il a écrit dans votre auberge et sur votre auberge.

Alors il nous donna un mauvais petit livre en

tête duquel il y avait 24 *Février*. Jusque-là pas de mal : le 24 février est un jour comme un autre, et je n'ai rien à dire ; mais je n'eus pas lu trente pages, que ce livre me tomba des mains. C'étaient des mensonges, et puis encore des mensonges, et puis cela sur notre pauvre hôtellerie, et tout cela pour ruiner de malheureux aubergistes. Si nous lui avions pris trop cher pour son séjour ici, il pouvait nous le dire, n'est-ce pas ? On n'est pas des Turcs pour s'égorger ; mais non, il ne dit rien, il paye ; il donne un pourboire même, et puis, le sournois qu'il est, il va écrire que notre maison... ça fait frémir, quoi, cette indignité, une infamie ! Aussi, qu'il revienne un poëte ici, que j'en trouve un, qu'il m'en passe un entre les mains, oh ! il payera pour son camarade !

— Comment ! rien de ce que raconte Werner n'est arrivé ?

— Mais rien du tout, c'est-à-dire pas la moindre chose.

Mon hôte trépignait.

— Mais alors je conçois que les questions que l'on vous fait là-dessus doivent être fort ennuyeuses pour vous.

— Ennuyeuses, monsieur ! Dites...

Il prit ses cheveux à deux mains...

— Dites... il n'y a pas de mots, voyez-vous ! C'est au point qu'il ne passe pas une âme vivante qu'elle ne nous répète la même chanson. Tant que la faux et le couteau sont restés là : — Tenez, disait-on, voilà la faux et le couteau. — Mon père les a enlevés un jour, parce qu'à la fin ça l'embêtait d'entendre toujours répéter la même chose. Alors, ça a été une autre antienne. — Ah ! ah ! disaient les voyageurs, ils ont retiré la faux et le couteau ; mais voilà encore le cabinet. — Diable ! — Oui. — Oui, ma foi, c'est vrai. — Ah ! monsieur, c'était à se manger le cœur : ils en ont abrégé la vie de mon père de plus de dix ans. Entendre dire de pareilles choses sur la maison où l'on est né, l'entendre dire par tout le monde, et cela chaque jour que Dieu fait, et plutôt deux fois qu'une encore ; c'est à n'y plus tenir ; je donnerais la baraque pour cent écus ! Oui, je ne m'en dédis pas ; voulez-vous me l'acheter cent écus ? Je vous la donne et le mobilier avec, et je m'en irai, et je n'entendrai plus parler ni de Werner ni de Kuntz, ni de la faux, ni du couteau, ni du 24 février, ni de rien

— Voyons, voyons, mon hôte, calmez-vous et faites-nous à dîner, cela vaudra bien mieux que de vous désespérer.

— Qu'est-ce que vous voulez manger ? répondit notre homme, se calmant tout à coup et levant le coin de son tablier qu'il passa dans sa ceinture.

— Une volaille froide.

— Ah ! oui, une volaille ! cherchez-en une ici. C'était bien autre chose quand on voyait des poules.

La Blumlisalp. — Page 34.

Il a mis une poule dans son affaire; je vous demande un peu, une poule!... faut croire qu'il ne
les aimait pas, ou bien alors c'était une rage.

— Tout ce que vous voudrez, peu m'importe;
vous me préparerez cela pendant que j'irai faire un
tour dans les environs.

— Dans une demi-heure, vous trouverez votre dîner prêt.

Je sortis, partageant bien sincèrement le désespoir de ce pauvre homme; car telle est en effet la
puissance de la parole du poëte, que, dans quelque
lieu qu'il la sème, ce lieu se peuple à sa fantaisie de
souvenirs heureux ou malheureux, et qu'il change
les êtres qui l'habitent en anges ou démons.

Je me mis en course aussitôt, mais l'explication
de Hantz avait fait un singulier tort à son paysage.
L'aspect en était toujours gigantesque et sauvage,
mais le principe vivifiant était détruit; mon hôte
avait soufflé sur le fantôme du poëte et l'avait fait
évanouir. C'était une nature terrible, mais déserte
et inanimée; c'était la neige, mais sans tache de
sang; c'était un linceul, mais ce linceul ne couvrait
plus de cadavre.

Ce désenchantement abrégea d'une bonne heure

La Furca.

au moins ma course topographique sur le plateau où nous étions parvenus. Je me contentai de jeter un coup d'œil à l'orient, sur le sommet auquel la montagne doit son nom de *Gemmi*, dérivé probablement de *Geminus*, et, à l'ouest, sur le vaste glacier de Lammern, toujours *mort* et *bleu*, comme l'a vu Werner. Quant au lac de la Daube (*Daubensee*), et à l'éboulement du Renderhorn, j'avais vu l'un en venant, et j'allais être obligé de côtoyer l'autre en m'en allant. Je rentrai donc au bout d'une demi-heure à peu près, et trouvai mon hôte exact et debout près d'une table passablement servie.

En partant, je promis à ce brave homme d'aider de tout mon pouvoir à détruire la *calomnie* dont il était victime. Je lui ai tenu parole, et, si quelqu'un de mes lecteurs s'arrête jamais à l'auberge de Schwarrbach, je lui serai fort obligé de dire à Hantz que j'ai, dans un livre dont sans cela il ignorerait probablement à tout jamais l'existence, rétabli les faits dans leur plus exacte vérité.

Nous n'avions pas fait vingt minutes de chemin que nous nous trouvâmes sur les bords du petit lac de la Daube. C'est, avec celui du Saint-Bernard et celui du Faulhorn, l'un des plus élevés du monde connu. Aussi, comme les deux autres, est-il inhabité ; aucun hôte ne peut supporter la température de ses eaux, même pendant l'été.

Le lac dépassé, nous nous engageâmes dans un petit défilé, au bout duquel nous aperçûmes un chalet abandonné. Willer me dit que c'était au pied de cette cabane que commençait la descente. Curieux de voir ce passage extraordinaire, et retrouvant mes jambes, fatiguées par trois heures de mauvais chemin, je hâtais le pas à mesure que j'avançais, si bien que j'arrivai en courant à la cabane.

Je jetai un cri, et, fermant les yeux, je me laissai tomber en arrière.

Je ne sais si quelques-uns de mes lecteurs ont jamais connu cette épouvantable sensation du vertige ; si, mesurant des yeux le vide, ils ont éprouvé ce besoin irrésistible de se précipiter ; je ne sais s'ils ont senti leurs cheveux se dresser, la sueur couler sur leur front, et tous les muscles de leur corps se tordre et se roidir alternativement, comme ceux d'un cadavre au toucher de la pile de Volta : s'ils l'ont éprouvé, ils savent qu'il n'y a pas d'acier tranchant dans le corps, de plomb fondu dans les veines, de fièvre courant dans les vertèbres, dont la sensation soit aussi aiguë, aussi dévorante que celle de ce frisson, qui, dans une seconde, fait le tour de tout votre être ; s'ils l'ont éprouvé, dis-je, je n'ai besoin, pour leur tout expliquer, que de cette seule phrase : j'étais arrivé en courant jusqu'au bord d'un rocher perpendiculaire, qui s'élève à la hauteur de seize cents pieds au-dessus du village de Louëche : un pas de plus, j'étais précipité.

Willer accourut à moi ; il me trouva assis, écarta mes mains que je serrais sur mes yeux, et, me voyant près de m'évanouir, il approcha de ma bouche un flacon de kirchenwasser dont j'avalai une large gorgée : puis, me prenant sous le bras, il me conduisit ou plutôt me porta sur le seuil de la cabane.

Je le vis si effrayé de ma pâleur, que, réagissant à l'instant même par la force morale sur cette sensation physique, je me mis à rire pour le rassurer, mais c'était d'un rire dans lequel mes dents se heurtaient les unes contre les autres, comme celles des damnés qui habitent l'étang glacé de Dante.

Cependant, au bout de quelques instants, j'étais remis. J'avais éprouvé ce qui m'est habituel en pareille circonstance, c'est-à-dire un bouleversement total de toutes mes facultés, suivi presque aussitôt d'un calme parfait. C'est que la première sensation appartient au physique, qui terrasse instinctivement le moral, et la seconde au moral, qui reprend sa puissance raisonnée sur le physique ; il est vrai que, parfois, ce second mouvement est chez moi plus douloureux que le premier, et que je souffre plus encore du calme que du bouleversement.

Je me levai donc d'un air parfaitement tranquille, et je m'avançai de nouveau vers le précipice dont la vue avait produit en moi l'effet que j'ai essayé de décrire. Un petit sentier, large de deux pieds et demi, se présentait ; je le pris d'un pas en apparence aussi ferme que celui de mon guide ; seulement, de peur que mes dents ne se brisassent les unes contre les autres, je mis dans ma bouche un coin de mon mouchoir replié vingt fois sur lui-même.

Je descendis deux heures en zigzag, ayant toujours, tantôt à ma droite, tantôt à ma gauche, un précipice à pic, et j'arrivai sans avoir prononcé une seule parole au village de Louëche.

— Eh bien ! me dit Willer, vous voyez bien que ce n'est rien du tout.

Je tirai mon mouchoir de ma bouche, et je le lui montrai : le tissu était coupé comme avec un rasoir.

Les Échelles de Louëche.

IMPRESSIONS DE VOYAGE.

LES BAINS DE LOUÈCHE.

'étais si fatigué en arrivant aux bains de Louèche, que je remis au lendemain la visite que me proposait mon guide Willer et le dîner que m'offrait l'aubergiste ; en échange, je réclamai le lit que ni l'un ni l'autre ne pensaient à me faire faire.

Le lendemain matin, Willer entra dans ma chambre à neuf heures : c'était le moment de visiter les bains ; les malades s'y rendent avant leur déjeûner. J'avais bien envie de les laisser plonger à leur aise dans leur piscine et de rester dans mon lit au risque de perdre cette scène d'ablution qu'on m'avait dit être assez curieuse ; mais Willer fut impitoyable, et il fallut me contenter de quatorze heures de sommeil.

A vingt pas de l'auberge, nous trouvâmes la grande fontaine de Saint-Laurent, qui alimente les bains ; quant aux douze ou quinze autres sources d'eaux thermales qui jaillissent dans les environs, elles se perdent sans utilité dans la Dala, et personne n'a jamais songé à en tirer parti.

L'aspect des bains de Louèche est tout différent de celui qu'offrent ordinairement les établissements de ce genre ; l'ablution s'y fait non dans des cabinets séparés, comme à Aix, mais en commun, hommes et femmes mêlés, ce qui offre un coup d'œil tout patriarcal.

Qu'on se figure un bassin de l'école de natation, et entouré d'une galerie dallée, avec deux ponts perpendiculaires l'un à l'autre, qui, par leur réunion, forment une croix latine, et, dans chacun de leurs compartiments, une trentaine de baigneurs, entassés les uns sur les autres, ce qui fait, pour les quatre, un total de cent vingt personnes hermétiquement enfermées dans des peignoirs de flanelle, et ne laissant paraître à fleur d'eau qu'une collection de têtes emperruquées ou embéguinées, plus grotesques les unes que les autres. Ajoutez à cela que chacune de ces têtes a devant elle une planche de liège ou de sapin, sur laquelle, à l'aide de mains dont on ne voit pas les bras, elle fait son petit ménage, mange, boit, tricote, joue aux cartes, etc., et cela avec d'autant plus d'aisance et de facilité, qu'elle possède en outre un siège mobile,

qui lui sert à changer de station, avec lequel elle s'établit à sa convenance, tantôt dans un coin, tantôt dans un autre, n'ayant à transporter, pour rendre le déménagement complet, que sa petite table, qui la suit au moyen d'un fil, et le tabouret invisible sanglé à la partie du corps qui ne paraît pas à la surface de l'eau. Du reste, la fréquence de ces déplacements varie avec le caractère des baigneurs. Il y a tel personnage morose qui fait ses deux heures le nez tourné vers la cloison, et sans bouger du coin où il s'est mis ; tel politique qui s'endort en lisant son journal, dont la partie inférieure trempe dans l'eau et se trouve décomposée jusqu'au titre lorsqu'il se réveille ; tel brouillon qui se promène en tous sens, ayant toujours quelque chose à dire au baigneur le plus éloigné, heurtant et culbutant tout pour arriver jusqu'à lui, parlant à la fois à son enfant qui pleure sur le pont, à sa femme qui ne sait jamais où le retrouver, et à son chien qui hurle en tournant autour de la galerie.

Les trois premiers bassins que je visitai m'offrirent, l'un après l'autre, le même aspect ; le dernier seulement me présenta un épisode que je n'oublierai jamais.

Au milieu de ces têtes bouffonnes apparaissait la figure mélancolique et pâle d'une jeune fille de dix-huit ans à peu près : elle ne cachait ses cheveux noirs ni sous le bonnet ni sous la coiffe des autres baigneurs ; sa petite table était chargée, non de verres et de tasses, mais de rhododendron, de gentiane et de myosotis, dont elle faisait un bouquet. L'eau thermale donnait à ces plantes un éclat et une fraîcheur qu'elle ne pouvait lui rendre à elle-même ; on l'eût prise pour une fleur morte et séparée de sa tige, au milieu de ces fleurs vivantes dont elle ornait son front et sa poitrine en chantant, comme Ophélia, folle et prête à mourir, lorsque sa tête et ses mains seules sortaient encore du ruisseau où elle se noya.

Il est possible que si j'eusse rencontré cette jeune fille à la promenade, au bal, au spectacle, partout ailleurs enfin que dans cette réunion, je ne l'eusse pas même remarquée : sa taille m'eût peut-être paru gauche, sa démarche commune, sa voix prétentieuse ; elle eût passé devant mes yeux comme devant un miroir, s'y réfléchissant sans y laisser de souvenir ; mais là, mais dans ce cadre sculpté par

Au milieu de ces têtes bouffonnes apparaissait la figure mélancolique et pâle d'une jeune fille. — PAGE 43.

Callot, je verrai toujours cette vierge de Raphaël.

Après l'avoir bien regardée, je fermai les yeux et je m'éloignai sans demander ni son nom ni son âge ; à peine eus-je fait quatre pas, que j'entendis le médecin dire en parlant d'elle : — *Dans un mois, elle sera morte!*

J'étouffais dans cette atmosphère tiède, entre ces murs humides : je sortis tout baigné de sueur. Le ciel avait son voile d'azur, la terre sa robe de fête.

Dans un mois, elle sera morte!

Morte au milieu de cette nature si jeune, si robuste et si vivante !

Je passai devant le cimetière, et ces paroles revinrent me frapper comme un écho :

Dans un mois, elle sera morte!

Ainsi, à compter d'aujourd'hui, le père et la mère de cette enfant chérie peuvent faire venir le fossoyeur et lui dire : — Mettez-vous à l'ouvrage sans perdre de temps, car cette belle jeune fille que vous voyez, que Dieu nous avait donnée avec un sourire, celle qui faisait notre joie dans le passé, notre bonheur dans le présent, notre espoir dans l'avenir, eh bien ! *dans un mois, elle sera morte!*

Morte! c'est-à-dire sans voix, sans haleine, sans

Le glacier de Lammern. — Page 41.

regard ; elle dont la voix est si harmonieuse, l'haleine si pure, le regard si doux!

Chaque jour, pendant un mois, nous verrons s'éteindre une étincelle de ses yeux, un son de sa bouche, un battement de son cœur ; puis, au bout de ce mois, malgré nos soins, nos peines, nos larmes, une heure viendra où ses yeux se fermeront, où sa bouche sera muette, où son cœur se glacera. Le corps sera cadavre : celle que nous croyons notre fille sera la fille de la terre, et sa mère nous la redemandera!...

Oh! c'est une merveilleuse chose que la science qui peut ainsi prédire à l'homme une des plus atroces douleurs de l'humanité! Mais n'est-ce pas qu'on devrait bien tuer le médecin qui laisse tomber de ses lèvres de semblables paroles?

J'avais fait trois quarts de lieue à peu près, si préoccupé du souvenir de cette jeune fille, que j'avais complétement oublié mon chemin et le but où il devait me conduire, lorsque Willer m'arrêta par le bras et me dit : — Nous sommes arrivés.

En effet, nous nous trouvions dans une espèce de grotte, ayant au-dessous de nous la cime d'un rocher perpendiculaire de huit cents pieds de haut, à la base duquel coule la Dala, et à notre gauche la première des six échelles qui établissent une communication entre Loëche-les-Bains et le village d'Albinnen, dont les habitants seraient obligés de faire un détour de trois lieues pour venir au marché s'ils n'avaient pratiqué cette route aérienne.

Il faut réellement voir ce passage si l'on veut se faire une idée de la merveilleuse hardiesse des habitants des Alpes. Après s'être couché à plat ventre, de peur du vertige, pour regarder à huit cents pieds au-dessous du sol les eaux écumantes de la Dala, il faut se relever, monter la première échelle, s'aider des mains et des pieds pour atteindre la saillie du roc sur laquelle pose la seconde; et, arrivé à cette saillie, au moment où vous nierez à votre guide que jamais créature humaine puisse s'aventurer par un pareil chemin, vous entendrez une tyrolienne chantée dans les airs, et à cent pieds au-dessus de vous, suspendu sur le gouffre, vous apercevrez un paysan portant ses fruits, un chasseur son chamois, une femme son enfant, et vous les verrez venir à vous presque avec la même insouciance et la même vitesse que s'ils marchaient sur la pente gazonneuse de l'une de nos collines.

Willer me demanda si je voulais continuer ma route ascendante. Je le remerciai. Il se mit à rire.

— Ce n'est rien du tout, me dit-il; voilà une femme qui vient, vous allez la voir grimper.

En effet, une jeune fille arriva des bains en suivant notre route, et, montant l'échelle que nous venions de quitter, parut bientôt sur l'étroit plateau où nous avions à peine place pour trois, puis continua sans chemin sans autre précaution que de prendre par derrière le bas de sa robe, de la ramener par devant, et de l'attacher à sa ceinture avec une épingle, de manière à s'en faire un pantalon au lieu d'une jupe.

Nous la regardions faire son ascension quand un homme parut au haut de la quatrième échelle, descendant, tandis qu'elle montait. Cela devenait embarrassant; il n'y avait point place pour deux sur une pareille route.

— Comment vont-ils faire? dis-je à Willer.

— Vous allez voir.

Effectivement, il n'avait pas achevé que j'avais vu.

L'homme, avec une galanterie dont peu de nos dandys seraient capables en pareille circonstance, avait fait un demi-tour, et, passant à l'envers de l'échelle, descendait d'un côté pendant que la jeune fille gravissait de l'autre; ils se rencontrèrent ainsi vers le milieu, échangèrent quelques paroles, et continuèrent leur route. C'était à ne pas y croire!

L'homme passa près de nous.

— Vous voyez bien ce gaillard-là, me dit Willer pendant qu'il s'éloignait.

— Eh bien?

— Ce soir, à sept heures, il aura bu ses quatre bouteilles de vin, il sortira du cabaret ivre mort, et tombera trente fois sur la route depuis les bains jusqu'à la première échelle, ce qui ne l'empêchera pas de traverser ce passage et d'arriver chez lui sans accident. Il y a dix ans que le coquin fait ce métier-là.

— Oui, et un beau jour il finira par se tuer.

— Lui! ouiche! en descendant l'escalier de sa cave peut-être, mais ici jamais. Est-ce qu'il n'y a pas un Dieu pour les ivrognes?

— Mon cher ami, il paraît que je ne suis point en état de grâce devant ce Dieu, car la tête commence à me tourner.

— Alors descendez vite, et n'allez pas faire comme M. B...

— Qu'est-ce que M. B...? dis-je lorsque j'eus regagné la terre ferme.

— Ah! M. B...? Venez par ici, je vais vous conter cela.

Nous nous remîmes en route.

— M. B..., voyez-vous, continua Willer, c'était un agent de change.

— Oui, dis-je.

Un souvenir vague me traversait l'esprit.

— Et il s'était ruiné, et il avait ruiné sa femme et ses enfants en jouant sur les fonds publics; vous devez savoir ce que c'est, vous qui êtes de Paris.

— Très-bien.

— Voilà donc qu'il s'est ruiné. Bon. Qu'est-ce qu'il fait? Il assure sa vie. Comprenez-vous, sa vie? c'est-à-dire que, s'il mourait, il héritait de cinq cent mille francs. Je ne conçois pas trop ça, moi; c'est un embrouillamini du diable; mais c'est égal, vous le concevrez peut-être, vous.

— Parfaitement.

— Tant mieux. Voilà donc qu'il vient en Suisse avec une société. Une dame dit en déjeunant: — Allons voir les échelles.

— Ah! oui, dit M. B..., allons voir les échelles.

Après le déjeuner, on monte à mulet, c'est bon; on prend un guide. M. B..., qui avait son idée, dit: — Moi, je veux aller à pied. Il va à pied.

Arrivé ici, tenez, voyez-vous, ici sur cette petite pente qui n'a l'air de rien... N'allez pas si au bord, c'est glissant, et il y a cinq cents pieds de profondeur là-dessous. — Où en étais-je?

— Arrivé ici...

— Oui, arrivé ici, voilà donc qu'il laisse aller la société en avant, qu'il s'assied, et qu'il dit à son guide: — Va me chercher une grosse pierre, entends-tu? une grosse. — Bon. L'autre y va, il ne se doutait de rien. Au bout de cinq minutes, il revient avec un moellon; c'était tout ce qu'il pouvait faire de le porter. — Tenez, en voilà un fameux, dit-il; si vous n'êtes pas content, vous serez difficile.

Bonsoir, il n'y avait plus personne. Seulement on voyait sur le gazon une petite glissade de rien qui allait depuis l'endroit où il s'était assis jusqu'au bord du précipice. Il ne faut pas demander si le guide poussa des cris. Alors tout le monde accourut. Un monsieur qui était de la société lui dit : — Mon ami, voilà un louis, tâche de regarder dans l'abîme. Le guide ne se le fit pas dire deux fois. Il s'accrocha comme il put à ces bruyères, tant il y a qu'il parvint à regarder dans le trou.

— Eh bien? dit le monsieur.

— Ah! le voilà au fond, répondit le guide. Je le vois.

Il n'y avait plus de doute, puisqu'il le voyait.

Alors la société revint aux bains; on fit venir des hommes pour aller chercher le corps, le guide les conduisit.

Cinq heures après on rapporta deux paniers pleins de chair humaine; c'étaient les restes de M. B...

— S'était-il tué avec l'intention de se tuer?

— Jamais on ne l'a su. La compagnie d'assurances a voulu lui faire un procès comme suicide; mais il paraît que M. B... a gagné, car il a hérité des cinq cent mille francs.

J'avais déjà entendu raconter cette histoire à Paris; mais j'avoue qu'elle m'avait fait moins d'impression qu'elle ne m'en fit sur le lieu même où elle s'était passée; c'est au point que, lorsque Willer eut fini, je fus forcé de m'asseoir; les jambes me manquaient; et la sueur me coulait sur le front.

Bizarre organisation de notre société, qui, par le développement de son industrie et de son commerce, donne à un homme l'idée d'un pareil dévouement, et lui permet d'escompter jusqu'à sa mort! Il faut l'avouer, si pessimiste qu'on soit, nous sommes bien près de la perfection!

Un quart d'heure après ce récit, nous étions sur la place de Louèche-les-Bains. Il y avait grande réunion près de la fontaine; des voyageurs faisaient cuire une poule dans l'eau thermale. C'était une opération trop curieuse pour que je ne la suivisse pas jusqu'au bout; je dis à Willer d'aller payer l'hôte et de venir me reprendre avec mon bagage.

Au bout de vingt minutes, il me retrouva mangeant un aileron de l'animal, sur lequel, je dois le dire, l'expérience s'était faite à point; cet aileron m'avait été offert par le propriétaire de la poule, qui, voyant l'intérêt que je prenais à son expérience, m'avait jugé digne d'en apprécier les résultats.

A mon tour, je lui offris un verre de kirschenwasser, qu'il refusa, à son grand regret. Le pauvre diable ne buvait que de l'eau, et de l'eau chaude encore!

Après cet échange de politesses, nous nous mîmes en route pour Louèche-le-Bourg. A mi-chemin, Willer s'arrêta pour me montrer le village d'Albinnen, auquel conduit le passage des échelles que nous avions visité deux heures auparavant; ce village est situé sur la pente d'une colline tellement rapide, que les rues ressemblent à des toits; ce qui fait, me dit Willer, que les habitants sont obligés de ferrer leurs poules pour les empêcher de tomber.

A trois heures, nous arrivâmes à Louèche-le-Bourg, qui ne nous offrit rien de remarquable, et où nous ne nous arrêtâmes que pour dîner. A quatre heures, nous traversions le Rhône, et, à quatre heures et demie, je prenais congé de mon brave Willer pour monter dans une calèche de poste, qui devait me conduire le même soir à Brieg.

Le chemin que nous suivîmes dès lors était celui qui mène au Simplon, au pied duquel est situé Brieg. Depuis Martigny jusqu'à cette ville, la route fut exécutée par les Valaisans, et ce n'est qu'à cent pas environ avant les premières maisons que les ingénieurs français commencèrent ce merveilleux passage.

Du moment où je m'étais engagé sur cette route, j'avais remarqué à l'horizon des nuages amoncelés dans la gorge du Haut-Valais, qui se déployait devant moi dans toute sa profondeur. Tant que le jour dura, je les pris pour un de ces orages partiels si communs dans les Alpes; mais, à mesure qu'il baissa, ils se colorèrent d'une teinte sombre, qui fit enfin place aux lueurs d'un immense incendie; toute une forêt située sur le versant septentrional du Valais était en flammes et faisait étinceler à trois mille pieds au-dessus d'elle la chevelure glacée du Finster-Aarhorn et de la Yungfrau. Plus la nuit s'épaissait, plus le fond devenait rouge, et plus je voyais se dessiner d'une manière bizarre les objets placés sur les plans intermédiaires. Nous fîmes ainsi sept lieues, marchant toujours vers l'incendie qu'à chaque instant nous semblions près d'atteindre, et qui reculait devant nous. Enfin nous aperçûmes la silhouette noire de Brieg; à peine parut-elle d'abord sortir de terre, puis, petit à petit, elle grandit sur le rideau sanglant de l'horizon, comme une vaste découpure noire. Bientôt nous ne vîmes plus de l'incendie qu'une lueur flamboyant à l'extrémité des dômes d'étain qui couronnent les clochers; enfin, il nous sembla que nous nous enfoncions dans un souterrain sombre et prolongé. Nous étions arrivés; nous dépassions la porte; nous entrions dans la ville, muette, calme et endormie comme Pompeia au pied de son volcan.

—◦ ⟩•✠◦✠•⟨ ◦—

— Ah! le voilà au fond, je le vois. — Page 47.

OBERGESTELEN.

Brieg est située à la pointe occidentale du Kunhorn, et forme l'extrémité la plus aiguë de l'embranchement des routes du Simplon et de la vallée du Rhône. La première, large et belle, s'avance vers l'Italie par la gorge de la Ganter; la seconde, qui n'est qu'un mauvais sentier étroit et capricieux, traverse rapidement la plaine, pour aller s'escarper au revers méridional de la Yungfrau, et s'enfonce dans le Valais jusqu'à ce que la réunion du Mutthorn et du Galenstock ferme ce canton avec la cime de la Furca : alors il redescend de cette cime avec la Reuss jusqu'à ce qu'il rencontre à Andermat le chemin d'Uri, dans lequel le pauvre sentier se jette comme un ruisseau dans une rivière.

L'épée flamboya comme un éclair et abattit une des pattes du monstre. — Page 50.

C'est dans ce dernier défilé que je m'engageai à pied le lendemain de mon arrivée à Brieg; il était cinq heures du matin lorsque je sortis de la ville, et j'avais douze lieues de pays à faire; ce qui en représente à peu près dix-huit de France. Ajoutez à cela que le sentier va toujours en montant.

Les premières maisons que l'on rencontre sur ce sentier sont celles d'un petit village appelé Naters en allemand, et Natria en latin. Ce dernier nom lui vient, dit une légende, d'un dragon qui le portait et qui le lui a légué en mourant. Ce dragon se tenait dans une petite caverne, d'où il s'élançait pour dé-

vorer les bêtes et les gens qui avaient le malheur de paraître dans le cercle que lui permettait d'embrasser l'ouverture de son antre; il était tellement devenu la terreur des environs, qu'il avait interrompu toute communication entre le haut et le bas Valais. Plusieurs montagnards l'avaient cependant attaqué; mais, comme ils avaient été, jusqu'au dernier, victimes de leur courage, personne n'osait plus depuis longtemps s'exposer à une mort que l'on regardait comme certaine.

Sur ces entrefaites, un serrurier qui avait assassiné sa femme par jalousie fut condamné à mort. La sentence rendue, le coupable demanda à combattre le monstre. Sa demande lui fut accordée, et de plus sa grâce lui fut promise s'il sortait vainqueur du combat. Le serrurier demanda deux mois pour s'y préparer.

Pendant ce temps il se forgea une armure du plus pur acier qu'il put trouver, puis une épée qu'il trempa à la source glacée de l'Aar et dans le sang d'un taureau fraîchement égorgé.

Il passa le jour et la nuit qui précédèrent le combat en prières dans l'église de Brieg : le matin il communia, comme pour monter à l'échafaud; puis, à l'heure dite, il s'avança vers la caverne du dragon.

A peine l'animal l'eut-il aperçu, qu'il sortit de son rocher, déployant ses ailes, dont il se battait le corps avec un tel bruit, que ceux mêmes qui étaient hors de sa portée en furent épouvantés.

Les deux adversaires marchèrent l'un contre l'autre comme deux ennemis acharnés, tous deux couverts de leur armure : l'un d'acier, l'autre d'écailles.

Arrivé à quelques pas du dragon, le serrurier baisa la poignée de son épée, qui était une croix, et attendit l'attaque de son adversaire. Celui-ci, de son côté, semblait comprendre qu'il n'avait point affaire à un montagnard ordinaire.

Cependant, après une minute d'hésitation, il se dressa sur ses pattes de derrière, et essaya de saisir le condamné avec celles de devant. L'épée flamboya comme un éclair, et abattit une des pattes du monstre. Le dragon jeta un cri, et, se soulevant à l'aide de ses ailes, tourna autour de son antagoniste et le couvrit d'une rosée de sang. Tout à coup il se laissa tomber comme pour l'écraser sous son poids; mais à peine fut-il à la portée de la terrible épée, qu'elle décrivit un nouveau cercle et lui trancha encore une aile.

L'animal, mutilé, tomba à terre, se traînant sur trois pattes, saignant de ses deux blessures, tordant sa queue et mugissant comme un taureau mal tué par la masse du boucher. De grands cris de joie répondaient de toutes les parties de la montagne à ces mugissements d'agonie.

Le serrurier s'avança bravement sur le dragon, dont la tête à fleur de terre suivait tous ses mouvements, comme l'aurait fait un serpent; seulement, à mesure qu'il s'approchait de lui, le monstre retirait sa tête, qui se trouva enfin presque cachée sous son corps gigantesque. Tout à coup, et quand il crut son ennemi à sa portée, il déploya cette tête terrible, dont les yeux semblaient lancer du feu, et dont les dents allèrent se briser contre la bonne armure du serrurier. Cependant la violence du coup renversa celui-ci. Au même instant le dragon fut sur lui.

Alors ce ne fut plus qu'une horrible lutte, dans laquelle les cris et les mugissements se confondaient; on voyait bien de temps en temps l'aile battre ou l'épée se lever; on reconnaissait bien dans certains moments l'armure brunie du serrurier, tranchant sur les écailles luisantes du dragon; mais, comme l'homme ne pouvait se remettre sur ses pieds, comme la bête ne pouvait reprendre son vol, les combattants n'étaient jamais assez isolés l'un de l'autre pour que l'on pût distinguer lequel était le vainqueur ou le vaincu.

Cette lutte dura un quart d'heure, qui parut un siècle aux assistants. Tout à coup un grand cri s'éleva du lieu du combat, si étrange et si terrible, qu'on ne sut s'il appartenait à l'homme ou au monstre. La masse qui se mouvait s'abaissa comme une vague, trembla un instant encore, puis enfin resta immobile. Le dragon dévorait-il l'homme? l'homme avait-il tué le dragon?

On s'approcha lentement et avec précaution. Rien ne remuait : l'homme et le dragon étaient étendus l'un sur l'autre. A vingt pas autour d'eux l'herbe était rasée comme si un moissonneur y eût passé la faux, et cette place était pavée d'écailles qui étincelaient comme une poudre d'or.

Le dragon était mort, l'homme n'était qu'évanoui. On fit revenir l'homme en le dégageant de son armure et en lui jetant de l'eau glacée; puis on le ramena au village, qui reçut, en commémoration de ce combat, le nom de *Naters* (vipère).

Quant au dragon, on le jeta dans le Rhône.

Je vis en passant à Naters la grotte du dragon : c'est une excavation du rocher ouverte sur la prairie où eut lieu le combat. On me montra encore l'endroit où le monstre se couchait habituellement et la trace que sa queue d'écailles a laissée sur le roc.

A partir de cet endroit, le sentier s'attache au versant méridional de la chaîne des montagnes qui sépare le Valais de l'Oberland : comme il faut rendre justice à tout, même au chemin, j'avouerai que celui-ci est assez praticable.

Je m'arrêtai à Lax, après avoir fait dix lieues de France à peu près; j'entrai dans un café, et j'y déjeunai côte à côte avec un brave étudiant qui parlait assez bien français, mais qui ne connaissait de notre littérature moderne que Télémaque; il me dit l'avoir lu six fois. Je lui demandai s'il y avait dans les environs quelques légendes ou quelques traditions historiques : il secoua la tête.

— Oh! mon Dieu non, me dit-il : on jouit d'une fort belle vue de la montagne qui est devant nous, mais seulement les jours où il n'y a pas de brouillard.

Je le remerciai poliment, et je mis le nez dans le *Nouvelliste vaudois*. Ceux qui ont lu ce journal peuvent avoir ainsi la mesure de la détresse où j'étais réduit.

La première chose que j'y trouvai, c'était la condamnation à mort de deux républicains pris les armes à la main au cloître Saint-Merry.

Le Simplon.

Je laissai tomber ma tête entre mes mains, et je poussai un profond soupir. Je n'étais plus à Lax, je n'étais plus dans le Valais, j'étais à Paris.

Je relevai la tête, je rejetai mon sac sur mes épaules, et, mon bâton à la main, je me mis en route.

Voilà donc où nous en étions venus au bout de deux ans!

Des têtes roulent, tantôt sur les dalles des Tuileries, tantôt sur le pavé de la Grève, compte en partie double, tenu au profit de la mort, entre le peuple et la royauté, et écrit à l'encre rouge par le bourreau!

Oh! quand fermera-t-on ce livre? et quand le jettera-t-on, scellé du mot *liberté*, dans la tombe du dernier martyr?

Je marchais, et ces pensées faisaient bouillonner mon sang : je marchais sans calculer ni l'heure ni l'espace, voyant autour de moi ces scènes sanglantes de juillet et de juin, entendant les cris, le canon, la fusillade; je marchais enfin comme un fiévreux qui se lève de son lit et qui fait sa route en délire, poursuivi par les spectres de l'agonie.

Je passai ainsi dans cinq ou six villages; on dut m'y prendre pour le Juif errant, tant je semblais taciturne et pressé d'avancer. Enfin une sensation de fraîcheur me calma : il pleuvait à verse; — cette eau me faisait du bien; — je ne cherchai pas d'abri et continuai ma route, mais plus lentement.

Je traversais le village de Munster, recevant avec le calme de Socrate toute cette averse sur la tête, lorsqu'un jeune garçon de quinze à seize ans courut après moi, et me dit en italien :

— Allez-vous au glacier du Rhône, monsieur?

— Oui, mon garçon, répondis-je aussitôt dans la même langue, qui m'avait fait tressaillir de plaisir.

— Monsieur veut-il un cheval?

— Non.

— Un guide?

— Oui, si c'est toi.

— Volontiers, monsieur; pour cinq francs je vous conduirai.

— Je t'en donnerai dix; viens.

— Il faut que j'aille dire adieu à ma mère et chercher mon parapluie.

— Eh bien! je continue, tu me rejoindras sur la route.

Le petit bonhomme me tourna les talons en courant de toutes ses forces, et je poursuivis mon chemin.

Bizarre organisation que celle de notre machine! — Quelques gouttes d'eau avaient apaisé ma fièvre et ma colère. Pétion, menacé d'une émeute, étendit la main hors de la fenêtre, et alla se coucher tranquillement en disant :

— Il n'y aura rien cette nuit, il pleut.

Il n'y eut rien.

S'il avait plu le 27 juillet, il n'y aurait rien eu!...

On a plus peur en France de l'eau que des balles; on ne sort pas sans parapluie, et l'on se bat sans cuirasse.

J'en étais là lorsque j'entendis derrière moi le galop de mon petit guide. Le pauvre diable me rattrapait enfin; je lui avais fait faire une demi-lieue en courant.

— Ah! c'est toi, lui dis-je; causons.

— Prenez d'abord mon parapluie.

— Non, j'aime l'eau; mais prends mon sac, toi.

— Volontiers.

— D'où es-tu?

— De Munster.

— Et comment se fait-il que tu parles italien dans un village allemand?

— Parce que j'ai été mis en apprentissage chez un cordonnier à Domo-d'Ossola.

— Ton nom?

— Frantz en allemand, Francesco en italien.

— Eh bien! Francesco, je vais, non-seulement au glacier du Rhône, mais je descends de là dans les petits cantons; je traverserai les Grisons, un coin de l'Autriche; j'irai à Constance, je suivrai le Rhin jusqu'à Bâle, et reviendrai probablement à Genève par Soleure et Neufchâtel : veux-tu venir avec moi?

— Je le veux bien.

— Combien te donnerai-je par jour?

— Ce que voudrez; ce sera toujours plus que je ne gagne chez moi.

— Quarante sous et je te nourrirai; cela te fera à peu près soixante-dix ou quatre-vingts francs à la fin du voyage.

— C'est une fortune!

— Cela te convient donc?

— Parfaitement.

— Eh bien! en arrivant au prochain village, tu feras dire à ta mère que ton voyage, au lieu de durer trois jours, durera un mois.

— Merci.

Francesco posa son parapluie à terre et fit la roue. Je reconnus depuis que c'était sa manière d'exprimer un extrême contentement. Je venais de faire un heureux; il avait fallu, comme on le voit, peu de chose pour cela.

C'était du reste une admirable et naïve confiance que celle de cet enfant qui s'attachait avec tant de candeur et d'abandon à la suite d'un inconnu qui, passant à pied dans son village, le rencontre par hasard et l'emmène par caprice. Il n'y a qu'un âge où une pareille résolution ne puisse être troublée par la défiance : un homme aurait exigé un gage, cet enfant m'en aurait donné, s'il en avait eu.

En arrivant à Obergestelen, je dis à Francesco que j'étais parti de Brieg le matin; il me répondit que j'avais fait dix sept lieues d'Italie : je trouvai que c'était assez pour un jour, et je m'arrêtai à l'auberge.

C'est là que Francesco commença à me rendre service.

Il était presque chez lui, puisque nous n'avions fait que deux lieues depuis Munster : il connaissait tout le monde dans l'auberge, ce qui me valut incontinent la meilleure chambre et un feu splendide.

Je m'étais laissé mouiller jusqu'aux os.

Je fis donc, avant de penser au dîner, une toilette d'autant plus délicieuse qu'elle était assaisonnée du sentiment égoïste et voluptueux de l'homme qui entend tomber la pluie sur le toit de la maison qui l'abrite.

J'entendis à la porte un grand bruit; je courus à la fenêtre, et je vis un guide et un mulet qui venaient d'arriver au grand trot, précédant de cent pas tout au plus quatre voyageurs qui descendaient de la Furca lorsque l'orage avait commencé, et s'étaient égarés deux heures dans la montagne.

Comme il y avait parmi ces quatre voyageurs deux dames, qui me parurent jeunes et jolies malgré leurs cheveux pendants sur le visage et leurs gigots collés sur les bras, je me hâtai d'ajouter trois ou quatre morceaux de bois au feu.

Je roulai vivement en paquet mes effets éparpillés çà et là; et, passant dans une chambre voisine, j'appelai Francesco, et le chargeai de dire à la maîtresse de l'auberge qu'elle pouvait disposer en faveur de ces dames de la chambre qu'elle m'avait donnée, et qui se trouvait toute chauffée, chose qui me parut fort essentielle pour des voyageurs qui arrivent dans l'état où je venais d'apercevoir les nôtres.

Aussi cinq minutes après je recevais par Francesco les actions de grâces de ces dames et de leurs cavaliers, qui me faisaient demander la permission de changer de vêtements avant de venir me remercier eux-mêmes.

Lorsqu'ils rentrèrent, je m'occupais des préparatifs de mon dîner, qu'ils m'invitèrent à interrompre pour partager le leur.

J'acceptai.

C'étaient deux hommes de trente-quatre à trente-six ans, l'un Français, gai, spirituel, portant ruban rouge et figure ouverte, vieille connaissance des rues et des salons de Paris, où nous nous étions croisés vingt fois, comme cela arrive entre gens du monde; l'autre pâle, grave et empesé, portant ruban jaune et figure froide, parlant français juste avec ce qu'il fallait d'accent pour prouver son origine allemande; du reste, complétement étranger à mes souvenirs.

Ils n'avaient pas fait un pas dans ma chambre que j'avais flairé le compatriote et l'étranger; ils n'avaient pas dit vingt paroles que je savais qui ils étaient.

Le Français se nommait Brunton, et je me rappelai le nom de l'un de nos architectes les plus distingués.

L'Allemand se nommait Kœfford, et était chambellan du roi de Danemark.

Après les premiers compliments échangés, j'appris que les dames étaient visibles; en conséquence, M. Kœfford se chargea de me conduire près d'elles, tandis que M. Brunton descendait à la cuisine.

A tout hasard, j'indiquai à celui-ci certaine marmite bouillant à la crémaillère, et de laquelle s'échappait une odeur tout à fait succulente; il me promit de s'en occuper.

Je trouvai dans les femmes les mêmes différences nationales que chez leurs maris.

Ma vive et jolie compatriote se leva en m'apercevant, et m'avait déjà remercié vingt fois avant que sa compagne eût achevé la révérence d'étiquette avec laquelle elle m'accueillit.

Celle-ci était une grande et belle femme, blanche, pâle et froide, n'ayant de flamme en tout le corps que l'étincelle mourante qui s'éteignait noyée dans ses yeux.

Le désordre de la toilette était, du reste, complétement réparé chez ces dames, et elles avaient la tenue matinale de la campagne.

M. Kœfford, à peine rentré, ouvrit deux ou trois *Guides en Suisse*, déploya une carte, consulta un itinéraire, et laissa bientôt aux dames le soin de faire les honneurs de la chambre que je leur avais cédée.

En quelque lieu du monde qu'on se rencontre, il y a entre Parisiens un sujet de conversation à l'aide duquel on peut s'étudier, et bientôt se connaître.

C'est l'Opéra, pierre de touche de bonne compagnie, qui éprouve les fashionables. L'Opéra forme dans ses habitués un monde à part, parlant cette langue des premières loges, qui seule a cours pour transmettre de la Chaussée-d'Antin au noble faubourg les fluctuations de la Bourse, les variations de la mode, et les changements de ministère de la beauté.

J'avais un avantage sur ma jolie compatriote : c'est que je la connaissais et qu'elle ne me connaissait pas.

Il est évident qu'elle cherchait à savoir à quelle classe de la société j'appartenais, et qu'elle ne pouvait le deviner à ce premier essai : elle changea donc la conversation, et l'amena sur l'art en général.

Au bout de dix minutes, nous avions passé en revue la littérature depuis Hugo jusqu'à Scribe, la peinture depuis Delacroix jusqu'à Abel de Pujol, l'architecture depuis M. Percier jusqu'à M. Lebas.

Je connaissais encore mieux les hommes que le

Brieg. — PAGE 49.

choses, et je parlais plus savamment des individus que de leurs œuvres. — L'esprit de ma compatriote était toujours flottant.

Après un moment de silence, quelques questions que je lui adressai sur sa santé firent virer de bord la conversation, qui entra à pleines voiles dans la médecine.

Ma spirituelle antagoniste avait une névralgie. C'est, comme on le sait, la maladie de ceux qui ont besoin d'en avoir une. Lorsque vous entendez sortir de la bouche d'une femme ces mots : J'ai affreusement mal aux nerfs, vous pouvez incontinent les traduire par ceux-ci : Madame a de vingt-cinq à quatre-vingt mille francs à dépenser par an, sa loge à l'Opéra, ne marche jamais, et ne se lève qu'à midi.

On voit donc que mon interlocutrice se livrait de plus en plus.

Je soutins la conversation en homme qui, sans avoir des nerfs, ne nie point qu'ils existent, et qui, sans avoir l'honneur de les connaître personnellement, en a beaucoup entendu parler.

Madame Kœfford, qui, tant que nous avions escarmouché sur un terrain tout national, était restée simple témoin du duel, voyant que la conversation ballottait en ce moment une question d'humanité générale, fit un léger effort qui colora ses joues, et laissa tomber quelques paroles au milieu de notre dialogue : elle aussi, la pauvre femme, avait des nerfs, mais des nerfs du Nord. Cela me fournit l'occasion d'établir une distinction très-subtile et très-savante sur la manière de sentir selon les degrés de latitude; et il demeura clairement démontré à ces deux dames, au bout de quelques minutes, que je m'étais beaucoup occupé de la différence des sensations.

Ma compatriote hésitait donc de plus en plus à fixer son esprit sur ma spécialité.

J'étais trop homme du monde pour n'être qu'un artiste, j'étais trop artiste pour n'être qu'un homme du monde; je parlais trop bas pour un agent de change, trop haut pour un médecin, et je laissai parler mon interlocutrice, ce qui prouvait que je n'étais pas avocat.

En ce moment, M. Brunton rentra, la figure comiquement bouleversée, marcha droit à M. Kœfford, toujours plongé dans des guides et des itinéraires, et lui dit gravement :

— Mon pauvre ami !

— Qu'est-ce? fit le chambellan en se tournant tout d'une pièce.

— Avez-vous lu dans votre Ebel, continua M. Brunton, que les habitants d'Obergestelen fussent anthropophages?

— Non, dit le chambellan; mais je vais voir si cela y est.

Il feuilleta un instant son livre, arriva au mot Obergestelen, et lut à haute voix :

« Obergestelen ou Oberghestelen, avant-dernier village du haut Valais, situé au pied du mont Grimsel, à quatre mille cent pieds au-dessus du niveau de la mer : ses maisons sont tout à fait noires; cette couleur provient de l'action du soleil sur la résine que contient le bois de mélèze dont elles sont bâties. Les débordements du Rhône y causent de fréquentes inondations pendant l'été. »

— Je ne sais ce que vous voulez dire, continua gravement M. Kœfford en levant les yeux; vous voyez qu'il n'y a pas dans tout cela un mot de chair humaine.

— Eh bien ! mon ami, il y a longtemps que je vous dis que vos faiseurs d'itinéraires sont des ignorants.

— Pourquoi cela?

— Descendez vous-même à la cuisine, levez le couvercle de la marmite qui bout sur le feu, et vous remonterez nous dire ce que vous avez vu.

Le chambellan, qui vit un fait extraordinaire à consigner sur ses tablettes, ne se le fit pas dire deux fois.

Il se leva et descendit à la cuisine.

Madame Brunton et moi avions grande envie de rire.

Son mari conservait invariablement cette figure triste que les plaisants de bon goût savent si bien prendre.

Quant à madame Kœfford, elle était retombée dans sa rêverie, et, plutôt couchée qu'assise dans son fauteuil, elle suivait, les yeux vaguement fixés au ciel, quelques nuages à forme bizarre, qui lui rappelaient ceux de sa patrie.

Sur ces entrefaites, M. Kœfford rentra pâle et s'essuyant le front.

— Eh bien ! qu'y a-t-il dans la marmite?

— Un enfant ! répondit-il en se laissant tomber sur une chaise.

— Un enfant!...

— Pauvre petit ange ! dit madame Kœfford, qui avait écouté sans entendre, ou entendu sans comprendre, et qui voyait sans doute passer dans ses songes quelque chérubin avec des ailes blanches et une auréole d'or.

Quand on a compté sur un gigot braisé ou sur une tête de veau; que, dans cette attente, on a depuis une heure apaisé les murmures de son estomac à la fumée d'une marmite, et qu'on vient vous dire que cette marmite ne contient qu'un enfant, cet enfant, fût-il un ange, comme l'appelait madame Kœfford, devient un trop triste équivalent pour que l'appétit ne se révolte pas de l'échange. J'allais donc m'élancer hors de la chambre, lorsque M. Brunton m'arrêta par le bras et me dit :

— Il est inutile que vous alliez le voir, on va vous le servir.

En effet, la fille de l'auberge entra bientôt, portant sur un plat long, et couché sur un lit d'herbe, un objet qui avait l'apparence parfaite d'un enfant nouveau-né, écorché et bouilli.

Nos dames jetèrent un cri et détournèrent la tête.

M. Kœfford se leva de sa chaise, s'approcha, la mort dans l'âme, du premier service, et, après l'avoir regardé attentivement, il dit avec un profond soupir :

— C'était une fille.

— Mesdames, dit M. Brunton en s'asseyant et en aiguisant un couteau, j'ai entendu dire qu'au siège de Gênes, pendant lequel, vous le savez, Masséna invita un jour tout son état-major à manger un chat et douze souris, on avait remarqué, au milieu du dépérissement général de nos troupes, un régiment qui se maintenait aussi frais et aussi dispos que s'il n'y avait pas eu de famine. La ville rendue, le général en chef interrogea le colonel sur cette étrange exception. Celui-ci alors avoua ingénument que ses soldats étaient venus lui demander la permission de manger de l'Autrichien, et qu'il n'avait pas cru devoir leur refuser une aussi légère faveur; il ajouta même qu'en sa qualité de colonel les meilleurs morceaux lui étaient envoyés avec la régularité d'une distribution de vivres ordinaire, et que, malgré sa répugnance primitive, il avait fini par trouver, comme les autres, que les sujets de Sa Majesté Impériale étaient un mets fort agréable.

Les cris redoublèrent.

Alors M. Brunton enleva fort délicatement l'épaule de l'objet en question, et se mit à l'attaquer avec autant d'appétit que l'avait fait Cérès lorsqu'elle dévora l'épaule de Pélops.

En ce moment la fille rentra, et voyant que M. Brunton était seul à table :

— Eh bien! mesdames, dit-elle, est-ce que vous ne mangez pas de marmotte?

La respiration nous revint. Mais, maintenant même que nous savions le secret, la ressemblance du quadrupède avec le bipède ne nous paraissait pas moins frappante; ses mains et ses pieds surtout, articulés comme des membres humains, eussent suffi seuls pour m'empêcher de goûter de ce mets que Willer m'avait tant vanté en gravissant le Faulhorn.

— N'avez-vous donc pas autre chose? dis-je à notre camérière.

— Une omelette, si vous voulez.

— Va pour une omelette, dirent ces dames.

— Mais savez-vous la faire, au moins? — Une omelette, ajoutai-je en me retournant vers ces dames, est à la cuisine ce que le sonnet est à la poésie.

— Il me semble, au contraire, répondirent-elles, que c'est l'A B C D de l'art.

— Lisez Boileau et Brillat-Savarin.

— Vous entendez, la fille? dit M. Kœfford.

— Oh! quant à ce qui est de l'omelette, nous en faisons tous les jours, et, Dieu merci! les voyageurs ne s'en plaignent jamais.

— Nous verrons bien!

La fille alla faire son omelette.

Dix minutes après, elle apporta une espèce de galette plate et dure qui couvrait toute la superficie d'un énorme plat.

Dès le premier coup d'œil, je vis que nous étions volés; je n'en découpai pas moins la chose, et j'en servis un morceau à chacune de ces dames; elles y goûtèrent du bout des lèvres, et repoussèrent aussitôt leur assiette.

Je tentai la même épreuve; mes prévisions ne m'avaient pas trompé : autant aurait valu mordre dans une courte-pointe.

— Eh bien! dis-je à la fille, votre omelette est exécrable, mon enfant.

— Comment cela peut-il se faire? on y a mis tout ce qu'il fallait.

— Qu'en dites-vous, mesdames?

— Mais nous disons que c'est désespérant, et que nous mourons de faim!

— Dans les cas désespérés, il faut donner quelque chose au hasard. Ces dames veulent-elles que j'essaye de leur en faire une?

— Une omelette!

— Une omelette, repris-je en m'inclinant modestement.

Ces dames se regardèrent.

— Mais, dit Kœfford en se levant vivement et en se rattachant à la seule planche de salut qu'il voyait flotter dans les eaux, mais puisque monsieur a la bonté de nous offrir...

— Pourvu cependant, repris-je, que M. Brunton et vous me serviez d'aides de cuisine.

— Volontiers, s'écrièrent ces deux messieurs avec une spontanéité qui dénotait la confiance de la faim; volontiers, ajoutèrent ces dames avec un sourire de doute.

— En ce cas, dis-je à la fille, du beurre frais, des œufs frais, de la crème fraîche.

Je chargeai M. Brunton de hacher les fines herbes, et M. Kœfford de battre les œufs; je pris la queue de la poêle, et j'opérai le mélange avec une gravité qui faisait le bonheur de ces dames. Déjà l'omelette cuisait dans le beurre et tout le monde me regardait avec un intérêt croissant, lorsque M. Brunton interrompit le silence général :

— Monsieur, me dit-il, serait-il bien indiscret de vous demander qui nous avons l'honneur d'avoir pour cuisinier?

— Oh! mon Dieu non, monsieur.

— C'est que je suis convaincu que je vous ai rencontré à Paris.

— Et moi aussi... Ayez la bonté de me passer le beurre... Merci.

J'en fis glisser quelques morceaux sous l'omelette, qui commençait à prendre, afin qu'elle ne tînt point à la poêle.

— Et je suis sûr que, si vous me disiez votre nom...

— Alexandre Dumas.

— L'auteur d'*Antony!* — s'écria madame Brunton.

— Lui-même, répondis-je en mettant dans le plat l'omelette parfaitement cuite et en la posant sur la table.

N'entendant aucune félicitation ni pour le drame ni pour l'omelette, je levai les yeux : la société était stupéfaite. Il paraît qu'on s'était fait de ma personne une idée beaucoup plus poétique que ne

Hospice du Grimsel. — Page 58.

le comportait le prospectus que je venais d'en donner. Par malheur, l'omelette se trouva excellente.

Les dames la mangèrent jusqu'au dernier morceau.

Le pont du Diable.

LE PONT DU DIABLE.

E n quittant ces dames le soir, j'avais obtenu d'elles la permission de les voir le lendemain matin. Je me présentai donc chez elles aussitôt que je les sus visibles.

Elles étaient tout à fait remises de leur mauvaise route et de leur mauvais dîner; il n'y avait que M. Kœfford, qui, ayant passé la nuit au milieu de ses cartes et de ses itinéraires, paraissait beaucoup plus fatigué que la veille.

C'était un singulier homme que notre chambellan! ponctuel comme l'étiquette, monté comme une horloge, et réglé comme une romance. Avant de partir de Copenhague, il avait compulsé tous les voyageurs qui ont écrit sur la Suisse, consulté toutes les cartes des vingt-deux cantons, et avait fini

par se tracer, jour par jour, au sein de la république helvétique, un itinéraire dont il ne s'était encore écarté ni d'une heure-ni d'un sentier.

Sur cet itinéraire il y avait que, le 28 septembre,
il devait descendre dans l'Oberland en traversant le
Grimsel. Il est vrai qu'il n'y était pas question de
l'orage qui avait empêché ce projet, — tout simple
d'ailleurs, — de s'exécuter comme l'avait espéré
M. Kœfford.

Or, nous étions au 29 septembre au lieu d'être
au 28, nous nous trouvions dans le Valais au lieu
de nous trouver dans l'Oberland, et les guides dé-
claraient qu'après la tempête de la veille le passage
du mont Gemmi était seul praticable, et qu'il fallait
renoncer à celui du Grimsel. La chose était fort
égale à M. et à madame Brunton, mais elle boule-
versait toute l'existence de M. Kœfford.

Je fis tout ce que je pus pour lui rendre son courage; je lui dis que le passage du Gemmi était beaucoup plus curieux que celui du Grimsel, et que ce
n'était, à tout prendre, qu'un retard d'un jour.

— Et croyez-vous, me dit-il d'un air désespéré,
que ce n'est rien qu'un retard d'un jour? d'être
obligé de faire le lundi ce qu'on croyait faire le dimanche, de marquer une heure et d'en sonner une
autre, comme une pendule dérangée?

Madame Brunton, son mari et moi, fîmes ce que
nous pûmes pour consoler le pauvre chambellan;
mais il était comme Rachel pleurant ses fils. Quant
à sa femme, qui connaissait son caractère, elle n'o-
sait hasarder un mot.

Cependant, comme il n'y avait pas d'autre parti
à prendre, M. Kœfford se décida à subir un retard
de vingt-quatre heures et à passer le Gemmi. Je le
quittai donc à peu près calme, sinon tout à fait résigné.

Depuis notre retour à Paris, j'ai su, par une lettre
de notre malheureux ami à M. Brunton, qu'il n'était
arrivé à Copenhague que le 1er janvier au soir, au
lieu du 30 décembre. Il avait manqué sa visite du
jour de l'an au roi de Danemark, et avait failli perdre sa place de chambellan.

Quant à moi, qui heureusement n'avais de visite
à rendre à aucun roi, je baisai la main de ces dames,
et me mis en route avec Francesco.

C'était un brave enfant et un bon compagnon,
joyeux et insouciant, toujours d'une humeur libre,
plus fort que ne l'est avec cinq ans de plus un jeune
homme de nos villes, vif comme un lézard et léger
comme un chamois.

Nous marchâmes deux heures à peu près, suivant
toujours les bords escarpés du Rhône, qui de fleuve
était devenu torrent, et de torrent devint bientôt
ruisseau, mais ruisseau capricieux et fantasque, an-
nonçant dès sa source tous les écarts de son cours,
comme les bizarreries d'un enfant annoncent à l'aurore de la vie les passions de l'homme.

Enfin, au détour d'un sentier, nous aperçûmes

devant nous, remplissant tout l'espace compris entre le Grimsel et la Furca, le magnifique géant de
glace, la tête posée sur la montagne, les pieds pendants dans la vallée, et laissant échapper, comme
la sueur de ses flancs, trois ruisseaux qui, se réunissant à une certaine distance, prennent, dès leur
jonction, le nom du Rhône, que le fleuve ne perd
qu'en vomissant ses eaux à la mer par quatre em-
bouchures, dont la plus petite a près d'une lieue
de large.

Je sautai par-dessus ces trois ruisseaux, dont le
plus fort n'a pas douze pieds d'une rive à l'autre.
Cet exploit terminé, nous commençâmes à gravir la
Furca.

C'est une des montagnes les plus nues et les plus
tristes de toute la Suisse. Les habitants attribuent
son aridité au choix que fit le Juif errant de ce passage pour se rendre de France en Italie. J'ai déjà
dit qu'une tradition raconte que la première fois que
le réprouvé franchit cette montagne, il la trouva
couverte de moissons, la seconde fois de sapins, la
troisième fois de neige.

C'est dans ce dernier état que nous la trouvâmes
aussi.

Arrivés à son sommet, je remarquai que cette
neige était, de place en place, mouchetée de taches
rouges comme un immense tapis tigré; je vis, en
approchant, que ces taches étaient produites par
des sources qui venaient sourdre à la surface de la
terre : je pensai qu'elles devaient être ferrugineuses
et je les goûtai. Je ne m'étais pas trompé : c'était
la rouille qui donnait à la neige cette teinte rougeâtre
qui m'avait étonné d'abord.

Pendant que j'examinais ce phénomène et que je
cherchais à m'en rendre compte, Francesco vint à
moi, et, d'un air assez embarrassé, me demanda ma
gourde, qu'il s'était chargé de faire remplir le matin à Obergestelen, et dans laquelle il avait versé
du vin au lieu de kirchenwasser; je m'étais aperçu
de cette méprise en route seulement, et je n'avais pu
deviner pour quel motif Francesco avait ainsi manqué aux instructions que je lui avais données; mais,
comme la liqueur substituée à celle que je buvais
habituellement était un excellent vin rouge d'Italie,
je n'avais pas considéré cette infraction à mes ordres comme un grand malheur.

Francesco, en me demandant ma gourde, ramena
ma pensée sur ce petit incident, que j'avais déjà oublié.

Je crus qu'une mesure d'hygiène personnelle
lui faisait préférer le vin d'Italie à l'eau de cerises
des Alpes, et qu'il allait, en portant ma gourde à
sa bouche, me donner une preuve de cette préférence.

Je le suivis donc du coin de l'œil, tout en ayant
l'air de ne le point regarder, mais cependant sans
perdre de vue un seul de ses mouvements.

Rien de ce que j'avais soupçonné n'arriva : Francesco alla se placer sur la crête la plus élevée de la montagne, et, à cheval pour ainsi dire sur les deux versants, il fit deux fois le signe de la croix, une fois tourné vers l'occident et l'autre fois vers l'orient; puis, versant du vin dans le creux de sa main, il jeta en l'air le liquide, qui retomba autour de lui comme une pluie dont chaque goutte faisait sur la neige une petite tache rouge, assez pareille par la couleur aux grandes taches dont je venais de découvrir la cause.

Enfin, cette espèce d'exorcisme achevé, Francesco me remit la gourde, sans avoir même pensé à l'approcher de ses lèvres.

— Quelle cérémonie d'enfer viens-tu de faire? lui dis-je en replaçant la gourde à mon côté.

— Ah! me répondit-il, c'est une précaution pour qu'il ne nous arrive pas d'accident.

— Comment cela?

— Oui : nous sommes sur la route d'Italie, n'est-ce pas? c'est par ici que passent les vins qui descendent du Saint-Gothard et qu'on envoie en Suisse, en France ou en Allemagne : ces vins sont renfermés dans des barriques et conduits par des muletiers italiens, qui presque tous sont des ivrognes. Comme la Furca est la montagne la plus fatigante qu'ils aient à gravir pendant tout le chemin, c'est aussi pendant cette montée que le démon de l'ivrognerie les tente, et arrive ordinairement à son but en leur faisant percer les tonneaux qui leur sont confiés, et qui, de cette manière, arrivent rarement pleins à leur destination. Vous concevez que de pareils hommes, dépositaires infidèles pendant leur vie, ne peuvent entrer dans le séjour des honnêtes gens après leur mort. Leurs âmes en peine reviennent donc errer la nuit à l'endroit même où la tentation les a vaincues : ce sont elles qui, tout imbibées encore du vin dérobé, font, en se posant sur la neige, ces taches rouges éparses de tous côtés; ce sont elles qui, pour se distraire, poursuivent le voyageur avec la tempête, qui font glisser son pied au bord du précipice, qui l'égarent le soir par des lueurs trompeuses. Eh bien! il n'y a qu'un moyen de se rendre ces âmes favorables, c'est de leur jeter, en faisant le signe de la croix, quelques gouttes de ce vin qu'elles ont tant aimé pendant leur vie, qu'il a été pour elles une cause de damnation éternelle après leur mort. Voilà pourquoi j'ai fait mettre dans votre gourde du vin au lieu de kirchenwasser.

Cette explication me parut si satisfaisante, que je ne trouvai d'autre réponse à faire que de renouveler pour mon compte l'opération que Francesco venait de faire pour le sien, et je ne doute pas que ce ne soit à cette précaution antidiabolique que nous dûmes d'arriver sans accident aucun à Réalp, petit village situé à la base de la terrible montagne.

Nous ne fîmes à Réalp qu'une halte d'une heure,

et nous continuâmes notre route jusqu'à Andermatt.

Chateaubriand et M. de Fitz-James y étaient passés quelques jours auparavant, et l'hôte me montra avec orgueil les noms des deux illustres voyageurs inscrits sur son registre.

Le lendemain matin, je fis prix avec un voiturier qui ramenait une petite calèche à Altorf. Toute notre discussion roula sur le droit que je me réservais d'aller à pied quand bon me semblerait : le brave homme ne pouvait comprendre que je louasse une voiture à la condition de ne pas monter dedans. Enfin je lui fis comprendre, grâce à mon interprète Francesco, que, désirant voir en détail certaines parties de la route, une course trop rapide ne me permettrait pas de me livrer à cette investigation. Ces choses convenues, nous nous mîmes en marche, en prenant la route nouvelle du Saint-Gothard à Altorf.

Cette route, profitable surtout au canton d'Uri, a été exécutée par lui, avec l'aide de ses frères les plus riches : les cantons de Berne, de Zurich, de Lucerne, de Bâle, lui ouvrirent généreusement leur bourse à son premier appel, et lui prêtèrent entre eux, et sans intérêts, huit millions, qu'il acquitte religieusement en leur rendant une somme annuelle de cinq cent mille francs.

A peine fus-je à un quart de lieue d'Andermatt que j'usai du privilège d'aller à pied. Nous étions arrivés à un des endroits les plus curieux de la route : c'est un défilé formé par le Galenstok et le Crispalt, rempli entièrement par les eaux de la Reuss, que j'avais vue naître la veille au sommet de la Furca, et qui, cinq lieues plus loin, mérite déjà, par l'accroissement qu'elle a pris, le nom de Géante, qu'on lui a donné.

La route, arrivée à cet endroit, s'est donc heurtée contre la base granitique du Crispalt, et il a fallu creuser le roc pour qu'elle pût passer d'une vallée à l'autre.

Cette galerie souterraine, longue de cent quatre-vingts pieds, et éclairée par des ouvertures qui donnent sur la Reuss, est vulgairement appelée le trou d'Uri.

Après avoir fait quelques pas de l'autre côté de la galerie, je me trouvai en face du pont du Diable : je devrais dire des ponts du Diable; car il y en a effectivement deux : il est vrai qu'un seul est pratiqué, le nouveau ayant fait abandonner l'ancien.

Je laissai ma voiture prendre le pont neuf, et je me mis en devoir de gagner, en m'aidant des pieds et des mains, le véritable pont du Diable, auquel le nouveau favori est venu voler non-seulement ses passagers! mais encore son nom.

Les ponts sont tous deux hardiment jetés d'une rive à l'autre de la Reuss, qu'ils franchissent d'une seule enjambée, et qui coule sous une seule arche : celle du pont moderne a soixante pieds de haut et

Glacier du Rhône. — Page 58.

vingt-cinq de large : celle du vieux pont n'en a que quarante-cinq sur vingt-deux. Ce n'en est pas moins le plus effrayant à traverser, vu l'absence des parapets.

La tradition à laquelle il doit son nom est peut-être une des plus curieuses de toute la Suisse : la voici dans toute sa pureté

La Reuss, qui coule dans un lit creusé à soixante pieds de profondeur entre des rochers coupés à pic, interceptait toute communication entre les habitants du val Cornera et ceux de la vallée de Goschenen,

c'est-à-dire entre les Grisons et les gens d'Uri. Cette solution de continuité causait un tel dommage aux deux cantons limitrophes, qu'ils rassemblèrent leurs plus habiles architectes, qu'à frais communs plusieurs ponts furent bâtis d'une rive à l'autre, mais jamais assez solides pour qu'ils résistassent plus d'un an à la tempête, à la crue des eaux ou à la chute des avalanches.

Une dernière tentative de ce genre avait été faite vers la fin du quatorzième siècle, et l'hiver presque fini donnait l'espoir que cette fois le pont résiste-

Il prit un charbon tout rouge au milieu du feu comme il eût pris une praline dans une bonbonnière. — PAGE 62.

rait à toutes ces attaques, lorsqu'un matin on vint dire au bailli de Goschenen que le passage était de nouveau intercepté.

— Il n'y aura que le diable, s'écria le bailli, qui puisse nous en bâtir un !

Il n'avait pas achevé ces paroles, qu'un domestique annonça :

— Messire Satan !

— Faites entrer, dit le bailli.

Le domestique se retira et fit place à un homme de trente-cinq à trente-six ans, vêtu à la manière allemande, portant un pantalon collant de couleur rouge, un justaucorps noir, fendu aux articulations des bras, dont les crevés laissaient voir une doublure couleur de feu. Sa tête était couverte d'une toque noire, coiffure à laquelle une grande plume rouge donnait par ses ondulations une grâce toute particulière.

Quant à ses souliers, anticipant sur la mode, ils étaient arrondis du bout, comme ils le furent cent ans plus tard, vers le milieu du règne de Louis XII, et un grand ergot, pareil à celui d'un coq, et qui adhérait visiblement à sa jambe, paraissait destiné à lui servir d'éperon lorsque son bon plaisir était de voyager à cheval.

Après les compliments d'usage, le bailli s'assit dans un fauteuil, et le diable dans un autre ; le bailli mit ses pieds sur les chenets, le diable posa tout bonnement les siens sur la braise.

— Eh bien ! mon brave ami, dit Satan, vous avez donc besoin de moi?

— J'avoue, monseigneur, répondit le bailli, que votre aide ne nous serait pas inutile.

— Pour ce maudit pont, n'est-ce pas?

— Eh bien ?

— Il vous est donc bien nécessaire?

— Nous ne pouvons nous en passer.

— Ah ! ah ! fit Satan.

— Tenez, soyez bon diable, reprit le bailli après un moment de silence, faites-nous-en un.

— Je venais vous le proposer.

— Eh bien ! il ne s'agit donc que de s'entendre .. sur...

Le bailli hésita.

— Sur le prix, continua Satan en regardant son interlocuteur avec une singulière expression de malice.

— Oui, répondit le bailli, sentant que c'était là que l'affaire allait s'embrouiller.

— Oh ! d'abord, continua Satan en se balançant sur les pieds de derrière de sa chaise et en affilant ses griffes avec le canif du bailli, je serai de bonne composition sur ce point.

— Eh bien ! cela me rassure, dit le bailli ; le dernier nous a coûté soixante marcs d'or ; nous doublerons cette somme pour le nouveau, mais c'est tout ce que nous pouvons faire.

— Eh ! quel besoin ai-je de votre or ? reprit Satan ; j'en fais quand je veux. Tenez.

Il prit un charbon tout rouge au milieu du feu comme il eût pris une praline dans une bonbonnière.

— Tendez la main, dit-il au bailli.

Le bailli hésitait.

— N'ayez pas peur, continua Satan ; et il lui mit entre les doigts un lingot d'or le plus pur et aussi froid que s'il fût sorti de la mine.

Le bailli le tourna et le retourna en tous sens ; puis il voulut le lui rendre.

— Non, non, gardez, reprit Satan en passant d'un air suffisant une de ses jambes sur l'autre ; c'est un cadeau que je vous fais.

— Je comprends, dit le bailli en mettant le lingot dans son escarcelle, que si l'or ne vous coûte pas plus de peine à faire, vous aimez autant qu'on vous paye avec une autre monnaie ; mais, comme je ne sais pas celle qui peut vous être agréable, je vous prierai de faire vos conditions vous-même.

Satan réfléchit un instant.

— Je désire que l'âme du premier individu qui passera sur ce pont m'appartienne, répondit-il.

— Soit, dit le bailli.

— Rédigeons l'acte, continua Satan.

— Dictez vous-même.

Le bailli prit une plume, de l'encre et du papier, et se prépara à écrire.

Cinq minutes après, un sous-seing en bonne forme, *fait double et de bonne foi*, était signé par Satan en son propre nom, et par le bailli au nom et comme fondé de pouvoirs de ses paroissiens. Le diable s'engageait formellement par cet acte à bâtir dans la nuit un pont assez solide pour durer *cinq cents ans*, et le magistrat, de son côté, concédait, en payement de ce pont, l'âme du premier individu que le hasard ou la nécessité forcerait de traverser la Reuss sur le passage diabolique que Satan devait *improviser*.

Le lendemain, au point du jour, le pont était bâti.

Bientôt le bailli parut sur le chemin de Goscheneu ; il venait vérifier si le diable avait accompli sa promesse. Il vit le pont, qu'il trouva fort convenable, et, à l'extrémité opposée à celle par laquelle il s'avançait, il aperçut Satan, assis sur une borne et attendant le prix de son travail nocturne.

— Vous voyez que je suis homme de parole, dit Satan.

— Et moi aussi, répondit le bailli.

— Comment ! mon cher Curtius, reprit le diable stupéfait, vous dévoueriez-vous pour le salut de vos administrés?

— Pas précisément, continua le bailli en déposant à l'entrée du pont un sac qu'il avait apporté sur son épaule, et dont il se mit incontinent à dénouer les cordons.

— Qu'est-ce? dit Satan, essayant de deviner ce qui allait se passer.

— Prrrrrroooooou, dit le bailli.

Et un chien, traînant une poêle à sa queue, sortit tout épouvanté du sac, et, traversant le pont, alla passer en hurlant aux pieds de Satan.

— Eh ! dit le bailli, voilà votre âme qui se sauve ; courez donc après, monseigneur.

Satan était furieux, il avait compté sur l'âme d'un homme, et il était forcé de se contenter de celle d'un chien.

Il y aurait eu de quoi se damner, si la chose n'eût pas été faite. Cependant, comme il était de bonne compagnie, il eut l'air de trouver le tour très-drôle, et fit semblant de rire tant que le bailli fut là, mais à peine le magistrat eut-il le dos tourné, que Satan commença à s'escrimer des pieds et des mains pour démolir le pont qu'il avait bâti ; il avait fait la chose tellement en conscience, qu'il se retourna les ongles et se déchaussa les dents avant d'en avoir pu arracher le plus petit caillou.

— J'étais un bien grand sot, dit Satan.

Eh ! dit le bailli, voilà votre âme qui se sauve ; courez après, monseigneur.

Puis, cette réflexion faite, il mit les mains dans ses poches et descendit les rives de la Reuss, regardant à droite et à gauche, comme aurait pu le faire un amant de la belle nature.

Cependant il n'avait pas renoncé à son projet de vengeance. Ce qu'il cherchait des yeux, c'était un rocher d'une forme et d'un poids convenables, afin de le transporter sur la montagne qui domine la vallée, et de le laisser tomber de cinq cents pieds de haut sur le pont que lui avait escamoté le bailli de Goschenen.

Il n'avait pas fait trois lieues qu'il avait trouvé son affaire.

C'était un joli rocher, gros comme une des tours de Notre-Dame : Satan l'arracha de terre avec autant de facilité qu'un enfant aurait fait d'une rave, le chargea sur son épaule, et, prenant le sentier qui conduisait au haut de la montagne, il se mit en route, tirant la langue en signe de joie et jouissant d'avance de la désolation du bailli quand il trouverait le lendemain son pont effondré.

Lorsqu'il eut fait une lieue, Satan crut distinguer sur le pont un grand concours de populace ; il posa son rocher par terre, grimpa dessus, et, arrivé au sommet, aperçut distinctement le clergé de Goschenen, croix en tête et bannière déployée, qui venait de briser l'œuvre satanique et de consacrer à Dieu le pont du Diable.

Satan vit bien qu'il n'y avait rien de bon à faire pour lui ; il descendit tristement, et, rencontrant une pauvre vache qui n'en pouvait mais, il la tira par la queue et la fit tomber dans un précipice.

Quant au bailli de Goschenen, il n'entendit jamais reparler de l'architecte infernal ; seulement, à la première fois qu'il fouilla à son escarcelle, il se brûla vigoureusement les doigts : c'était le lingot qui était redevenu charbon.

Le pont subsista cinq cents ans comme l'avait promis le diable.

Si l'on veut chercher la vérité cachée derrière ces voiles mystérieux mais transparents de la tradition, ce sera surtout lorsqu'il sera question de ces grands travaux attribués à l'ennemi du genre humain qu'il sera facile à découvrir. Ainsi, presque partout en Suisse il y a des chaussées du diable, des ponts du diable, des châteaux du diable, qu'après une investigation un peu sérieuse on reconnaîtra pour des ouvrages romains. Contre l'exemple des Grecs, qui, dans leurs invasions, détruisaient et emportaient, les Romains, dans leurs conquêtes, apportaient et bâtissaient. Aussi, à peine l'Helvétie fut-elle soumise par César, qu'une tour s'éleva à Nyon (Noviodunum), un temple à Moudon (Mus Donium), et qu'une voie militaire, aplanissant le sommet du Saint-Bernard, traversa l'Helvétie dans sa plus grande largeur, et alla aboutir au Rhin, près de Mayence. Sous Auguste, les maisons les plus nobles et les plus riches de Rome acquirent des pos-

sessions de la nouvelle conquête, et vinrent s'établir à Vindich (Vindonissa), à Avenches (Aventicum), à Arbon (Arbor felix) et à Coire (Curia). C'est alors que, pour rendre les communications plus faciles entre ces riches étrangers, les architectes romains, sinon les premiers, du moins les plus hardis du monde, jetèrent d'une montagne à l'autre et au-dessus d'épouvantables précipices, ces ponts aériens, si solides, que presque en tous lieux on les retrouve debout.

La domination romaine en Helvétie dura, comme on le sait, quatre cent cinquante ans ; puis un jour apparurent sur les montagnes de nouveaux peuples, venus on ne sait d'où, conquérants nomades, cherchant une patrie, s'établissant selon leur caprice, avec leurs femmes et leurs enfants, là où ils croyaient être bien, chassant devant eux avec le fer de leur épée les vainqueurs du monde, comme les bergers chassent les troupeaux avec le bois de la houlette, et faisant esclaves les populations que Rome avait adoptées pour ses filles. Ceux que le souffle de Dieu poussa vers l'Helvétie étaient les Burgunds et les Allemanni : ils s'établirent depuis Genève jusqu'à Constance, et depuis Bâle jusqu'au Saint-Gothard. Ces hommes, incultes et sauvages comme les forêts dont ils sortaient, restèrent saisis d'étonnement en face des monuments que la civilisation romaine avait laissés. Incapables de produire de pareilles choses, leur orgueil se révolta à l'idée que des hommes les avaient produites, et toute œuvre qui leur parut au-dessus de leurs forces fut attribuée par ceux-ci à la complaisante coopération de l'ennemi des hommes, que ceux-ci avaient dû nécessairement payer au prix de leurs corps ou de leurs âmes. De là toutes les légendes merveilleuses dont le moyen âge hérita et qu'il a léguées à ses enfants.

Une lieue après le pont du Diable, et en descendant toujours la Reuss, on trouve un second pont jeté sur cette rivière et à l'aide duquel on passe d'une rive à l'autre ; il a été bâti à l'endroit même appelé le Saut du moine.

Ce nom vient de ce qu'un moine, qui avait enlevé une jeune fille et l'emportait entre ses bras, poursuivi par ses deux frères, dont les chevaux le gagnaient de vitesse, s'élança sans quitter son fardeau d'une rive à l'autre, au risque de se briser avec lui dans le précipice. Les frères de la jeune fille n'osèrent le suivre, et le moine resta maître de ce qu'il aimait. Le saut fait par cet autre Claude Frollo avait vingt-deux pieds de largeur, et l'abîme qu'il franchissait cent vingt pieds de profondeur.

Un quart d'heure avant d'arriver à Altorf, nous aperçûmes de l'autre côté de la rivière le village d'Attinghausen, et derrière le clocher de ce village les ruines de la maison de Walter Furst, l'un des trois libérateurs de la Suisse.

LANCELOT

Le trou d'Uri — Page 59.

Nous venions d'abandonner la terre de la fable pour celle de l'histoire.

Désormais plus de légendes diaboliques ou de traditions monacales; mais une épopée tout entière, grande, belle et merveilleuse, accomplie par une nation, sans autre secours que celui de ses enfants, et dont nous lirons bientôt la première page à Bürglen, sur l'autel de la chapelle élevée à l'endroit même où naquit Guillaume Tell.

Vue de Schwitz.

WERNER STAUFFACHER.

n an s'est passé depuis que nous avons pris congé de nos lecteurs sur les bords de la Reuss, après leur avoir fait traverser avec nous le *Pont du Diable* et le *Saut du Moine*. Nous étions restés, si nous avons bonne mémoire, en vue du village d'Atting-hausen, derrière le clocher duquel nous apercevions les ruines de la maison de Walter Furst, l'un des trois libérateurs de la Suisse. Depuis ce temps, nous avons fait une lointaine et longue excursion chez d'autres peuples et au fond d'autres contrées; nous en avons rapporté de nouvelles impressions et de puissants souvenirs, qui demandent aussi à voir le jour, mais qui, en frères respectueux, doivent cependant céder la place à leurs aînés. Nous allons donc revenir, non plus à notre Helvétie des glaciers et des montagnes, mais à la Suisse des lacs et des prairies ; non plus au sol fabuleux, mais à la terre historique, car nous n'avons que cette petite montagne qui est devant nous à gravir, que ce petit cimetière plein de roses à traverser, et, près de l'église à gauche, nous allons nous trouver à la porte d'une petite chapelle bâtie sur l'emplacement de la maison même où est né Guillaume Tell, et dont le sacristain est allé nous chercher la clef.

Si connue que soit l'histoire du héros populaire dont nous venons de prononcer le nom, et quelque familiers que nous soyons généralement avec cette histoire, nous ne pouvons nous dispenser, arrivés où nous en sommes, et près de parcourir les lieux qui se déroulent à notre vue, d'entrer dans quelques détails sur la révolution helvétique, et de suivre dans ses développements l'association qui donna naissance à la plus vieille république, non-seulement de l'ère moderne, mais encore des temps anciens. D'ailleurs nous écrivons, non-seulement pour le lecteur casanier qui nous lit au coin de son feu, un pied sur chacun de ses chenets et enveloppé dans sa robe de chambre, mais encore pour le voyageur aventureux, qui, comme nous, le grand chapeau de paille sur la tête, le sac sur l'épaule et le bâton ferré à la main, suivra dans l'avenir la route que nous avons suivie et que nous lui traçons. Or, celui-là, à qui nous donnons ici notre salut fraternel, sera heureux de s'asseoir au haut de cette petite colline de roses, près de cette église et en face de cette chapelle où nous sommes, et de trouver chez nous un précis historique, court et cependant exact, des événements passés il y a près de six siècles, et dont il peut embrasser presque tout l'ensemble sur cet immense panorama qui s'étend à nos pieds comme une carte géographique.

Albert d'Autriche, qui était de la maison de Habsbourg, parvint au trône impérial en 1298. A l'époque de son avénement, il n'existait en Helvétie ni association, ni cantons, ni diète. Quant à l'empereur, il possédait seulement au milieu de ces contrées, à titre de chef des comtes de Habsbourg, une quantité considérable de villes, de forteresses et de terres qui font aujourd'hui partie des cantons de Zurich, Lucerne, Zug, Argovie, etc., etc. Les autres comtes auxquels appartenait le reste du pays étaient ceux de Savoie, de Neufchâtel et Rapperschwyl.

Il serait difficile de faire l'histoire individuelle de cette noblesse, riche, débauchée et remuante, toujours en guerre et en plaisir, épuisant le sang et l'or de ses vassaux, et couvrant chaque cime de montagnes de tours et de forteresses, d'où, comme les aigles de leurs aires, ils s'abattaient dans la plaine pour y enlever l'objet de leur désir qu'ils revenaient mettre en sûreté derrière les murs de leurs châteaux. Et que l'on ne croie pas que les laïques seuls se livraient à ces déprédations ; non, les puissants évêques de Bâle, de Constance, de Coire et de Lausanne, vivaient de la même manière, et les riches abbés de Saint-Gall et d'Einsielden suivaient l'exemple de leurs chefs mitrés, comme la petite noblesse celle des hauts barons.

Au milieu de cette terre couverte d'esclaves et d'oppresseurs, trois petites communes étaient restées libres ; c'étaient celles d'Uri, de Schwitz et d'Unterwald, qui, dès 1291, prévoyant les jours de malheur et les circonstances périlleuses cachées dans l'avenir, s'étaient réunies et engagées à défendre mutuellement envers et contre tous leurs personnes, leurs familles, leurs biens, et à s'aider, le cas échéant, par les conseils et par les armes. Cette alliance leur avait fait donner le nom d'Eidsgenossen, c'est-à-dire alliés par serment. Albert, déjà alarmé de cette première démonstration hostile, voulut les forcer à renoncer à la protection de l'empereur leur seul suzerain, et de se soumettre à celle plus immédiate et plus directe des comtes d'Habsbourg, afin que, si aucun de ses fils n'était élu au trône romain après lui, ils conservassent la souveraineté de ces pays, qui, sans cela, échappaient à la noble maison des ducs d'Autriche.

Mais Uri, Schwitz et Unterwald avaient trop vu quels brigandages infâmes s'exerçaient autour d'eux pour être dupes d'une pareille proposition. Ils repoussèrent donc les ouvertures qui leur en furent faites, en 1505, par les députés d'Albert, et supplièrent qu'on ne les privât pas de la protection de l'empereur régnant, ou, selon l'expression usitée à cette époque, qu'on ne les séparât point de l'empire.

Albert leur fit répondre que son désir était de les adopter comme enfants de sa famille royale, offrit des fiefs à leurs principaux citoyens, et parla d'une création de dix chevaliers par commune. Mais ces vieux montagnards répondirent que ce qu'ils demandaient était le maintien de leurs anciens droits, et non de nouvelles faveurs ; alors Albert, voyant qu'il n'y avait rien à faire de ces hommes par la corruption, voulut voir ce qu'on en pourrait faire par la tyrannie ; il leur envoya, en conséquence, deux baillis autrichiens dont il connaissait le caractère despotique et emporté ; c'était Hermann Guessler de Brouneig et le chevalier Beringuer de Landenberg. Ces nouveaux baillis s'établirent dans le pays même des confédérés, ce que leurs devanciers ne s'étaient jamais permis de faire ; Landenberg prit possession du château royal de Sarnen, dans le Haut-Unterwalden, et Guessler, ne trouvant point de séjour digne de lui dans le pauvre pays qui lui était échu en partage, fit bâtir une forteresse, à laquelle il donna le nom d'*Urijoch* ou *Joug-d'Uri* ; dès lors commença à être mis à exécution le plan d'Albert, qui espérait, à l'aide de cette tyrannie, déterminer les confédérés à se détacher eux-mêmes de l'Empire et à se mettre sous la protection de la maison d'Autriche; en conséquence, les péages furent augmentés, les plus petites fautes punies par de fortes amendes, et les citoyens traités avec hauteur et mépris.

Un jour qu'Hermann Guessler faisait sa tournée dans le Schwitz, il s'arrêta devant une maison que l'on achevait de bâtir, et qui appartenait à Werner Stauffacher.

— N'est-ce point une honte, dit-il en s'adressant à l'écuyer qui le suivait, que de misérables serfs bâtissent de pareilles maisons quand les chaumières seraient trop bonnes pour eux?

— Laissez-la finir, monseigneur, répondit l'écuyer, et, lorsqu'elle sera achevée, nous ferons sculpter au-dessus de la porte les armes de la maison de Habsbourg, et nous verrons si son maître est assez hardi pour la réclamer.

— Tu as raison, dit Guessler. Et, piquant son cheval, il continua son chemin.

La femme de Werner Stauffacher était sur le seuil de la porte; elle entendit cette conversation, et donna aussitôt l'ordre aux ouvriers de laisser là leur ouvrage et de se retirer chacun chez eux. Ils obéirent.

Lorsque Werner Stauffacher revint, il regarda avec étonnement cette maison solitaire, et demanda à sa femme pourquoi les ouvriers s'étaient retirés, et qui leur en avait donné l'ordre.

— Moi, répondit-elle.

— Et pourquoi cela, femme?

— Parce qu'une chaumière est tout ce qu'il faut à des vassaux et à des serfs.

Werner poussa un soupir et entra dans la maison. Il avait faim et soif; il s'attendait à trouver le dîner préparé. Il s'assit à table; sa femme lui servit du pain et de l'eau et s'assit près de lui.

— N'y a-t-il plus de vin au cellier, plus de chamois dans les montagnes, plus de poissons dans le lac, femme? dit Werner.

— Il faut savoir vivre selon sa condition; le pain et l'eau sont le dîner des vassaux et des serfs.

Werner fronça le sourcil, mangea le pain et but l'eau.

La nuit vint, ils se couchèrent. Avant de s'endormir, Werner prit sa femme entre ses bras et voulut l'embrasser; elle le repoussa.

— Pourquoi me repousses-tu, femme? dit Werner.

— Parce que des vassaux et des serfs ne doivent point désirer donner le jour à des enfants qui seront vassaux et serfs comme leurs pères.

Werner se jeta à bas du lit, se rhabilla en silence, détacha de la muraille une longue épée qui y était pendue, la jeta sur ses épaules et sortit sans prononcer une parole.

Il marcha sombre et pensif jusqu'à Brünen. Arrivé là, il fit prix avec quelques pêcheurs, traversa le lac, arriva deux heures avant le jour à Attinghausen, et alla frapper à la maison de Walter Furst, son beau-père. Ce vieillard vint ouvrir lui-même, et, quoique étonné de voir paraître son gendre à cette heure de nuit, il ne lui demanda point la cause de cette visite, mais donna l'ordre à un serviteur d'apporter sur la table un quartier de chamois et du vin.

— Merci, père, dit Werner, j'ai fait un vœu.

— Et lequel?

— De ne manger que du pain et de ne boire que de l'eau jusqu'à un moment peut-être bien éloigné encore.

— Et lequel?

— Celui où nous serons libres.

Walter Furst s'assit en face de Werner.

— Ce sont de bonnes paroles que celles que tu viens de dire; mais auras-tu le courage de les répéter à d'autres qu'au vieillard que tu appelles ton père?

— Je les répéterai à la face de Dieu, qui est au ciel, et à la face de l'empereur, qui est son représentant sur la terre.

— Bien dit, enfant : il y a longtemps que j'attendais de ta part une pareille visite et une semblable réponse. Je commençais à croire que ni l'une ni l'autre ne viendraient.

On frappa de nouveau; Walter Furst alla ouvrir. Un jeune homme armé d'un bâton qui ressemblait à une massue était debout à la porte; un rayon de lune éclaira en ce moment ses traits pâles et bouleversés.

— Mechtal! s'écrièrent à la fois Walter Furst et Stauffacher.

— Et que viens-tu demander? continua Walter Furst, effrayé de sa pâleur.

— Asile et vengeance! dit Mechtal d'une voix sombre.

— Tu auras ce que tu demandes, répondit Walter Furst, si la vengeance dépend de moi comme l'asile.

— Qu'est-il donc arrivé, Mechtal?

— Il est arrivé que j'étais à labourer ma terre, et que j'avais à ma charrue les deux plus beaux bœufs de mon troupeau, lorsqu'un valet de Landenberg vint à passer et s'arrêta, puis, après un instant, s'approchant de mon attelage :

— Voilà de trop beaux bœufs pour un vassal, dit-il; il faut qu'ils changent de maître.

— Ces bœufs sont à moi, lui dis-je, et, comme j'en ai besoin, je ne veux pas les vendre.

— Et qui te parle de les acheter, manant?

À ces mots il tira de sa ceinture un couteau à dépouiller le gibier et coupa les traits.

— Mais, si vous me prenez cet attelage, comment ferai-je pour labourer ma terre?

— Des paysans comme toi peuvent bien traîner leur charrue eux-mêmes, s'ils veulent manger le pain dont ils ne sont pas dignes.

D'un seul bond je fus près de lui, le bâton levé.

— Tenez, lui dis-je, il en est encore temps, si vous passez votre chemin, je vous pardonne.

— Et où est ton arc ou ton arbalète pour parler ainsi?

Il y avait près de moi un jeune arbre, je le brisai. — Je n'ai besoin ni de l'un ni l'autre, vous voyez que je suis armé, lui dis-je.

— Si tu fais un pas, me répondit-il, je t'éventre comme un chamois.

D'un seul bond je fus près de lui, le bâton levé.

— Et moi, si vous portez la main sur mon attelage, je vous assomme comme un taureau.

Il étendit le bras et toucha le joug.

Oui, je crois qu'il le toucha du bout du doigt.

Mon bâton tomba, et le valet de Landenberg avec lui.

Je lui avais rompu le bras comme si c'eût été une baguette de saule.

— Et tu avais bien fait, et c'était justice! s'écrièrent les deux hommes.

— Je le sais, et je ne m'en repens pas, continua Mechtal; mais je ne fus pas moins forcé de me sauver. J'abandonnai mes bœufs, et je me cachai tout le jour dans le bois du Rœstock; puis, la nuit venue,

— Malheur sur vous, mon jeune maître!

je pensai à vous, qui êtes bon et hospitalier, je pris la passe de Surchen, et me voilà.

— Sois le bienvenu, Mechtal, dit Walter Furst en lui tendant la main.

— Mais ce n'est point tout, continua le jeune homme; il nous faudrait un homme intelligent, que nous pussions envoyer à Sarnen, afin qu'il sache ce qui s'est passé depuis hier et quelles mesures de vengeance ont été prises contre moi par Landenberg.

En ce moment, un pas alourdi par la fatigue se fit entendre; un instant après, un homme frappa en disant :

— Ouvrez, je suis Ruder.

Mechtal ouvrit la porte pour se jeter dans les bras du serviteur de son père; mais il le trouva si pâle et si abattu, qu'il recula épouvanté.

— Qu'y a-t-il, Ruder? dit Mechtal d'une voix tremblante.

— Malheur sur vous, mon jeune maître! malheur sur le pays qui voit tranquillement de pareils crimes! malheur sur moi, qui vous apporte de si fatales nouvelles!

— Il n'est rien arrivé au vieillard, dit Mechtal; ils ont respecté son âge et ses cheveux blancs; la vieillesse est sacrée!...

— Respectent-ils quelque chose? y a-t-il quelque chose de saint pour eux?

— Ruder!... s'écria Mechtal en joignant les mains.

— Ils l'ont pris, ils ont voulu lui faire dire où vous étiez, et, comme il ne le savait pas. . pauvre vieillard! ils lui ont crevé les yeux!

Mechtal jeta un cri terrible. Werner et Walter Furst se regardèrent les cheveux hérissés et la sueur sur le front.

— Tu mens! s'écria Mechtal en saisissant Ruder au collet, tu mens! il est impossible que des hommes commettent de pareils crimes! oh! tu mens! dis-moi que tu mens!

— Hélas! répondit Ruder.

— Ils lui ont crevé les yeux, dis tu? et cela parce que je m'étais sauvé comme un lâche! ils ont crevé les yeux du père parce qu'il ne voulait pas livrer le fils! ils ont enfoncé une pointe de fer dans les yeux d'un vieillard... et cela à la face du jour, du soleil, de Dieu! et nos montagnes ne se sont pas écroulées sur leurs têtes! nos lacs n'ont pas débordé pour les engloutir! le tonnerre n'est pas tombé du ciel pour les foudroyer!... Ils n'ont plus assez de nos larmes, et ils nous font pleurer le sang! Ah! ah! mon Dieu, mon Dieu! prenez pitié de nous! Et Mechtal tomba comme un arbre déraciné, se roula et mordit la terre.

Werner s'approcha de Mechtal.

— Ne pleure pas comme un enfant, ne te roule pas comme une bête fauve; relève-toi comme un homme, nous vengerons ton père, Mechtal!

Le jeune homme se retrouva debout, comme si un ressort l'avait remis sur ses pieds.

— Nous le vengerons! avez-vous dit, Werner?

— Nous le vengerons! reprit Walter Furst.

— Ah! fit Mechtal en jetant un éclat de voix qui ressemblait au rire d'un fou.

En ce moment, le refrain d'une chanson joyeuse se fit entendre à quelque distance, et au détour du chemin on vit, aux premiers rayons du jour, apparaître un nouveau personnage.

— Rentrez, s'écria Ruder en s'adressant à Mechtal.

— Reste, dit Walter Furst; c'est un ami.

— Et qui pourrait nous être utile, ajouta Werner.

Mechtal accablé tomba sur un banc.

Pendant ce temps, l'étranger s'approchait toujours; c'était un homme de quarante ans à peu près: il était vêtu d'une espèce de robe brune qui lui descendait jusqu'aux genoux seulement, et qui tenait le milieu entre le costume monacal et le vêtement des laïques; cependant ses cheveux longs, ses moustaches et sa barbe, taillés comme ceux des bourgeois libres, indiquaient que, s'il appartenait au cloître, c'était fort indirectement. Sa démarche était d'ailleurs bien plus celle d'un soldat que d'un moine, et l'on aurait pu le prendre pour un homme de guerre, s'il n'eût porté, à la place de l'épée, une écritoire pendue à sa ceinture, et, dans une trousse d'archer vide de flèches, un rouleau de parchemin et des plumes. Son costume était complété, du reste, par un pantalon de drap bleu, collant sur sa jambe, par des brodequins lacés dessus, et par le long bâton ferré sans lequel voyage si rarement le montagnard.

Dès qu'il avait aperçu le groupe qui s'était formé devant la porte, il avait cessé de chanter, et il s'approchait avec cet air ouvert qui annonçait sa certitude d'y trouver des figures de connaissance. En effet, il était encore à quelques pas, que Walter Furst lui adressa la parole.

— Sois le bienvenu, Guillaume, lui dit-il. Où vas-tu si matin?

— Dieu vous garde, Walter! Je vais toucher les redevances du *fraumunster* (1) de Zurich, dont je suis, comme vous savez, le receveur.

— Ne peux-tu pas t'arrêter un quart d'heure avec nous?

— Pour quoi faire?

— Pour écouter ce que va te dire ce jeune homme...

L'étranger se tourna du côté de Mechtal, et vit qu'il pleurait; alors il s'approcha de lui et lui tendit la main.

— Que Dieu sèche vos larmes, frère! lui dit-il.

— Que Dieu venge le sang! répondit Mechtal... Et il lui raconta tout ce qui venait d'arriver.

Guillaume écouta ce récit avec une grande compassion et une profonde tristesse.

— Et qu'avez-vous résolu? dit Guillaume lorsqu'il eut fini.

— De nous venger et de délivrer notre pays! répondirent les trois hommes.

— Dieu s'est réservé la vengeance des crimes et la délivrance des peuples, dit Guillaume.

— Et que nous a-t-il donc laissé, à nous autres hommes?...

— La prière et la résignation qui les hâtent.

— Guillaume, ce n'est point la peine d'être un si vaillant archer si tu réponds comme un moine quand on te parle comme à un citoyen.

— Dieu a fait la montagne pour le daim et le chamois, et le daim et le chamois pour l'homme. Voilà pourquoi il a donné la légèreté au gibier et l'adresse au chasseur. Vous vous êtes donc trompé, Walter Furst, en m'appelant un vaillant archer, je ne suis qu'un pauvre chasseur.

— Adieu, Guillaume, va en paix!...

— Dieu soit avec vous, frères!

Guillaume s'éloigna. Les trois hommes le suivirent des yeux en silence jusqu'à ce qu'il eût disparu au premier détour du chemin.

(1) Couvent de femmes.

Que Dieu sèche vos larmes, frère.

Il ne faut pas compter sur lui, dit Werner Stauffacher; et cependant c'eût été un puissant allié.

— Dieu réserve à nous seuls la délivrance de notre pays. Dieu soit loué!

— Et quand nous mettrons-nous à l'œuvre? dit Mechtal. Je suis pressé... mes yeux pleurent, et ceux de mon père saignent...

— Nous sommes chacun d'une commune différente; toi, Werner, de Schwitz; toi, Mechtal, d'Unterwalden, et moi d'Uri. Choisissons chacun, parmi nos amis, dix hommes sur lesquels nous puissions compter; rassemblons-nous·avec eux au Grutli... Dieu peut ce qu'il veut, et, lorsqu'ils marchent dans sa voie, trente hommes valent une armée...

— Et quand nous rassemblerons-nous? dit Mechtal.

— Dans la nuit de dimanche à lundi, répondit Walter Furst.

— Nous y serons! répondirent Werner et Mechtal. Et les trois amis se séparèrent.

CONRAD DE BAUMGARTEN.

armi les dix hommes du canton d'Unterwalden qui devaient accompagner Mechtal au Grutli dans la nuit du 17 novembre, était un jeune homme de Wolfenschiess nommé Conrad de Baumgarten; il venait d'épouser par amour la plus belle fille d'Alzellen, et le désir seul de délivrer son pays l'avait fait entrer dans la conjuration; car il était heureux.

Aussi ne voulut-il pas dire à sa jeune femme quel motif l'éloignait d'elle. Il feignit une affaire au village de Brunnen, et, le 16 au soir, il lui annonça qu'il quittait la maison jusqu'au lendemain. La jeune femme pâlit.

— Qu'y a-t-il, Roschen? dit Conrad; il est impossible qu'une chose aussi simple vous fasse une telle impression!

— Conrad, dit la jeune femme, ne pouvez vous remettre cette affaire?

— Impossible.

— Ne pouvez-vous m'emmener avec vous?

— Impossible.

— Allez, alors.

Conrad la regarda.

— Serais-tu jalouse, pauvre enfant?

Roschen sourit tristement.

— Mais non, c'est impossible, continua-t-il; il est arrivé quelque chose que tu me caches.

— Peut-être ai-je tort de craindre, répondit Roschen.

— Et que peux-tu craindre dans ce village, au milieu de nos parents, de nos amis?

— Tu connais notre jeune seigneur, Conrad?

— Oui, sans doute, répondit celui-ci en fronçant le sourcil; eh bien?

— Eh bien! il m'a vue à Alzellen avant que je fusse ta femme.

— Et il t'aime! s'écria Conrad en fermant les poings et en la regardant fixement.

— Il me l'a dit.

— Autrefois?

— Oui, et je l'avais oublié; mais hier je l'ai rencontré sur le chemin de Stanz, et il m'a répété les mêmes paroles.

— Bien, bien! murmura Conrad. Insolents seigneurs!... ce n'était donc assez de mon amour pour la patrie; vous voulez que j'y joigne ma haine pour vous! Mais hâtez-vous d'amasser de nouveaux crimes sur vos têtes, le jour de la vengeance va venir!

— Qui menaces-tu ainsi? dit Roschen. Oublies-tu qu'il est le maitre?

— Oui, de ses vassaux, de ses serfs et de ses valets; mais moi, Roschen, je suis de condition libre, citoyen de la ville de Stanz, seigneur de mes terres et de ma maison; et, si je n'ai pas droit, comme lui, d'y rendre justice, j'ai droit de me la faire.

— Tu vois bien que j'avais raison de craindre, Conrad.

— Oui.

— Ainsi tu ne me quitteras pas?

— J'ai donné ma parole, il faut que je la tienne.

— Tu me permettras de t'accompagner, alors?

— Je t'ai déjà dit que cela était impossible.

— Mon Dieu, Seigneur! murmura Roschen.

— Écoute, reprit Conrad; nous nous effrayons à tort, peut-être : je n'ai dit à personne que je dusse partir; personne ne le sait donc. Je ne serai absent

Le serment.

que jusqu'à demain à midi. On me croira près de toi, et tu seras respectée.

— Dieu le veuille !

Conrad embrassa Roschen et la quitta.

Le rendez-vous était, nous l'avons dit, au Grutli; personne n'y manqua.

C'est là, dans cette petite plaine que forme une prairie étroite entourée de buissons, au pied des rocs du Seelisberg, que, dans la nuit du 17 novembre 1307, la terre donna au ciel l'un de ses plus sublimes spectacles, celui de trois hommes promettant sur leur honneur de rendre, au risque de leur vie, la liberté à tout un peuple. — Walter Furst, Werner Stauffacher et Mechtal étendirent le bras, et s'écrièrent à Dieu *devant qui les rois et les peuples sont égaux, de vivre et de mourir pour leurs frères, d'entreprendre et de supporter tout en commun; de ne plus souffrir, mais de ne pas commettre d'injustice; de respecter les droits et les propriétés du comte de Habsbourg; de ne faire aucun mal aux baillis impériaux, mais de mettre un terme à leur tyrannie;* priant Dieu, si ce serment lui était agréable, de le faire connaître par quelque miracle. Au même instant, trois sources d'eau vive jaillirent

Il aperçut une femme accourant à lui échevelée, éperdue.

aux pieds des trois chefs. Les conjurés crièrent alors : Gloire au Seigneur ! et, levant la main, firent à leur tour le serment de rétablir la liberté en hommes de cœur. Quant à l'exécution de ce dessein, il fut remis à la nuit du 1er janvier 1508; puis, le jour approchant, ils se séparèrent, et chacun reprit le chemin de sa vallée et de sa cabane.

Quelque diligence que fît Conrad, il était midi lorsqu'en sortant du Dallenwyl il aperçut le village de Wolfenschiess, et, près du village, la maison où l'attendait Roschen; tout paraissait tranquille. Ses craintes se calmèrent à cette vue, son cœur cessa de

battre, il s'arrêta pour respirer. En ce moment, il lui sembla que son nom passait à ses oreilles emporté sur une bouffée de vent. Il tressaillit, et se remit en marche.

Au bout de quelques minutes, il entendit une seconde fois une voix qui l'appelait. Il frémit, car cette voix était plaintive, et il crut reconnaître celle de Roschen. Cette voix venait de la route, il s'élança vers le village.

A peine eut-il fait vingt pas, qu'il aperçut une femme accourant à lui échevelée, éperdue, qui, dès qu'elle l'aperçut, étendit les bras, prononça son nom, et, sans avoir la force d'aller plus avant, tomba au milieu du chemin. Conrad ne fit qu'un bond pour arriver près d'elle. Il avait reconnu Roschen.

— Qu'as-tu, ma bien-aimée? s'écria-t-il.

— Fuyons, fuyons! murmura Roschen en essayant de se relever.

— Et pourquoi faut-il que nous fuyions!

— Parce qu'il est venu, Conrad, parce qu'il est venu pendant que tu n'y étais pas...

— Il est venu!...

— Oui... et abusant de ton absence et de ce que j'étais seule...

— Parle donc! parle donc!

— Il a exigé que je lui préparasse un bain...

— L'insolent!... Et tu as obéi...

— Que pouvais-je faire, Conrad? Alors il m'a parlé de son amour... il a étendu la main sur moi... c'est alors que je me suis sauvée, t'appelant à mon aide... j'ai couru comme une insensée... puis, quand je t'ai aperçu, les forces m'ont abandonnée, et je suis tombée tout à coup comme si la terre manquait sous mes pieds.

— Et où est-il?

— A la maison... dans le bain...

— L'insensé! s'écria Conrad en s'élançant vers Wolfenschiess.

— Que vas-tu faire, malheureux?...

— Attends-moi, Roschen, je reviens...

Roschen tomba à genoux, les bras tendus vers l'endroit où avait disparu Conrad. Elle resta ainsi un quart d'heure, immobile et muette comme la statue de la prière; puis, tout à coup, elle se releva et poussa un cri. C'était Conrad qui revenait, pâle et tenant à la main une cognée rouge de sang.

— Fuyons, Roschen! dit-il à son tour, fuyons, car nous ne serons en sûreté que de l'autre côté du lac. Fuyons sans suivre de route... loin des sentiers, loin des villes... fuyons si tu ne veux pas que je meure de crainte, non pour ma vie, mais pour la tienne!...

A ces mots, il l'entraîna à travers la prairie.

Roschen n'était pas une de ces fleurs délicates et étiolées comme il en pousse dans nos villes; c'était une noble montagnarde, forte et puissante en face du danger, faite au soleil et à la fatigue. Conrad et elle eurent donc bientôt atteint le pied de la montagne. Conrad alors voulut se reposer; mais elle lui montra du doigt le sang qui couvrait le fer de sa cognée.

— Quel est ce sang? lui dit-elle.

— Le sien... répondit Conrad.

— Fuyons! s'écria Roschen.

Et elle se remit en route.

Alors ils s'enfoncèrent dans le plus fourré de la forêt, gravissant les flancs de la montagne par des sentiers connus des seuls chasseurs. Plusieurs fois Conrad voulut s'arrêter encore; mais toujours Roschen lui rendit le courage en lui assurant qu'elle n'était pas fatiguée. Enfin, une demi-heure avant la tombée de la nuit, ils arrivèrent au sommet d'un des prolongements de Roestock; de là ils entendaient le bêlement des troupeaux qui rentraient à Seidorf et à Bauen, et devant ces deux villages ils apercevaient, couché au fond de la vallée, le lac des Waldstetten, tranquille et pur comme un miroir. A cet aspect, Roschen voulait continuer sa route; mais sa volonté dépassait ses forces; aux premiers pas qu'elle fit, elle chancela. Alors Conrad exigea qu'elle prît quelques heures de repos, et il lui prépara un lit de feuilles et de mousse sur lequel elle se coucha tandis qu'il veillait près d'elle.

Conrad entendit mourir l'une après l'autre toutes les clameurs de la vallée, il vit s'éteindre, chacune à son tour, toutes les lumières qui semblaient des étoiles tombées sur la terre. Puis, aux rumeurs discordantes des hommes succédèrent les bruits harmonieux de la nature; aux lueurs éphémères allumées par des mains mortelles, cette splendide poussière d'étoiles que soulèvent les pas de Dieu; la montagne a, comme l'Océan, des voix immenses qui s'élèvent tout à coup au milieu des nuits, de la surface des lacs, du sein des forêts, des profondeurs des glaciers. Dans leurs intervalles on entend le bruit continu de la cascade ou le fracas orageux des avalanches, et tous ces bruits parlent au montagnard une langue sublime qui lui est familière, et à laquelle il répond par ses cris d'effroi ou ses chants de reconnaissance, car ces bruits lui présagent le calme ou la tempête.

Aussi Conrad avait-il suivi avec inquiétude la vapeur qui, ternissant le miroir du lac, avait commencé de s'élever à sa surface, et qui, montant lentement dans la vallée, avait été se condenser autour de la tête neigeuse de l'Axemberg. Plusieurs fois déjà il avait tourné avec anxiété les yeux vers le point du ciel où la lune allait se lever, lorsqu'elle apparut, mais blafarde et entourée d'un cercle brumeux qui voilait sa pâle splendeur; de temps en temps aussi des brises passaient, portant avec elles une saveur humide et terreuse; et alors Conrad se retournait vers l'occident, les aspirant avec l'instinct d'un limier et murmurant à demi-voix:

— Oui, oui, je vous reconnais, messagers d'orage, et je vous remercie, vos avis ne seront pas perdus.

Enfin une dernière bouffée de vent apporta avec elle les premières vapeurs enlevées aux lacs de Neufchâtel et aux marais de Morat. Conrad reconnut qu'il était temps de partir et se baissa vers Roschen.

— Ma bien-aimée, murmura-t-il à son oreille, ne crains rien, c'est moi qui t'éveille.

Roschen ouvrit les yeux et jeta les bras au cou de Conrad.

— Où sommes-nous? dit Roschen. J'ai froid...

Base de l'Axemberg.

— Il faut partir, Roschen ; le ciel est à l'ouragan, et nous avons le temps à peine de gagner la grotte de Rikenbach, où nous serons en sûreté contre lui ; puis, lorsqu'il sera passé, nous descendrons à Bauen, où nous trouverons quelque batelier qui nous conduira à Brunnen ou à Sissigen.

— Mais ne perdons-nous pas un temps précieux, Conrad, et ne vaudrait-il pas mieux gagner tout de suite les rives du lac ? Si l'on nous poursuivait...

— Autant vaudrait chercher la trace du chamois et de l'aigle, répondit négligemment Conrad. Sois donc tranquille de ce côté, pauvre enfant ; mais, voici l'orage, partons.

En effet, un coup de tonnerre éloigné se fit entendre, parcourut en grondant les sinuosités de la vallée, et s'en alla mourir sur les flancs nus de l'Axemberg.

— Tu as raison, il n'y a pas un instant à perdre, dit Roschen ; fuyons, Conrad, fuyons !

A ces mots, ils se prirent par la main, et coururent, aussi vite que le leur permettaient les difficultés du terrain, dans la direction de la grotte du Rikenbach.

Cependant l'ouragan s'était déclaré en même temps que les premiers rayons du jour, et se rapprochait en grondant. De dix minutes en dix minutes, des éclairs sillonnaient le ciel, et des nuages, s'abattant sur la tête des fugitifs, leur dérobaient un instant l'aspect de la vallée, et, glissant rapidement le long de la montagne, les laissaient imprégnés d'une humidité froide et pénétrante, qui glaçait la sueur sur leur front. Tout à coup, et dans un de ces intervalles de silence où la nature semble rappeler à elle toutes ses forces pour la lutte qu'elle va soutenir, on entendit dans le lointain les aboiements d'un chien de chasse.

— Napft, s'écria Conrad en s'arrêtant tout à coup.

— Il aura brisé sa chaîne et aura profité de sa liberté pour chasser dans la montagne, répondit Roschen.

Conrad lui fit signe de faire silence, et il écouta avec cette attention profonde d'un chasseur et d'un montagnard habitué à tout deviner, salut et péril, d'après le plus léger indice. Les aboiements se firent entendre de nouveau. Conrad tressaillit.

— Oui, oui, il est en chasse, murmura-t-il ; mais sais-tu bien quel gibier il guette ?

— Que nous importe ?

— Qu'importe la vie à ceux qui fuient pour la conserver ? Nous sommes poursuivis, Roschen ; l'enfer a donné une idée à ces démons ; ne sachant où me retrouver, ils ont détaché Napft, et se sont fiés à son instinct.

— Mais qui peut te faire croire ?...

— Écoute, et remarque avec quelle lenteur les aboiements s'approchent ; ils le tiennent en laisse pour ne pas perdre notre piste ; sans cela Napft

serait déjà près de nous, tandis que, de cette façon, il en a pour une heure encore avant de nous rejoindre.

Napft aboya de nouveau, mais sans se rapprocher d'une manière sensible ; au contraire, on eût dit que sa voix était plus éloignée que la première fois qu'elle s'était fait entendre.

— Il perd notre trace, dit Roschen avec joie, la voix s'écarte.

— Non, non, répondit Conrad, Napft est un trop bon chien pour leur faire défaut, c'est le vent qui tourne ; écoute, écoute. Un violent coup de tonnerre interrompit les aboiements, qui venaient effectivement de se faire entendre de plus près ; mais à peine fut-il éteint qu'ils retentirent de nouveau.

— Fuyons, s'écria Roschen, fuyons vers la grotte !

— Et que nous servira la grotte maintenant ? Si dans deux heures nous n'avons pas mis le lac entre nous et ceux qui nous poursuivent, nous sommes perdus.

A ces mots, il lui prit la main et l'entraîna.

— Où vas-tu, où vas-tu ? s'écria Roschen ; tu perds la direction du lac.

— Viens, viens ; il faut que nous luttions de ruse avec ces chasseurs d'hommes ; il y a trois lieues d'ici au lac, et, si nous allions en ligne droite, avant vingt minutes, pauvre enfant, tu ne pourrais plus marcher : viens, te dis-je.

Roschen, sans répondre, rassembla toutes ses forces, et, s'avançant rapidement dans la direction choisie par son mari, ils marchèrent ainsi dix minutes à peu près ; puis, tout à coup, ils se trouvèrent sur les bords d'une de ces larges gerçures si communes dans les montagnes ; un tremblement de terre l'avait produite dans des temps que les aïeux avaient eux-mêmes oubliés, et un précipice de vingt pieds de largeur et d'une lieue de long peut-être faisait une ceinture profonde à la montagne. C'était une de ces rides qui annoncent la vieillesse de la terre ; mais, arrivé là, Conrad jeta un cri terrible. Le pont fragile qui servait de communication d'un bord à l'autre avait été brisé par un rocher qui avait roulé du haut du Roestock. Roschen comprit tout ce qu'il y avait de désespoir dans ce cri, et, se croyant perdue, elle tomba à genoux.

— Non, non, ce n'est pas encore l'heure de prier, s'écria Conrad, les yeux brillants de joie. Courage, Roschen, courage ! Dieu ne nous abandonne pas tout à fait.

En disant ces mots, il avait couru vers un vieux sapin ébranché par les orages, qui poussait, solitaire et dépouillé, au bord du précipice, et il avait commencé l'œuvre du salut en le frappant de sa cognée ; l'arbre, attaqué par un ennemi plus acharné et plus puissant que la tempête, gémit de sa racine à son sommet : il est vrai que jamais bûcheron n'avait frappé de si rudes coups.

Roschen encourageait son mari, tout en écoutant la voix de Napft, qui, pendant ces retards et ces contre-temps, avait gagné sur eux.

— Courage, mon bien-aimé, disait-elle, courage! vois comme l'arbre tremble! Oh! que tu es fort et puissant! Courage, Conrad : il chancelle, il tombe! Il tombe! ô mon Dieu! je te remercie, nous sommes sauvés!

En effet, le sapin, coupé par sa base et cédant à l'impulsion que lui avait donnée Conrad, s'était abattu en travers du précipice, offrant un pont impraticable pour tout autre que pour un montagnard, mais suffisant au pied d'un chasseur.

— Ne crains rien, s'écria Roschen en s'élançant la première, ne crains rien, Conrad, et suis-moi.

Mais, au lieu de la suivre, Conrad, n'osant regarder le périlleux trajet, s'était jeté à terre et assujettissait l'arbre avec sa poitrine, afin qu'il ne vacillât pas sous le pied de sa bien-aimée; pendant ce temps les aboiements de Napft se faisaient entendre, distants d'un quart de lieue à peine; tout à coup Conrad sentit que le mouvement imprimé à l'arbre par le poids du corps de Roschen avait cessé; il se hasarda à regarder de son côté; elle était sur l'autre bord, lui tendant les bras et l'excitant à le rejoindre.

Conrad s'élança aussitôt sur ce pont vacillant d'un pas aussi ferme que s'il eût passé sur une arche de pierre; puis, arrivé près de sa femme, il se retourna, et, d'un coup de pied, précipita le sapin dans l'abîme. Roschen le suivit du regard, et, le voyant se briser sur les rochers et bondir de profondeurs en profondeurs, elle détourna les yeux et pâlit. Conrad, au contraire, fit entendre un de ces cris de joie comme en poussent l'aigle et le lion après une victoire; puis, passant son bras autour de la taille de Roschen, il s'enfonça dans un de ces sentiers frayés par les seules bêtes fauves. Cinq minutes après, ceux qui les poursuivaient, guidés par Napft, arrivèrent sur le bord du précipice!...

Cependant la tempête redoublait de force, les éclairs se succédaient sans interruption, le tonnerre ne cessait pas un instant de se faire entendre, la pluie tombait par torrents, les cris des chasseurs, les aboiements de Napft, tout était perdu dans ce chaos. Au bout d'un quart d'heure, Roschen s'arrêta.

— Je ne puis plus marcher, dit-elle en laissant tomber ses bras et en pliant sur ses genoux; fuis seul, Conrad, fuis, je t'en supplie...

Conrad regarda autour de lui pour reconnaître à quelle distance il se trouvait du lac; mais le temps était si sombre, tous les objets avaient pris, sous le voile de l'orage, une teinte si uniforme, qu'il lui fut impossible de s'orienter; il releva les yeux au ciel, mais il n'était que foudre et éclairs, et le soleil avait disparu comme un roi chassé de son trône par une émeute populaire. La pente du sol lui indiquait bien

à peu près la route qu'il avait à suivre; mais sur cette route pouvaient se trouver de ces accidents de terrains si communs dans les montagnes, et qu'il n'y a que les jambes du chamois ou les ailes de l'aigle qui puissent surmonter. Conrad, à son tour, laissa tomber ses bras, et poussa un gémissement comme un lutteur à demi vaincu.

En ce moment, un long et bizarre murmure se fit entendre venant du haut de Roestock; la montagne oscilla trois fois, pareille à un homme ivre, et un brouillard, chaud comme la vapeur qui s'élève au-dessus de l'eau bouillante, traversa l'espace.

— Une trombe! s'écria Conrad, une trombe!...

Et, prenant Roschen dans ses bras, il se jeta avec elle sous la voûte d'un énorme rocher, serrant d'un bras sa femme contre sa poitrine et se cramponnant de l'autre aux aspérités du roc.

A peine étaient-ils sous cet abri que les branches supérieures des sapins tressaillirent, puis, bientôt ce mouvement se communiqua aux branches inférieures. Un sifflement, dont le bruit dominait celui de l'ouragan, s'empara à son tour de l'espace; la forêt se courba comme un champ d'épis, des craquements affreux se firent entendre, et bientôt ils virent les troncs des arbres les plus forts voler en éclats, se déraciner, s'enlever, comme si la main d'un démon les prenait en passant par la chevelure, et fuir devant le souffle de la trombe, tournoyants comme une ronde insensée de gigantesques et effrayants fantômes. Au-dessus d'eux, une masse épaisse de branchages, de rameaux brisés et de bruyères, fuyaient, suivant la même impulsion; au-dessous bondissaient des milliers de rocs arrachés à la montagne, et qui tourbillonnaient comme une poussière. Heureusement, celui sous lequel ils étaient abrités tenait par des liens séculaires à l'ossature immense de la montagne; il resta immobile, protégeant les fugitifs, qui, se trouvant au centre même de l'ouragan, suivirent d'un œil épouvanté la marche de l'effrayant phénomène, qui, s'avançant en ligne droite, et renversant tous les obstacles, marcha vers Bauen, passa sur une maison qui disparut sous lui, atteignit le lac, sépara le brouillard qui le couvrait en deux parois qu'on eût crues solides, rencontra une barque qu'il abîma, et s'en alla mourir contre les rochers de l'Axemberg, laissant l'espace qu'il avait parcouru vide et écorché comme le lit d'un fleuve mis à nu.

— Allons, voilà notre chemin tout tracé, s'écria Conrad en entraînant Roschen dans le ravin. Nous n'avons qu'à suivre cette blessure de la terre, et elle nous conduira au lac.

— Peut-être aussi, dit Roschen en rassemblant toutes ses forces pour suivre Conrad... peut-être l'ouragan nous aura-t-il débarrassés de nos ennemis.

— Oui, répondit Conrad, oui, si j'avais laissé le pont derrière moi... car ils se seraient trouvés sur

— Ne crains rien, Conrad, s'écria Roschen en s'élançant la première. — PAGE 76.

la même ligne que nous, et il est probable alors que nous aurions vu passer leurs cadavres au-dessus de nos têtes; mais ils ont été obligés de prendre à gauche pour tourner le précipice. La trombe leur aura donné du temps pour nous joindre, et voilà tout... et la preuve, tiens, tiens... la voilà...

En effet, on recommençait à entendre les aboiements de Napft.

Conrad alors, sentant que les forces de Roschen l'abandonnaient, la prit dans ses bras, et, chargé de ce fardeau, continua sa route plus rapidement qu'il n'aurait pu le faire suivi par elle.

Dix minutes d'un silence de mort succédèrent aux quelques mots que les époux avaient échangés entre eux. Mais, pendant ces dix minutes, Conrad avait gagné bien du terrain; le lac lui apparaissait maintenant, à travers le brouillard et la pluie, éloigné de cinq cents pas à peine. Quant à Roschen, ses yeux étaient fixés sur l'étrange vallée qu'ils venaient de parcourir. Tout à coup Conrad la sentit tressaillir par tout le corps; en même temps, des cris de joie se firent entendre: c'étaient ceux des soldats qui les poursuivaient et qui les avaient enfin aperçus. Au même instant, Napft vint bondir aux côtés de son maître; il avait, en le reconnaissant, donné une si vive secousse à la chaîne, qu'il l'avait brisée aux mains de celui qui la tenait; quelques anneaux pendaient encore à son collier.

— Oui, oui, murmura Conrad, tu es un chien fidèle, Napft ; mais ta fidélité nous perd mieux qu'une trahison. Maintenant ce n'est plus une chasse, c'est une course.

Alors Conrad se dirigea en droite ligne vers le lac, suivi, à trois cents pas environ, par huit ou dix archers du seigneur de Wolfenschiess ; mais, arrivé au bord de l'eau, un autre obstacle se présenta ; le lac était soulevé comme une mer en démence, et, malgré les prières de Conrad, aucun batelier ne voulut risquer sa vie pour sauver la sienne.

Conrad courait comme un insensé, portant toujours Roschen à demi évanouie, et demandant aide et protection à grands cris, et poursuivi toujours par les archers, qui, à chaque pas, gagnaient sur lui.

Tout à coup un homme s'élança d'un rocher au milieu du chemin.

— Qui demande secours ? dit-il.

— Moi, moi ! dit Conrad ; pour moi et pour cette femme que vous voyez. Une barque, au nom du ciel ! une barque !

— Venez ! dit l'inconnu en s'élançant dans un bateau amarré dans une petite anse.

— Oh ! vous êtes mon sauveur ! mon Dieu !

— Le Sauveur est celui qui a répandu son sang pour les hommes ; Dieu est celui qui m'a envoyé sur votre route ; adressez-lui donc vos actions de grâces, et surtout vos prières, car nous allons avoir besoin qu'il ne nous perde pas de vue.

— Mais, au moins, faut-il que vous sachiez qui vous sauvez.

— Vous êtes en danger, voilà tout ce que j'ai besoin de savoir ; venez !

Conrad sauta dans le bateau et y déposa Roschen. Quant à l'inconnu, il déploya une petite voile, et, se plaçant au gouvernail, il détacha la chaîne qui retenait la barque au rivage. Aussitôt elle s'élança, bondissant sur chaque vague et s'animant au vent, comme un cheval aux éperons et à la voix de son cavalier. A peine les fugitifs étaient-ils à cent pas du lieu où ils s'étaient embarqués, que les archers y arrivèrent.

— Vous venez trop tard, mes maîtres, murmura l'inconnu ; nous sommes maintenant hors de vos mains ; mais ce n'est pas le tout, continua-t-il en s'adressant à Conrad ; couchez-vous, jeune homme, couchez-vous ; ne voyez-vous pas qu'ils fouillent à leurs trousses ? Une flèche va plus vite que la meilleure barque, fût-elle poussée par le démon de la tempête lui-même. Ventre à terre, ventre à terre ! vous dis-je.

Conrad obéit. Au même instant, un sifflement se fit entendre au-dessus de leurs têtes ; une flèche se fixa en tremblant dans le mât de la barque ; les autres allèrent se perdre dans le lac.

L'étranger regarda avec une curiosité calme la flèche dont le fer avait disparu dans le trou qu'elle avait fait.

— Oui, oui, murmura-t-il ; il pousse dans nos montagnes de bons arcs de frêne, d'if et d'érable ; et, si la main qui les bande et l'œil qui dirige la flèche qu'ils lancent étaient plus exercés, on pourrait s'inquiéter de leur servir de but. Au reste, ce n'est point une chose facile que d'atteindre le chamois qui court, l'oiseau qui vole ou la barque qui bondit. Baissez-vous encore, jeune homme, baissez-vous, voilà une seconde volée qui nous arrive.

En effet, une flèche s'enfonça dans la proue, et deux autres, perçant la voile, y restèrent arrêtées par les plumes. Le pilote les regarda dédaigneusement.

— Maintenant, dit-il à Conrad et à Roschen, vous pouvez vous asseoir sur les bancs du bateau, comme si vous faisiez votre promenade du dimanche ; avant qu'ils n'aient eu le temps de tirer une troisième flèche de leurs trousses, nous serons hors de leur portée ; il n'y a qu'un vireton d'arbalète poussé par un arc de fer qui puisse envoyer la mort à la distance où nous sommes ; et, tenez, voyez si je me trompe.

En effet, une troisième volée de flèches vint s'abattre dans le sillage du bateau ; les fugitifs étaient sauvés de la colère des hommes et n'avaient plus à redouter que celle de Dieu ; mais l'inconnu semblait aguerri contre la seconde aussi bien que contre la première, et, une demi-heure après être parti d'une rive, Conrad et sa femme débarquaient sur l'autre. Quant à Napft, qu'ils avaient oublié, il les avait suivis à la nage.

Avant de quitter l'étranger, Conrad pensa de quelle importance un homme aussi intrépide pouvait être dans la conjuration dont il faisait partie ; il commença donc de lui dire ce qui avait été résolu au Grutli, mais, au premier mot, l'étranger l'arrêta.

— Vous m'avez appelé à votre secours, et j'y suis venu comme j'aurais désiré que l'on vînt au mien, si je m'étais trouvé dans une position pareille à la vôtre ; ne m'en demandez pas davantage, car je ne ferais pas plus.

— Mais, au moins, s'écria Roschen, dites-nous quel est votre nom, que nous le reportions dans notre cœur auprès de celui de nos pères et de nos mères, car, comme à eux, nous vous devons la vie.

— Oui, oui, votre nom, dit Conrad, vous n'avez aucun motif pour nous le cacher.

— Non, sans doute, répondit naïvement l'étranger en amarrant sa barque au rivage ; je suis né à Burglen, je suis receveur du fraumunster de Zurich, et je me nomme Guillaume Tell.

A ces mots, il salua les deux époux et prit le chemin de Fluelen.

GUILLAUME TELL.

e lendemain du jour où les choses que nous venons de raconter s'étaient passées, on annonça au bailli Hermann Guessler de Brounegg un messager du chevalier Beringuer de Landenberg. Il donna l'ordre de le faire entrer.

Le messager raconta l'aventure de Mechtal et la vengeance de Landenberg.

A peine eut-il fini qu'on annonça un archer du seigneur de Wolfenschiess.

L'archer raconta la mort de son maître, et de quelle manière le meurtrier s'était échappé, grâce au secours que lui avait porté un homme nommé Guillaume, de Burglen, village placé sous la juridiction de Guessler. Le bailli promit qu'il serait fait justice de cet homme.

Il venait d'engager sa parole, lorsqu'on annonça un soldat de la garnison de Schwanau.

Le soldat raconta que le gouverneur du château, ayant attenté à l'honneur d'une jeune fille d'Art, avait été surpris à la chasse par les deux frères de cette jeune fille et assommé par eux; puis les assassins s'étaient réfugiés dans la montagne, où on les avait poursuivis inutilement.

Alors Guessler se leva, et jura que si le jeune Mechtal, qui avait cassé le bras à un valet de Landenberg, que si Conrad de Baumgarten, qui avait tué le seigneur de Wolfenschiess dans son bain, que si les jeunes gens qui avaient assassiné le gouverneur du château de Schwanau, tombaient entre ses mains, ils seraient punis de mort. Les messagers allaient se retirer avec cette réponse; mais Guessler les invita à l'accompagner auparavant sur la place publique d'Altorf.

Arrivé là, il ordonna qu'on plantât en terre une longue perche, et sur cette perche il plaça son chapeau, dont le fond était entouré par la couronne ducale d'Autriche; puis il fit annoncer à son de trompe que tout noble, bourgeois ou paysan, passant devant cet insigne de la puissance des comtes de Habsbourg, eût à se découvrir en signe de foi et hommage; alors il congédia les messagers en leur ordonnant de raconter ce qu'ils venaient de voir et d'inviter ceux qui les avaient envoyés à en faire au-

tant dans leurs juridictions respectives; ce qui était, ajouta-t-il, le meilleur moyen de reconnaître les ennemis de l'Autriche; enfin il plaça une garde de douze archers sur la place, et leur ordonna d'arrêter tout homme qui refuserait d'obéir à l'ordonnance qu'il venait de rendre.

Trois jours après, on vint le prévenir qu'un homme avait été arrêté pour avoir refusé de se découvrir devant la couronne des ducs d'Autriche. Guessler monta à l'instant à cheval, et se rendit à Altorf, accompagné de ses gardes. Le coupable était lié à la perche même au haut de laquelle était fixé le chapeau du gouverneur, et, autant qu'on en pouvait juger à son justaucorps de drap vert de Bâle et à son chapeau orné d'une plume d'aigle, c'était un chasseur de montagne. Arrivé en face de lui, Guessler donna ordre qu'on détachât les liens qui le retenaient. Cet ordre accompli, le chasseur, qui savait bien qu'il n'en était pas quitte, laissa tomber ses bras, et regarda le gouverneur avec une simplicité aussi éloignée de la faiblesse que de l'arrogance.

— Est-il vrai, lui dit Guessler, que tu aies refusé de saluer ce chapeau ?

— Oui, monseigneur.

— Et pourquoi cela ?

— Parce que nos pères nous ont appris à ne nous découvrir que devant Dieu, les vieillards et l'empereur.

— Mais cette couronne représente l'empire.

— Vous vous trompez, monseigneur, cette couronne est celle des comtes de Habsbourg et des ducs d'Autriche. Plantez cette couronne sur les places de Lucerne, de Fribourg, de Zug, de Bienne et du pays de Glaris, qui leur appartiennent, et je ne doute pas que les habitants ne lui rendent hommage; mais nous, qui avons reçu de l'empereur Rodolphe le privilège de nommer nos juges, d'être gouvernés par nos lois, et de ne relever que de l'Empire, nous devons respect à toutes les couronnes, mais hommage seulement à la couronne impériale.

— Mais l'empereur Albert, en montant sur le trône romain, n'a point ratifié ces libertés accordées par son père.

— Il a eu tort, monseigneur, et voilà pourquoi Uri, Schwitz et Unterwalden ont fait alliance entre eux, et se sont engagés, par serment, à défendre

Vue d'Unterwalden.

mutuellement, envers et contre tous, leurs personnes, leurs familles, leurs biens, et à s'aider les uns les autres par les conseils et par les armes.

— Et tu crois qu'ils tiendront leur serment? dit en souriant Guessler.

— Je le crois, répondit tranquillement le chasseur.

— Et que les bourgeois mourront plutôt que de le rompre?

— Jusqu'au dernier.

— C'est ce qu'il faudra voir.

— Tenez, monseigneur, continua le chasseur, que l'empereur y prenne garde, il n'est pas heureux en expéditions de ce genre : il se souviendra du siége de Berne, où sa bannière impériale fut prise; de Zurich, dans laquelle il n'osa point entrer, quoique toutes ses portes fussent ouvertes; et cependant avec ces deux villes ce n'était point une question de liberté, mais de limites; je sais qu'il vengea ces deux échecs sur Glaris; mais Glaris était faible et fut surprise sans défense, tandis que nous autres confédérés nous sommes prévenus et armés.

— Et où as-tu pris le temps d'apprendre les lois et l'histoire, si tu n'es qu'un simple chasseur,

Guillaume se jeta aux pieds du cheval de Guessler. — Page 82.

comme on pourrait le croire d'après ton costume?

— Je sais nos lois, parce que c'est la première chose que nos pères nous apprennent à respecter et à défendre; je sais l'histoire, parce que je suis quelque peu clerc, ayant été élevé au couvent de Notre-Dame des Ermites, ce qui fait que j'ai obtenu la place de receveur des rentes du fraumunster de Zurich. Quant à la chasse, ce n'est point mon état, mais mon amusement, comme celui de tout homme libre.

— Et comment te nomme-t-on?

— Guillaume de mon nom de baptême, et Tell de celui de mes aïeux.

— Ah! répondit Guessler avec joie, n'est-ce pas toi qui as porté secours à Conrad de Baumgarten et à son épouse, lors du dernier ouragan?

— J'ai donné passage dans ma barque à un jeune homme et à une jeune femme qui étaient poursuivis; mais je ne leur ai pas demandé leur nom.

— N'est-ce pas toi aussi que l'on cite comme le plus habile chasseur de toute l'Helvétie?

— Il enlèverait, à cent cinquante pas, une pomme sur la tête de son fils, dit une voix qui s'éleva de la foule.

— Dieu pardonne ces paroles à celui qui les a dites! s'écria Guillaume; mais, à coup sûr, elles ne sont pas sorties de la bouche d'un père.

— Tu as donc des enfants? dit Guessler.

— Quatre, trois garçons et une fille. Dieu a béni ma maison.

— Et lequel aimes-tu le mieux?

— Je les aime tous également.

— Mais n'en est-il pas un pour lequel ta tendresse soit plus grande?

— Pour le plus jeune, peut-être, car c'est le plus faible et par conséquent celui qui a le plus besoin de moi, ayant sept ans à peine.

— Et comment se nomme-t-il?

— Walter.

Guessler se retourna vers un des gardes qui l'avaient suivi à cheval.

— Courez à Burglen, lui dit-il, et ramenez-en le jeune Walter.

— Et pourquoi cela, monseigneur?

Guessler fit un signe, le garde partit au grand galop.

— Oh! vous n'avez sans doute que de bonnes intentions, monseigneur; mais que voulez-vous faire de mon enfant?

— Tu le verras, dit Guessler en se retournant vers le groupe et en causant tranquillement avec les écuyers et les gardes qui l'accompagnaient. Quant à Guillaume, il resta debout à la place où il était, la sueur sur le front, les yeux fixes et les poings fermés.

Au bout de dix minutes, le garde revint, ramenant l'enfant assis sur l'arçon de sa selle; puis, arrivé près de Guessler, il le descendit à terre.

— Voilà le petit Walter, dit le garde.

— C'est bien, répondit le gouverneur.

— Mon fils! s'écria Guillaume.

L'enfant se jeta dans ses bras.

— Tu me demandais, père? dit l'enfant en frappant de joie ses petites mains l'une dans l'autre.

— Comment ta mère t'a-t-elle laissé venir? murmura Guillaume.

— Elle n'était point à la maison; il n'y avait que mes deux frères et ma sœur. Oh! ils ont été bien jaloux, va; ils ont dit que tu m'aimais mieux qu'eux.

Guillaume poussa un soupir et serra son enfant contre son cœur.

Guessler regardait cette scène avec des yeux brillants de joie et de férocité; puis, lorsqu'il eut bien donné aux cœurs du père et du fils le temps de s'ouvrir:

— Qu'on attache cet enfant à cet arbre, dit-il en montrant un chêne qui s'élevait à l'autre extrémité de la place.

— Pour quoi faire? s'écria Guillaume en le serrant dans ses bras.

— Pour te prouver qu'il y a parmi mes gardes des archers qui, sans avoir ta réputation, savent aussi diriger une flèche.

Guillaume ouvrit la bouche comme s'il ne comprenait pas, quoique la pâleur de son visage et les gouttes d'eau qui lui ruisselaient sur le front annonçassent qu'il avait compris.

Guessler fit un signe, les hommes d'armes s'approchèrent.

— Attacher mon enfant pour exercer l'adresse de tes soldats! oh! n'essaye pas cela, gouverneur, Dieu ne te laisserait pas faire.

— C'est ce que nous verrons, dit Guessler.

Et il renouvela l'ordre.

Les yeux de Guillaume brillèrent comme ceux d'un lion; il regarda autour de lui pour voir s'il n'y avait pas un passage ouvert à la fuite; mais il était entouré.

— Que me veulent-ils donc, père? dit le petit Walter effrayé.

— Ce qu'ils te veulent, mon enfant? ce qu'ils te veulent? Oh! les tigres à face humaine! ils veulent t'égorger.

— Et pourquoi cela, père? dit l'enfant en pleurant; je n'ai fait de mal à personne.

— Bourreaux! bourreaux! bourreaux!.. s'écria Guillaume en grinçant des dents.

— Allons, finissons, dit Guessler.

Les soldats s'élancèrent sur lui, et lui arrachèrent son fils. Guillaume se jeta aux pieds du cheval de Guessler.

— Monseigneur, lui dit-il en joignant les mains, monseigneur, c'est moi qui vous ai offensé; c'est donc moi qu'il faut punir, monseigneur, punissez-moi, tuez-moi; mais renvoyez cet enfant à sa mère.

— Je ne veux pas qu'ils te tuent! cria l'enfant en se débattant dans les bras des archers.

— Monseigneur, continua Guillaume, ma femme et mes enfants quitteront l'Helvétie; ils vous laisseront ma maison, mes terres, mes troupeaux; ils s'en iront mendier de ville en ville, de maisons en maisons, et de chaumières en chaumières; mais, au nom du ciel, épargnez cet enfant.

— Il y a un moyen de le sauver, Guillaume, dit Guessler.

— Lequel? s'écria Tell en se relevant et en joignant les mains. Oh! lequel? dites, dites vite, et, si ce que vous voulez exiger de moi est au pouvoir d'un homme, je le ferai.

— Je n'exigerai rien qu'on ne te croie capable d'accomplir.

— J'écoute.

— Il y a une voix qui a dit tout à l'heure que tu étais si habile chasseur, que tu enlèverais, à cent cinquante pas de distance, une pomme sur la tête de ton fils.

— Oh! c'était une voix maudite, et j'avais cru qu'il n'y avait que Dieu et moi qui l'avions entendue.

— Eh bien! Guillaume, continua Guessler, si tu consens à me donner cette preuve d'adresse, je te fais grâce pour avoir contrevenu à mes ordres en ne saluant pas ce chapeau.

— Impossible, impossible, monseigneur, ce serait tenter Dieu.

— Alors, je vais te prouver que j'ai des archers moins craintifs que toi. Attachez l'enfant.

— Attendez, monseigneur, attendez; quoique ce soit une chose bien terrible, bien cruelle, bien infâme, laissez-moi réfléchir.

— Je te donne cinq minutes.

— Rendez-moi mon fils pendant ce temps au moins.

— Lâchez l'enfant, dit Guessler.

L'enfant courut à son père.

— Il nous ont donc pardonné, père? dit l'enfant en essuyant ses yeux avec ses petites mains, en riant et en pleurant à la fois.

— Pardonné! Sais-tu ce qu'ils veulent? O mon Dieu! comment une pareille pensée peut-elle venir dans la tête d'un homme! Ils veulent... mais non, ils ne le veulent pas; c'est impossible qu'ils veuillent une telle chose. Ils veulent, pauvre enfant, ils veulent qu'à cent cinquante pas j'enlève avec une flèche une pomme sur ta tête!

— Et pourquoi ne le veux-tu pas, père? répondit naïvement l'enfant.

— Pourquoi? Et si je manquais la pomme, si la flèche allait t'atteindre?...

— Oh! tu sais bien qu'il n'y a pas de danger, père, dit l'enfant en souriant.

— Guillaume! cria Guessler.

— Attendez donc, monseigneur, attendez donc, il n'y a pas cinq minutes.

— Tu te trompes, le temps est passé; Guillaume, décide toi.

L'enfant fit un signe d'encouragement à son père.

— Eh bien! murmura Guillaume à demi-voix. Oh! jamais! jamais!

— Reprenez son fils, cria Guessler.

— Mon père veut bien, dit l'enfant. Et il s'élança des bras de Guillaume pour courir de lui-même vers l'arbre.

Guillaume resta anéanti, les bras pendants et la tête sur la poitrine.

— Donnez-lui un arc et des flèches, dit Guessler.

— Je ne suis pas archer, s'écria Guillaume en sortant de sa torpeur, je ne suis pas archer, je suis arbalétrier.

— C'est vrai, c'est vrai, cria la foule.

Guessler se tourna vers les soldats qui avaient arrêté Guillaume, comme pour les interroger.

— Oui, oui, dirent-ils, il avait une arbalète et des viretons.

— Et qu'en a-t-on fait?

— On les lui a pris quand on l'a désarmé.

— Qu'on les lui rende, dit Guessler.

On alla les chercher, et on les rapporta à Guillaume.

— Maintenant une pomme, dit Guessler.

On lui en apporta une pleine corbeille. Guessler en choisit une.

— Oh! pas celle-là! s'écria Guillaume, pas celle-là; à la distance de cent cinquante pas je la verrai à peine; il n'y a vraiment pas de pitié à vous de la choisir si petite.

Guessler la laissa retomber et en prit une autre d'un tiers plus grosse.

— Allons, Guillaume, je veux te faire beau jeu, dit le gouverneur; que dis-tu de celle-ci?

Guillaume la prit, la regarda et la rendit en soupirant.

— Allons, voilà qui est convenu; maintenant, mesurons la distance.

— Un instant, un instant, dit Guillaume; une distance loyale, monseigneur, des pas de deux pieds et demi, pas plus : c'est la mesure, n'est-ce pas, messieurs les archers, c'est la mesure pour les tirs et pour les défis?

— On la fera telle que tu désires, Guillaume. Et l'on mesura la distance en comptant cinquante pas de deux pieds et demi.

Guillaume suivit celui qui calculait l'espace, mesura lui-même trois fois la distance; puis, voyant qu'elle avait été loyalement prise, il revint à la place où étaient son arbalète et ses traits.

— Une seule flèche, cria Guessler.

— Laissez-la-moi choisir, au moins, dit Guillaume; ce n'est pas une chose de peu d'importance que le choix du trait. N'est-ce pas, messieurs les archers, qu'il y a des flèches qui dévient, soit parce que le fer en est trop lourd, soit qu'il y ait un nœud dans le bois, soit qu'elles aient été mal empennées?

— C'est vrai, dirent les archers.

— Eh bien! choisis, reprit Guessler; mais une seule, tu m'entends?

— Oui, oui, murmura Guillaume en cachant un vireton dans sa poitrine; oui, une seule, c'est dit.

Guillaume examina toutes ses flèches avec la plus scrupuleuse attention; il les prit et reprit les unes après les autres, les essaya sur son arbalète pour s'assurer qu'elles s'emboîtaient exactement dans la rainure, les posa en équilibre sur son doigt pour voir si le fer ne l'emportait pas de son côté, ce qui aurait fait baisser le coup. Enfin, il en trouva une qui réunissait toutes les qualités suffisantes; mais, longtemps après l'avoir trouvée, il fit semblant de chercher parmi les autres, afin de gagner du temps.

— Eh bien? dit Guessler avec impatience.

— Me voilà, monseigneur, dit Guillaume; le temps de faire ma prière.

— Encore?

— Oh! c'est bien le moins que, n'ayant pas obtenu pitié des hommes, je demande miséricorde à Dieu! c'est une chose qu'on ne refuse pas au condamné sur l'échafaud.

— Prie.

Guillaume se mit à genoux et parut absorbé dans sa prière. Pendant ce temps, on liait l'enfant à l'arbre; on voulut lui bander les yeux, mais il refusa.

— Eh bien! eh bien! dit Guillaume en interrompant sa prière, ne lui bandez-vous pas les yeux?

— Il demande à vous voir, crièrent les archers.

— Et moi, je ne veux pas qu'il me voie! s'écria Guillaume; je ne le veux pas, entendez-vous? ou, sans cela, rien n'est dit, rien n'est arrêté, il fera un mouvement en voyant venir la flèche, et je tuerai mon enfant. Laisse-toi bander les yeux, Walter, je t'en prie à genoux.

— Faites, dit l'enfant.

— Merci! dit Guillaume en s'essuyant le front et en regardant autour de lui avec égarement, merci, tu es un brave enfant.

— Allons, courage, père, lui cria Walter.

— Oui, oui, dit Guillaume en mettant un genou en terre et en bandant son arbalète. Puis, se tournant vers Guessler : Monseigneur, il est encore temps, épargnez-moi un crime, et à vous un remords. Dites que tout cela était pour me punir, pour m'éprouver, et que, maintenant que vous voyez ce que j'ai souffert, vous me pardonnez, n'est-ce pas, monseigneur? N'est-ce pas que vous me faites grâce? continua-t-il en se traînant sur ses genoux. Au nom du ciel, au nom de la vierge Marie, au nom des saints, grâce! grâce!...

— Allons, hâte-toi, Guillaume, dit Guessler, et crains de lasser ma patience : n'est-ce pas chose convenue? Allons! chasseur, montre ton adresse.

— Mon Dieu, Seigneur, ayez pitié de moi! murmura Guillaume en levant les yeux au ciel.

Alors, ramassant son arbalète, il y plaça le vireton, appuya la crosse contre son épaule, leva lentement le bout; puis, arrivé à la hauteur voulue, cet homme, tremblant tout à l'heure comme une feuille agitée par le vent, devint immobile comme un archer de pierre. Pas un souffle ne se faisait entendre, toutes les respirations étaient suspendues, tous les yeux étaient fixes. Le coup partit, un cri de joie éclata; la pomme était clouée au chêne, et l'enfant n'avait point été atteint. Guillaume voulut se lever, mais il chancela, laissa échapper son arbalète et retomba évanoui.

Lorsque Guillaume revint à lui, il était dans les bras de son enfant. Lorsqu'il l'eut embrassé mille fois, il se tourna vers le gouverneur et rencontra ses yeux étincelants de colère.

— Ai-je fait ainsi que vous me l'aviez ordonné, monseigneur? dit-il.

— Oui, répondit Guessler, et tu es un vaillant archer. Aussi je te pardonne, comme je te l'ai promis, ton manque de respect à mes ordres.

— Et moi, monseigneur, dit Guillaume, je vous pardonne mes angoisses de père.

— Mais nous avons un autre compte à régler ensemble. Tu as donné secours à Conrad de Beaumgarten, qui est un assassin et un meurtrier, et tu dois être puni comme son complice.

Guillaume regarda autour de lui comme un homme qui devient fou.

— Conduisez cet homme en prison, mes maîtres, continua Guessler; c'est un procès en forme qu'il faut pour punir l'assassinat et la haute trahison.

— Oh! il doit y avoir une justice au ciel, dit Guillaume. Et il se laissa tranquillement conduire dans son cachot.

Quant à l'enfant, il fut fidèlement rendu à sa mère.

Le coup partit, la pomme était clouée au chêne. — Page 84.

GUESSLER.

ependant le bruit des divers évènements accomplis dans cette journée s'était répandu dans les villages environnants et y avait éveillé une vive agitation. Guillaume était généralement aimé. La douceur de son caractère, ses vertus domestiques, son dévouement désintéressé pour toutes les infortunes, en avaient fait un ami pour la chaumière et le château. Son adresse extraordinaire avait ajouté au sentiment une admiration naïve qui faisait qu'on le regardait comme un être à part. Les peuples primitifs sont ainsi faits : forcés de se nourrir par l'adresse, de se défendre par la force, ces deux qualités sont celles qui élèvent dans leur esprit l'homme à la qualité de demi-dieu. Hercule, Thésée, Castor et Pollux, n'ont point eu d'autre marchepied pour monter au ciel.

Aussi, vers le milieu de la nuit, vint-on prévenir Guessler qu'il serait possible qu'une révolte eût lieu si on lui laissait le temps de s'organiser. Guessler pensa que le meilleur moyen de la prévenir était de transporter Guillaume hors du canton (1) d'Uri, dans une citadelle appartenant aux ducs d'Autriche et située au pied du mont Righi, entre Küssnach et Weggis. En conséquence, et pensant que le trajet était plus sûr par eau que par terre, il donna l'ordre de préparer une barque, et, une heure avant le jour, il y fit conduire Guillaume. Guessler, six gardes, le prisonnier et trois bateliers formaient tout l'équipage du petit bâtiment.

Lorsque le gouverneur arriva à Fluelen, lieu de l'embarquement, il trouva ses ordres exécutés. Guillaume, les pieds et les mains liés, était couché au fond de la barque ; près de lui, et comme preuve de conviction, était l'arme terrible qui, en lui servant à donner une preuve éclatante de son adresse, avait éveillé tant de craintes dans le cœur de Guessler. Les archers, assis sur les bancs inférieurs, veillaient sur lui ; les deux matelots, à leur poste, près du petit mât, se tenaient prêts à mettre à la voile, et le pilote attendait, sur le rivage, l'arrivée du baïli.

— Aurons-nous le vent favorable ? dit Guessler.

— Excellent, monseigneur, du moins en ce moment.

— Et le ciel ?

— Annonce une magnifique journée.

— Partons donc sans perdre une minute.

— Nous sommes à vos ordres.

Guessler prit place au haut bout de la barque, le pilote s'assit au gouvernail, les bateliers déployèrent la voile, et le petit bâtiment, léger et gracieux comme un cygne, commença de glisser sur le miroir du lac

Cependant, malgré ce lac bleu, malgré ce ciel étoilé, malgré ces heureux présages, il y avait quelque chose de sinistre dans cette barque, passant silencieuse comme un esprit des eaux. Le gouverneur était plongé dans ses pensées, les soldats respectaient sa rêverie, et les bateliers, obéissant à contre-cœur, accomplissaient tristement leurs manœuvres sur les signes qu'ils recevaient du pilote Tout à coup une lueur météorique traversa l'espace, et, se détachant du ciel, parut se précipiter dans le lac. Les deux bateliers échangèrent un coup d'œil, le pilote fit le signe de la croix.

— Qu'y a-t-il, patron ? dit Guessler.

— Rien, rien encore jusqu'à présent, monsei-

gneur, répondit le vieux marinier. Cependant il y en a qui disent qu'une étoile qui tombe du ciel est un avis que vous donne l'âme d'une personne qui vous est chère. Le bonheur est toujours le bien venu.

— Et cet avis est-il de mauvais ou de bon présage ?

— Hum ! murmura le pilote, le ciel se donne rarement la peine de nous envoyer des présages heureux. Le bonheur est toujours le bien venu.

— Ainsi, cette étoile est un signe funeste ?

— Il y a de vieux bateliers qui croient que, lorsqu'une semblable chose arrive au moment où l'on s'embarque, il vaut mieux regagner la terre, s'il en est encore temps.

— Oui ; mais lorsqu'il est urgent de continuer sa route ?

— Alors, il faut se reposer sur sa conscience, répondit le pilote, et remettre sa vie à la garde de Dieu.

Un profond silence succéda à ces paroles, et la barque continua de glisser sur l'eau, comme si elle eût eu les ailes d'un oiseau de mer.

Cependant, depuis l'apparition du météore, le pilote tournait avec inquiétude ses yeux du côté de l'orient, car c'était de là qu'allaient lui arriver les messagers de mauvaises nouvelles. Bientôt il n'y eut plus de doute sur le changement de l'atmosphère ; à mesure que l'heure matinale s'avançait, les étoiles pâlissaient au ciel, non pas dans une lumière plus vive, comme elles ont l'habitude de le faire, mais comme si une main invisible eût tiré un voile de vapeurs entre la terre et le ciel. Un quart d'heure avant l'aurore, le vent tomba tout à coup ; le lac, d'azur qu'il était, devint couleur de cendre, et l'eau, sans être agitée par aucun vent, frissonna comme si elle eût été prête à bouillir.

— Abattez la voile ! cria le pilote.

Les deux mariniers se dressèrent contre le mât ; mais, avant qu'ils eussent accompli l'ordre qu'ils venaient de recevoir, de petites vagues couronnées d'écume s'avancèrent rapidement de Brünnen et semblèrent venir à l'encontre de la barque.

— Le vent ! le vent ! s'écria le pilote. Tout à bas !

Mais, soit maladresse de la part de ceux à qui ces ordres étaient adressés, soit que quelque nœud mal formé empêchât l'exécution de la manœuvre, le vent était sur le bâtiment avant que la voile fût abattue. La barque, surprise, trembla comme un cheval qui entend rugir un lion, puis sembla se cabrer comme lui ; enfin, elle se tourna d'elle-même, comme si elle eût voulu fuir les étreintes d'un si puissant lutteur ; mais, dans ce mouvement, elle présenta ses flancs à son ennemi. La voile, tout à l'heure incertaine, s'enfla comme si elle eût été prête à s'ouvrir, la barque s'inclina à croire qu'elle allait chavirer. En ce moment, le pilote coupa avec son couteau le cordage qui retenait la voile ; elle flotta un instant, comme un pavillon, au bout du mât où elle était retenue

(1) C'est *juridiction* que nous devrions dire ; mais le mot canton représente mieux les limites, puisqu'on n'a qu'à jeter les yeux sur la carte pour nous suivre. Nous demandons en conséquence pardon de cet anachronisme de trois cents ans.

encore ; enfin les liens qui l'attachaient se brisè-
rent, elle s'enleva comme un oiseau par les dernières bouffées de vent, et la barque, n'offrant plus
aucune prise à la bourrasque, se redressa lentement
et reprit son équilibre. En ce moment, les premiers
rayons du jour parurent. Le pilote se replaça à son
gouvernail.

— Eh bien ! maître, dit Guessler, le présage
ne mentait pas, et l'événement ne s'est pas fait attendre.

— Oui, oui ; la bouche de Dieu est moins men-
teuse que celle des hommes... et l'on se trouve rarement bien de mépriser ses avertissements.

— Croyez-vous que nous en soyons quittes pour
cette bourrasque, ou bien ce coup de vent n'est-il
que le précurseur d'un orage plus violent?

— Il arrive parfois que les esprits de l'air et des
eaux profitent de l'absence du soleil pour donner
de pareilles fêtes sans la permission du Seigneur,
et alors, au premier rayon du jour, les vents se tai-
sent et disparaissent, s'en allant où vont les ténèbres; Mais, le plus souvent, c'est la voix de Dieu
qui a dit à la tempête de souffler. Alors elle doit
accomplir sa mission tout entière, et malheur à ceux
contre qui elle a été envoyée!

— Tu n'oublieras pas, je l'espère, qu'il s'agit de
ta vie en même temps que de la mienne.

— Oui, oui, monseigneur, je sais que nous sommes tous égaux devant la mort; mais Dieu est tout-
puissant, il punit qui il veut punir et sauve qui il
veut sauver. Il a dit à l'apôtre de marcher sur les
flots, et l'apôtre a marché comme sur la terre. Et, tout
lié et garrotté qu'est votre prisonnier, il est plus sûr
de son salut, s'il est dans la grâce du Seigneur,
que tout homme libre qui serait dans sa malédiction. Un coup de rame, Franz, un coup de rame,
que nous présentions la proue au vent, car nous
n'en sommes pas encore quittes, et le voilà qui revient sur nous...

En effet, des vagues plus hautes et plus écumeu-
ses que les premières accouraient menaçantes, et,
quoique la barque offrît le moins de prise possible,
le vent, qui les suivait, fit glisser la barque en arrière avec la même rapidité que ces pierres plates
que les enfants font bondir sur la surface de l'eau!

— Mais, s'écria Guessler commençant à comprendre
le danger, si le vent nous est contraire pour aller à
Brünnen, il nous doit être favorable pour retourner
à Altorf.

— Oui, oui, j'y ai bien pensé, continua le pilote, et
voilà pourquoi plus d'une fois j'ai regardé de ce
côté. Mais regardez au ciel, monseigneur, et voyez
les nuages qui passent entre le Dodiberg et le Tit-
lis : ils viennent du Saint-Gothard et suivent le
cours de la Reuss; c'est un souffle contraire à celui
qui soulève ces vagues qui les poussent, et avant cinq
minutes ils se seront rencontrés.

— Et alors?...

— Alors, c'est le moment où il faudra que Dieu
pense à nous, ou que nous pensions à Dieu.

La prophétie du pilote ne tarda point à s'accomplir. Les deux orages, qui s'avançaient au devant
l'un de l'autre, se rencontrèrent enfin. Un éclair
flamboya, et un coup de tonnerre terrible annonça
que le combat venait de commencer.

Le lac ne tarda point à partager cette révolte des
éléments : ses vagues, tour à tour poussées et re-
poussées par des souffles contraires, s'enflèrent
comme si un volcan sous-marin les faisait bouillonner, et la barque parut bientôt ne pas leur peser
davantage qu'un de ces flocons d'écume qui blan-
chissaient à leur cime.

— Il y a danger de mort, dit le pilote; que ceux
qui ne sont point occupés à la manœuvre fassent
leur prière...

— Que dis-tu là, prophète de malheur? s'écria
Guessler, et pourquoi ne nous as-tu pas prévenus
plus tôt?...

— Je l'ai fait au premier avertissement que Dieu
m'a donné, monseigneur... mais vous n'avez pas
voulu le suivre.

— Il fallait gagner le bord malgré moi.

— J'ai cru qu'il était de mon devoir de vous
obéir, comme il est du vôtre d'obéir à l'empereur,
comme il est de celui de l'empereur d'obéir à Dieu.

En ce moment une vague furieuse vint se briser
contre les flancs de l'esquif, le couvrit, et jeta un
pied d'eau dans la barque.

— A l'œuvre ! messieurs les hommes d'armes !
cria le pilote; rendez au lac l'eau qu'il nous envoie,
car nous sommes assez chargés ainsi. Vite! vite!...
une deuxième vague nous coulerait, et, quelle que
soit l'imminence de la mort, il est toujours du devoir de l'homme de lutter contre elle.

— Ne vois-tu aucun moyen de nous sauver, et
n'y a-t-il plus d'espoir?...

— Il y a toujours espoir, monseigneur, quoique
l'homme avoue que sa science est inutile, car la
miséricorde du Seigneur est plus grande que les
connaissances humaines.

— Comment as-tu pu prendre une pareille res-
ponsabilité, ne sachant pas mieux ton métier? drôle!
murmura Guessler.

— Quant à mon métier, monseigneur, répondit le
vieux marinier, il y a quarante ans que je l'exerce,
et il n'y a peut-être, dans toute l'Helvétie, qu'un
homme meilleur pilote que moi.

— Alors, que n'est-il ici pour prendre ta place !
s'écria Guessler.

— Il y est, monseigneur, dit le pilote.

Guessler regarda le vieillard d'un air étonné.

— Ordonnez qu'on détache les cordes du prisonnier ; car, si la main d'un homme peut nous sauver
à cette heure, c'est la sienne...

Guessler fit signe qu'il y consentait. Un léger

— Nagez ! cria Guillaume aux matelots

sourire de triomphe passa sur les lèvres de Guillaume.

— Tu as entendu ? lui dit le vieux marinier en
coupant avec son couteau les cordes qui le garrot-
taient.

Guillaume fit signe que oui, étendit les bras comme
un homme qui ressaisit sa liberté, et alla reprendre
au gouvernail la place abandonnée, tandis que le
vieillard, prêt à lui obéir, alla s'asseoir au pied du
mât avec les deux autres bateliers.

— As-tu une seconde voile, Rudenz ? dit Guillaume.

— Oui ; mais ce n'est pas l'heure de s'en servir.

— Prépare-la et tiens-toi prêt à la hisser.

Le vieillard le regarda avec étonnement.

— Quant à vous, continua Guillaume en s'adressant aux mariniers, à la rame, enfants, et nagez dès
que je vous le dirai.

En même temps il pressa le gouvernail ; la barque, surprise de cette brusque manœuvre, hésita
un instant, puis, comme un cheval qui reconnaît la
supériorité de celui qui le monte, elle tourna enfin
sur elle-même.

— Nagez ! cria Guillaume aux matelots, qui, se

La forteresse d'Uri. — Page 91.

courbant aussitôt sur leurs rames, firent, malgré l'opposition des vagues, marcher le bateau dans la direction voulue.

— Oui, oui, murmura le vieillard, il a reconnu son maître et il obéit.

— Nous sommes donc sauvés! s'écria Guessler.

— Hum! fit le vieillard, fixant ses yeux sur ceux de Guillaume, pas encore, mais nous sommes en bon chemin, car je devine... Oui, sur mon âme, tu as raison, Guillaume, il doit y avoir entre les deux montagnes de la rive droite un courant d'air qui, si nous l'atteignons, nous mènera en dix minutes sur l'autre bord; tu as deviné juste; ce serait la première fois qu'il y aurait pareille fête au lac sans que le vent d'ouest s'y mêlât; et, tenez, le voilà qui siffle comme s'il était le roi du lac.

Guillaume se tourna en effet vers l'ouverture déjà désignée par le vieux pilote; une vallée séparait deux montagnes, et, par cette vallée, le vent d'ouest établissait un courant et soufflait avec une telle violence, qu'il formait une espèce de route sur le lac. Guillaume s'engagea dans cette ornière liquide, et, tournant sa poupe au vent, il fit signe aux bateliers de rentrer les avirons et au pilote de hisser la voile. Il fut obéi aussitôt, et la barque commença de cingler avec rapidité vers la base de l'Axemberg.

En effet, dix minutes après, comme l'avait prédit le vieillard, et avant que Guessler et les gardes fussent revenus de leur étonnement, la barque était près de la rive. Alors Guillaume ordonna d'abattre la voile, et, feignant de se baisser pour amarrer un cordage, il posa la main gauche sur son arbalète, pressa de la main droite le gouvernail, la barque vira aussitôt, et, la poupe se présentant la première, Guillaume s'élança, léger comme un chamois, et retomba sur un rocher à fleur d'eau, tandis que la barque, cédant à l'impulsion que lui avait donnée son élan, retournait vers le large; d'un deuxième bond, Guillaume fut à terre, et, avant que Guessler et ses gardes songeassent même à pousser un cri, il avait disparu dans la forêt.

Aussitôt que la stupéfaction causée par cet accident fut dissipée, Guessler ordonna de gagner la terre, afin de se mettre à la poursuite du fugitif; ce fut chose facile, deux coups de rames suffirent pour conduire la barque vers la rive. Un des mariniers sauta à terre, tendit une chaîne, et, malgré les vagues, le débarquement se fit sans danger; aussitôt un archer partit pour Altorf, avec ordre d'envoyer des écuyers et des chevaux à Brünnen, où allait les attendre le gouverneur.

A peine arrivé dans ce village, Guessler fit annoncer à son de trompe que celui qui livrerait Guillaume recevrait cinquante marcs d'argent et serait exempt d'impôts, lui et ses descendants, jusqu'à la troisième génération; pareille récompense fut aussi promise pour Conrad de Baumgarten.

Vers le milieu du jour, les chevaux et les écuyers arrivèrent. Guessler, tout entier à sa vengeance, refusa de s'arrêter plus longtemps, et partit aussitôt pour le village d'Art, où il avait aussi des mesures de rigueur à prendre contre les assassins du gouverneur de Schwanau; à trois heures il sortait de ce village, et, côtoyant les bords du lac de Zug, il arriva à Immensée qu'il traversa sans s'arrêter, et prit le chemin de Küssnach.

C'était pendant une froide et sombre journée du mois de novembre que s'étaient accomplis les derniers événements que nous venons de raconter; elle tirait à sa fin, et Guessler, désireux d'arriver avant la nuit à la forteresse, pressait de l'éperon son cheval engagé dans le chemin creux de Küssnach. Arrivé à son extrémité, il ralentit le pas en faisant signe à son écuyer de le rejoindre. Celui-ci, que le respect avait retenu en arrière, s'avança, les gardes et les archers suivaient à quelque distance; ils cheminèrent ainsi pendant quelque temps sans parler; enfin, Guessler, tournant la tête de ce côté, le regarda comme s'il eût voulu lire jusqu'au fond de son âme. Puis, tout à coup:

— Niklaus, m'es-tu dévoué? lui dit-il

L'écuyer tressaillit.

— Eh bien? continua Guessler.

— Pardon, monseigneur; mais je m'attendais si peu à cette question...

— Que tu n'es point préparé à y répondre, n'est-ce pas? Eh bien! prends ton temps, car c'est une réponse réfléchie que je te demande.

— Et elle ne se fera pas attendre, monseigneur: sauf mes devoirs envers Dieu et envers l'empereur, je suis à vos ordres.

— Et tu es prêt à les accomplir?

— Je suis prêt.

— Tu partiras ce soir pour Altorf, tu y prendras quatre hommes, tu te rendras cette nuit avec eux à Bürglen, et là seulement tu leur diras ce qu'ils auront à faire.

— Et qu'auront-ils à faire, monseigneur?

— Ils auront à s'emparer de la femme de Guillaume et de ses quatre enfants. Aussitôt en ton pouvoir, tu les feras conduire dans la forteresse de Küssnach, où je les attendrai, et une fois là...

— Oui, je vous comprends, monseigneur.

— Il faudra bien qu'il se livre lui-même; car chaque semaine de retard coûtera la vie à un de ses enfants, et la dernière à sa femme.

Guessler n'avait point achevé ce mot qu'il poussa un cri, lâcha les rênes, étendit les bras et tomba de son cheval; l'écuyer se précipita à terre pour lui porter secours, mais il n'était déjà plus temps: une flèche lui avait traversé le cœur.

C'était celle que Guillaume Tell avait cachée sous son pourpoint lorsque Guessler le força d'enlever une pomme de la tête de son fils, sur la place publique d'Altorf.

Du dimanche au lundi suivant, les conjurés se réunirent au Grutli; la mort de Guessler avait provoqué cette réunion extraordinaire.

Plusieurs étaient d'avis d'avancer le jour de la liberté, et de ce nombre étaient Conrad de Baumgarten et Mechtal.

Mais Walter Furst et Werner Stauffacher s'y opposèrent, disant qu'ils trouveraient certainement le chevalier de Landenberg sur ses gardes, ce qui rendrait l'expédition mille fois plus hasardeuse; tandis qu'au contraire, si le pays restait tranquille malgré la mort de Guessler, il attribuerait cette mort à une vengeance particulière, et ne s'en inquiéterait que pour rechercher le meurtrier.

— Mais en attendant, s'écria Conrad, que deviendra Guillaume? que deviendra sa famille? Guillaume m'a sauvé la vie, et il ne sera pas dit que je l'abandonnerai.

— Guillaume et sa famille sont en sûreté, dit une voix dans la foule.

— Je n'ai plus rien à dire... répondit Conrad.

— Maintenant, dit Walter Furst, arrêtons le plan de l'insurrection.

— Si les anciens me permettent de parler, dit en

Le château de Rossberg.

s'avançant un jeune homme du haut Unterwalden, nommé Zagheli, je proposerai une chose.

— Laquelle? dirent les anciens.

— C'est de me charger de la prise du château de Rossberg.

— Et combien demandes-tu d'hommes pour cela?

— Quarante.

— Fais attention que le château de Rossberg est un des mieux fortifiés de toute la juridiction...

— J'ai des moyens d'y pénétrer...

— Et quels sont-ils?

— Je ne puis les dire, répondit Zagheli.

— Es-tu sûr de trouver les quarante hommes qu'il te faut?

— J'en suis sûr...

— C'est bien, ton offre est acceptée.

Zagheli rentra dans la foule

— Moi, dit Stauffacher, si l'on veut m'abandonner cette entreprise, je me charge du château de Schwanau.

— Et moi, ajouta Walter Furst, je prendrai la forteresse d'Uri.

Un assentiment unanime accueillit ces deux dernières propositions. Chaque conjuré prit l'engagement, pendant les cinq semaines qui restaient encore à passer, de recruter des soldats parmi ses amis les plus braves, et l'on adopta, avant de se séparer, les trois bannières sous lesquelles on marcherait. Uri choisit pour la sienne une tête de taureau avec un anneau brisé, en mémoire du joug qu'ils allaient rompre; Schwitz une croix, en souvenir de la passion de Notre-Seigneur, et Unterwalden deux clefs, en honneur de l'apôtre saint Pierre, qui était en grande vénération à Sarnen.

Ainsi que l'avaient prévu les vieillards, le meurtre de Guessler fut considéré comme l'expression d'une vengeance particulière. Les poursuites inutiles dirigées contre Guillaume se ralentirent faute de résultat, et tout redevint calme et tranquille dans les trois juridictions jusqu'au jour où devait éclater la conjuration.

Le soir du 31 décembre, le gouverneur du château de Rossberg fit, comme d'habitude, la visite des postes, plaça les sentinelles, donna le mot d'ordre, et fit sonner le couvre-feu. Alors le château lui-même parut s'endormir comme les hôtes qu'il renfermait; les lumières disparurent l'une après l'autre, le bruit s'éteignit peu à peu, et les seules sentinelles placées au sommet des tours interrompirent ce silence par le bruit régulier de leurs pas et les cris de veille répétés de quart d'heure en quart d'heure.

Cependant, malgré cette apparence de sommeil, une petite fenêtre donnant sur les fossés du château s'ouvrit avec précaution; une jeune fille de dix-huit ou dix-neuf ans passa sa tête craintive, et, malgré l'obscurité de la nuit, elle essaya de plonger ses regards dans le fossé du château. Au bout de quelques minutes d'une investigation que les ténèbres rendaient inutile, elle laissa tomber le nom de Zagheli.

Ce nom avait été dit si bas, qu'on eût pu le prendre pour un soupir de la brise, ou pour un murmure du ruisseau. Cependant il fut entendu, et une voix plus forte et plus hardie, quoique prudente encore, y répondit par le nom d'Anneli.

La jeune fille resta un moment immobile, la main sur sa poitrine comme pour en étouffer les battements. Le nom d'Anneli se fit entendre une seconde fois.

— Oui, oui, murmura-t-elle en se penchant vers l'endroit d'où semblait lui parler l'esprit de la nuit, oui, mon bien-aimé... mais pardonne-moi, j'ai si grande peur!...

— Que peux-tu craindre? dit la voix; tout est endormi au château, les sentinelles seules veillent au haut des tours... je ne puis te voir, et à peine si je t'entends; comment veux-tu qu'elles nous entendent et qu'elles nous voient?...

La jeune fille ne répondit pas; mais elle laissa tomber quelque chose. C'était le bout d'une corde à laquelle Zagheli attacha l'extrémité d'une échelle qu'Anneli tira à elle et fixa à la barre de sa fenêtre. Un instant après, le jeune homme entrait dans sa chambre. Anneli voulut retirer l'échelle de corde.

— Attends, ma bien-aimée, lui dit Zagheli, car j'ai encore besoin de cette échelle, et ne t'effraye pas surtout de ce qui va se passer; car le moindre mot, le moindre cri de ta part, seraient ma mort...

— Mais qu'y a-t-il?... au nom du ciel!... dit Anneli. Ah! nous sommes perdus!... regarde! regarde!...

Et elle lui montrait un homme qui apparaissait à la fenêtre.

— Non, non, Anneli, nous ne sommes pas perdus; ce sont des amis.

— Mais moi, moi, je suis déshonorée! s'écria la jeune fille en cachant sa tête dans ses deux mains.

— Au contraire, Anneli, ce sont des témoins qui viennent assister au serment que je fais de te prendre pour femme aussitôt que la patrie sera délivrée.

La jeune fille se jeta dans les bras de son amant. Les vingt jeunes gens montèrent les uns après les autres; puis Zagheli retira l'échelle et ferma la fenêtre.

Les vingt jeunes gens se répandirent dans l'intérieur. La garnison, surprise endormie, ne fit aucune résistance; les conjurés enfermèrent les Allemands dans la prison du château, revêtirent leurs uniformes, et le drapeau d'Albert continua de flotter sur la forteresse qui ouvrit le lendemain ses portes à l'heure accoutumée.

À midi, la sentinelle placée au haut de la tour

aperçut plusieurs cavaliers qui se dirigeaient à toute bride vers la forteresse. Deux conjurés se placèrent à la porte, les autres se rangèrent dans la cour. Dix minutes après, le chevalier de Landenberg franchissait la herse qui se baissait derrière lui. Le chevalier était prisonnier comme la garnison.

Le plan de Zagheli avait complétement réussi. Nous avons vu que vingt des quarante hommes nécessaires à son entreprise avaient escaladé avec lui le château et s'en étaient rendus maîtres; les vingt autres avaient pris le chemin de Sarnen.

Au moment où Landenberg sortait du château royal de Sarnen pour se rendre à la messe, ces vingt hommes se présentèrent à lui, apportant, comme présents d'usage, des agneaux, des chèvres, des poules; le gouverneur leur dit d'entrer au château et continua sa route. Arrivés sous la porte, ils tirèrent de dessous leurs habits des fers aiguisés qu'ils mirent au bout de leurs bâtons, et s'emparèrent du château. Alors l'un d'entre eux monta sur la plate-forme, et fit entendre trois fois le son prolongé de la trompe montagnarde. C'était le signal convenu : de grands cris de révolte se firent entendre de rue en rue. On courut vers l'église pour s'emparer de Landenberg; mais, prévenu à temps, il s'é lança sur son cheval et prit la fuite vers le château de Rossberg. C'est ce qu'avait prévu Zagheli.

Les plus grands soins et les plus grands égards furent prodigués au bailli impérial pendant le reste de la journée. Le soir, il demanda à prendre l'air sur la plate-forme de la forteresse. Zagheli l'accompagna. De là il pouvait découvrir tout le pays soumis encore la veille à sa juridiction; et, détournant ses yeux de la bannière où les clefs d'Unterwalden avaient remplacé l'aigle d'Autriche, il les fixa dans la direction de Sarnen, et demeura immobile et pensif.

A l'autre angle du parapet était Zagheli, immobile et pensif aussi, les yeux fixés sur un autre point. Ces deux hommes attendaient, l'un un secours pour la tyrannie, l'autre un renfort pour la liberté.

Au bout d'un instant, une flamme brilla au sommet de l'Axemberg, Zagheli jeta un cri de joie.

— Qu'est-ce que cette flamme? dit Landenberg.

— Un signal.

— Et que veut dire ce signal?

— Que Walter Furst et Guillaume Tell ont pris le château d'Uryjoch.

Au même instant des cris de joie qui retentirent par toute la forteresse confirmèrent ce que venait de dire Zagheli.

— Toutes les Alpes sont-elles donc changées en volcan? s'écria Landenberg; voilà le Righi qui s'enflamme.

— Oui, oui, répondit Zagheli en bondissant de joie, lui aussi arbore la bannière de la liberté.

— Comment! murmura Landenberg; est-ce donc aussi un signal?

— Oui, et ce signal annonce que Werner Stauffacher et Mechtal ont pris le château de Schwanau. Maintenant, tournez-vous de ce côté, monseigneur.

Landenberg jeta un cri de surprise en voyant le Pilate se couronner à son tour d'un diadème de feu.

— Et voilà, continua Zagheli, voilà qui annonce à ceux d'Uri et de Schwitz que leurs frères d'Unterwalden ne sont pas en arrière, et qu'ils ont pris le château de Rossberg et fait prisonnier le bailli impérial.

De nouveaux cris de joie retentirent par toute la forteresse.

— Et que comptez-vous faire de moi? dit Landenberg en laissant tomber sa tête sur sa poitrine.

— Nous comptons vous faire jurer, monseigneur, que jamais vous ne rentrerez dans les trois juridictions de Schwitz, d'Uri et d'Unterwalden; que jamais vous ne porterez les armes contre les confédérés; que jamais vous n'exciterez l'empereur à nous faire la guerre, et, lorsque vous aurez fait ce serment, vous serez libre de vous retirer où vous voudrez.

— Et me sera-t-il permis de rendre compte de ma mission à mon souverain?

— Sans doute, répondit Zagheli.

— C'est bien, dit Landenberg. Maintenant, je désire descendre dans mon appartement; un pareil serment demande à être médité, surtout lorsqu'on veut le tenir.

Jean arracha la couronne de sa tête et la foula aux pieds. — PAGE 94.

L'EMPEREUR ALBERT.

ette fois, le hasard avait semblé favoriser les confédérés de toutes les manières. Le nouvel an de la liberté avait sonné pour l'Helvétie le 1er janvier 1308, et le 15 du même mois, avant même que la nouvelle de l'insurrection fût parvenue à l'empe-

reur, il apprenait la défaite de son armée en Thuringe; il ordonna aussitôt une levée de troupes, déclara qu'il marcherait lui-même à leur tête, et fit, avec son activité ordinaire, tous les préparatifs de cette nouvelle campagne; ils étaient terminés à peine, lorsque le chevalier Beringuer de Landenberg arriva d'Unterwalden, et lui raconta ce qui venait de se passer.

Albert écouta ce récit avec impatience et incrédulité; puis, lorsqu'il ne lui fut plus permis de conserver aucun doute, il étendit le bras dans la direction des trois cantons, et jura sur son épée et sa couronne impériale d'exterminer jusqu'au dernier de ces misérables paysans qui aurait pris part à l'insurrection. Landenberg fit ce qu'il put pour le détourner de ces desseins de vengeance; mais tout fut inutile, l'empereur déclara qu'il marcherait lui-même contre les confédérés, et fixa au 24 février le jour du départ de l'armée.

La veille de ce jour, Jean de Souabe, son neveu, fils de Rodolphe, son frère cadet, se présenta devant lui; l'empereur avait été nommé tuteur de cet enfant pendant sa minorité; mais, depuis deux ans, son âge l'affranchissait de la tutelle impériale, et cependant Albert avait constamment refusé de lui rendre son héritage; il venait, avant le départ de son oncle, essayer une dernière tentative. Il se mit donc respectueusement à genoux devant lui, et lui redemanda la couronne ducale de ses pères. L'empereur sourit, dit quelques mots à un officier de ses gardes, qui sortit et rentra bientôt avec une couronne de fleurs. L'empereur la posa sur la tête blonde de son neveu; et, comme celui-ci le regardait étonné :

— Voilà, lui dit l'empereur, la couronne qui convient à ton âge; amuse-toi à l'effeuiller sur les genoux des dames de ma cour, et laisse-moi le soin de gouverner tes États.

Jean devint pâle, se releva en tremblant, arracha la couronne de sa tête, la foula aux pieds et sortit.

Le lendemain, au moment où l'empereur montait à cheval, un homme couvert d'une armure complète et la visière baissée vint se ranger près de lui. Albert regarda cet inconnu, et, voyant qu'il demeurait à la place qu'il avait prise, il lui demanda qui il était et quel droit il avait de marcher à sa suite.

— Je suis Jean de Souabe, fils de votre frère, dit le cavalier en levant sa visière; j'ai réclamé hier ma souveraineté, vous m'avez refusé avec raison; il faut que le casque ait pesé sur la tête où pèsera la couronne, il faut que le bras qui portera le sceptre ait porté l'épée. Laissez-moi vous suivre, sire, et, à mon retour, vous ordonnerez de moi ce que vous voudrez.

Albert jeta un coup d'œil profond et rapide sur son neveu.

— Me serais-je trompé? murmura-t-il.

Et, sans lui rien permettre ni lui rien défendre, il se mit en route; Jean de Souabe le suivit.

Le 1er mai 1308, l'armée impériale arriva sur les bords de la Reuss. Des bateaux avaient été préparés pour le passage de l'armée, et l'empereur allait descendre dans l'un d'eux, lorsque Jean de Souabe s'y opposa, disant qu'ils étaient trop chargés pour qu'il laissât son oncle s'exposer au danger que couraient de simples soldats. Il lui offrit en même temps une place dans un petit batelet où se trouvaient

seulement Walter d'Eschembach, son gouverneur, et trois de ses amis, Rodolphe de Wart, Robert de Balm et Conrad de Tegelfeld. L'empereur s'assit près d'eux; chacun des cavaliers prit son cheval par la bride, afin qu'il pût suivre son maître en nageant, et la petite barque, traversant la rivière avec rapidité, déposa sur l'autre bord l'empereur et sa suite.

A quelques pas de la rive, et sur une petite éminence, s'élevait un chêne séculaire; Albert alla s'asseoir à son ombre, afin de surveiller le passage de l'armée, et, détachant son casque, il le jeta à ses pieds.

En ce moment, Jean de Souabe, regardant autour de lui, et, voyant l'armée tout entière arrêtée sur l'autre bord, prit sa lance, monta sur son cheval, et, faisant quelques feintes manœuvres, il prit du champ, et, revenant au galop sur l'empereur, il lui traversa la gorge avec sa lance. Au même instant, Robert de Balm, saisissant le défaut de la cuirasse, lui enfonçait son épée dans la poitrine, et Walter d'Eschembach lui fendait la tête avec sa hache d'armes. Quant à Rodolphe de Wart et à Conrad de Tegelfeld, le courage leur manqua, et ils restèrent l'épée à la main, mais sans frapper.

A peine les conjurés eurent-ils vu tomber l'empereur qu'ils se regardèrent, et que, sans dire un mot, ils prirent la fuite, chacun de son côté, épouvantés qu'ils étaient l'un de l'autre. Cependant Albert, expirant, se débattait sans secours; une pauvre femme qui passait accourut vers lui, et le chef de l'empire germanique rendit le dernier soupir dans les bras d'une mendiante, qui étancha son sang avec des haillons.

Quant aux assassins, ils restèrent errants dans le monde. Zurich leur ferma ses portes; les trois cantons leur refusèrent asile. Jean le Parricide gagna l'Italie en remontant le cours de la Reuss, sur les bords de laquelle il avait commis son crime. On le vit à Pise déguisé en moine; puis il se perdit du côté de Venise, et l'on n'en entendit plus parler. D'Eschembach vécut trente-cinq ans caché sous un habit de berger dans un coin du Wurtemberg, et ne se fit connaître qu'au moment de sa mort; Conrad de Tegelfeld disparut comme si la terre l'avait englouti, et mourut on ne sait où ni comment. Quant à Rodolphe de Wart, livré par un de ses parents, il fut pris, roué vif et exposé encore vivant à la voracité des oiseaux de proie. Sa femme, qui n'avait pas voulu le quitter, resta agenouillée près de la roue, du haut de laquelle il lui parlait pendant le supplice, l'exhortant et la consolant jusqu'au moment où il rendit le dernier soupir.

Parmi les enfants d'Albert, deux se chargèrent de la vengeance, ce furent Léopold d'Autriche et Agnès de Hongrie : Léopold en se mettant à la tête des troupes, Agnès en présidant aux supplices. Soixante-trois chevaliers innocents, mais parents et

Assassinat de l'empereur Albert.

amis des coupables, furent décapités à Farnenghen. Agnès, non-seulement assista à l'exécution, mais encore se plaça si près d'eux, que bientôt le sang coula jusqu'à ses pieds et que les têtes roulaient à l'entour d'elle. Alors on lui fit observer que ses vêtements allaient être souillés.

— Laissez, laissez, répondit-elle, je me baigne avec plus de plaisir dans ce sang que je ne le ferais dans la rosée du mois de mai.

Puis, le supplice terminé, elle fonda, avec les dépouilles des morts, le riche couvent de Kœnigsfelden, sur la place même où son père avait été tué, et s'y retira pour finir ses jours dans la pénitence, la solitude et la prière.

Pendant ce temps, le duc Léopold se préparait à la guerre ; d'après ses ordres, le comte Othon de Strassberg se prépara à passer le Brünig avec quatre mille combattants. Plus de mille hommes furent armés par les gouvernements de Wellisau, de Wallhausen, de Rothenbourg et de Lucerne, pour surprendre Unterwalden du côté du lac. Quant au duc, il marcha contre Schwitz avec l'élite de ses troupes et conduisant à sa suite des chariots chargés de cordes pour pendre les rebelles.

Les confédérés rassemblèrent à la hâte treize cents hommes, dont quatre cents d'Uri et trois cents d'Unterwalden. La conduite de ce corps fut donnée à un vieux chef nommé Rodolphe Reding de Bibereck, dans l'expérience duquel les trois cantons avaient grande confiance. Le 14 novembre, la petite armée prit ses positions sur le penchant de la montagne de Sattel, ayant à ses pieds des marais presque impraticables, et, derrière ces marais, le lac Égerie.

Chacun venait de choisir son poste de nuit lorsqu'une nouvelle troupe de cinquante hommes se présenta. C'étaient des bannis de Schwitz, qui venaient demander à leurs frères d'être admis à la défense commune, tout coupables qu'ils étaient. Rodolphe Reding prit l'avis des plus vieux et des plus sages. Et la réponse unanime fut qu'il ne fallait pas compromettre la sainte cause de la liberté en admettant des hommes souillés parmi ses défenseurs. Défense fut faite, en conséquence, aux bannis de Schwitz de combattre sur le territoire de Schwitz. Ils se retirèrent, marchèrent une partie de la nuit, et allèrent prendre poste dans un bois de sapins situé au haut d'une montagne, sur le territoire de Zug.

Le lendemain, au point du jour, les confédérés virent briller les lances des Autrichiens. De leur côté, les chevaliers, en apercevant le petit nombre de ceux qui les attendaient pour disputer le passage, mirent pied à terre, et, ne voulant pas leur laisser l'honneur de commencer l'attaque, marchèrent au-devant d'eux. Les confédérés les laissèrent gravir la montagne, et, lorsqu'ils les virent épuisés par le poids de leurs armures, ils descendirent sur eux comme une avalanche. Tout ce qui avait essayé de monter à cette espèce d'assaut fut renversé du premier choc, et ce torrent d'hommes alla du même coup s'ouvrir un chemin dans les rangs de la cavalerie, qu'elle refoula sur les hommes de pied, tant le choc fut terrible et désespéré.

Au même moment on entendit de grands cris à l'arrière-garde. Des rochers qui semblaient se détacher tout seuls descendaient en bondissant et sillonnaient les rangs, broyant hommes et chevaux. On eût dit que la montagne s'animait, et, prenant parti pour les montagnards, secouait sa crinière comme un lion. Les soldats, épouvantés, se regardèrent, et, voyant qu'ils ne pouvaient rendre la mort pour la mort, se laissèrent prendre à une terreur profonde et reculèrent. En ce moment, l'avant-garde, écrasée sous les massues armées de pointes de fer des bergers, se replia en désordre. Le duc Léopold se crut enveloppé par des troupes nombreuses ; il donna l'ordre ou plutôt l'exemple de la retraite, quitta l'un des premiers le champ de bataille, et, le soir même, dit un auteur contemporain, fut vu à Wintherthur, pâle et consterné. Quant au comte de Strassberg, il se hâta de repasser le Brünig en apprenant la défaite des Autrichiens.

Ce fut la première victoire que remportèrent les confédérés. La fleur de la noblesse impériale tomba sous les coups de pauvres bergers et de vils paysans, et servit d'engrais à cette noble terre de la liberté. Quant à la bataille, elle prit le nom expressif de *Morgenstern*, parce qu'elle avait commencé à la lueur de l'étoile du matin.

C'est ainsi que le nom des hommes de Schwitz devint célèbre dans le monde, et qu'à dater du jour de cette victoire les confédérés furent appelés Suisses du mot *Schwitzer*, qui veut dire homme de Schwitz. Uri, Schwitz et Unterwalden devinrent le centre autour duquel vinrent se grouper tour à tour les autres cantons, que le traité de 1815 porta au nombre de vingt-deux.

Quant à Guillaume Tell, qui avait pris une part si active, quoique involontaire, à cette révolution, après avoir retrouvé sa trace sur le champ de bataille de Laupen, où il combattit, comme simple arbalétrier, avec sept cents hommes des petits cantons, on le perd de nouveau de vue pour ne le retrouver qu'au moment de sa mort, qui eut lieu, à ce que l'on croit, au printemps de 1354. La fonte des neiges avait grossi la Schachen et venait d'entraîner une maison près d'elle. Au milieu des débris, Tell vit flotter un berceau et entendit les cris d'un enfant ; il se précipita aussitôt dans le torrent, atteignit le berceau et le poussa vers la rive. Mais, au moment où il allait aborder lui-même, le choc d'une solive lui fit perdre connaissance, et il disparut. Il y a de ces hommes élus dont la mort couronne la vie.

Le fils aîné du savant Mattéo publia, en 1760, un extrait d'un écrivain danois du douzième siècle,

La chapelle de Guillaume.

nommé Saxo Grammaticus, qui raconte le fait de la pomme et l'attribue à un roi de Danemark. Aussitôt l'école positive, cette bande noire de la poésie, déclara que Guillaume Tell n'avait jamais existé, et, joyeuse de cette découverte, tenta d'enlever au jour solennel de la liberté suisse les rayons les plus éclatants de son aurore; mais le bon peuple des Waldstetten garda à la religion traditionnelle de ses pères un saint respect et resta dévot à ses vieux souvenirs. Chez lui le poëme est demeuré vivant et sacré comme s'il venait de s'accomplir, et, si sceptique que l'on soit, il est impossible de douter encore de la vérité de cette tradition lorsqu'en parcourant cette terre éloquente on a vu les descendants de Walter Furst, de Stauffacher et de Mechtal, prier Dieu de les conserver libres devant la chapelle consacrée à la naissance de Guillaume et à la mort de Guessler.

LANCELOT   JARDIN

Altorf.

PAULINE.

e sacristain revint et nous
ouvrit la grille devant laquelle j'ai arrêté mes lecteurs pour leur raconter
l'antique légende qu'ils
viennent de lire ; les cha-
pelles de Guillaume Tell
sont toutes bâties sur le
même plan; à l'intérieur, il y a quelques mauvaises

peintures, qui n'ont pas même le mérite de dater
de l'époque où la naïveté était une école; celle que
nous visitions était décorée de toute l'histoire de
Guillaume Tell et de Mechtal : le plafond représentait le passage de la mer Rouge par les Hébreux. Je
n'ai jamais pu comprendre quelle analogie il y avait
entre Moïse et Guillaume Tell, si ce n'est que tous
deux ils avaient délivré un peuple; et, comme le sacristain n'en savait pas plus que moi sur cet article,

je suis forcé de laisser dans l'obscurité qui la couvre la pensée symbolique de l'artiste.

On me présenta un livre sur lequel chaque voyageur qui passe inscrit son nom et sa pensée ; il faut voir beaucoup de noms et de pensées réunies dans de pareils livres pour bien se convaincre combien l'un et l'autre sont choses rares. Au bas de la dernière page, je reconnus la signature de l'un de mes amis, Alfred de N.....; il était passé le matin même. J'interrogeai le sacristain, et j'appris qu'il suivait la même route que moi, et était redescendu à Altorf.

C'était bien mon affaire ; Alfred est de mon âge à peu près ; c'est un artiste distingué, qui étudiait, dans les ateliers de M. Ingres, la peinture, dont il comptait faire son état, lorsque je ne sais quel oncle, qui ne lui avait jamais donné un écu de son vivant, fut enfin forcé de lui laisser vingt-cinq mille livres de rentes à l'heure de sa mort. Alfred avait continué la peinture : seulement il allait à l'atelier en cabriolet, et il avait coupé ses cheveux, sa barbe et ses moustaches, de sorte que c'était à cette heure un homme du monde comme tous les gens du monde, plus le cœur et le talent.

On comprend qu'un pareil compagnon de voyage m'agréait fort, à moi surtout qui, depuis plusieurs jours, étais forcé de me contenter de Francesco, fort brave garçon sans doute, mais à qui le ciel avait donné plus de vertus solides que de qualités agréables, très-suffisant, au reste, pour me soutenir dans les mauvais chemins, où la crainte de faire un faux pas réunissait toutes mes facultés pensantes sur le point où il me fallait poser le pied, mais très-insuffisant à me distraire dans les belles routes, où, dès que mon corps était à peu près certain de conserver son équilibre, ma langue et mon esprit retrouvaient toute leur liberté, et, avec leur liberté, cette rage de questions dont je suis possédé en voyage. Or il y avait, sous ce rapport, une chose que je n'avais jamais pu jusque-là faire comprendre à Francesco, et qu'il ne comprit pas davantage par la suite, il faut que je lui rende cette justice, c'était de me traduire en italien la réponse à la demande que je le chargeais de faire en allemand à mes guides ; il faisait la demande, il est vrai, il écoutait la réponse avec une grande attention, et souvent même avec un plaisir visible, mais il la gardait religieusement pour lui ; la seule explication que j'aie jamais pu me donner à moi-même sur ce mutisme, c'est que Francesco se figurait que mes interrogations continuelles avaient pour but son instruction particulière.

En sortant de la chapelle, nous nous arrêtâmes un instant sur la colline qui domine le lac des Quatre Cantons ; elle offre non-seulement une délicieuse vue d'horizon, mais encore un magnifique panorama d'histoire, car c'est autour de ce lac, berceau de la liberté suisse, que se sont passés tous les événements de cette épopée que nous venons de raconter, et qui est devenue si populaire parmi nous, grâce à la poésie de Schiller et à la musique de Rossini, qu'on serait tenté de croire qu'elle fait partie de nos chroniques nationales.

En redescendant vers Altorf, nous traversâmes la Schachen sur un pont couvert : c'est dans cette rivière et à l'endroit même où est bâti ce pont que Guillaume Tell se noya en sauvant un enfant que l'eau débordée entraînait avec son berceau.

En dix minutes, nous fûmes à Altorf ; les deux premières choses qui frappent la vue en entrant sur la place sont une grande tour carrée, et, parallèlement à elle, une jolie fontaine. La tour est bâtie sur l'emplacement où Guessler avait fait planter l'arbre au haut duquel il avait placé son bonnet, orné de la couronne des ducs d'Autriche. La fontaine s'élève à l'endroit même où le petit Walter était attaché lorsque son père lui enleva la pomme de dessus la tête ; la tour est peinte sur deux de ses faces ; une des fresques représente la bataille de Morgarten, remportée, le 15 novembre 1315, sur le duc Léopold ; et l'autre, toute l'histoire de la délivrance de la Suisse. La fontaine sert de piédestal à un groupe de deux statues : l'une est Guillaume Tell tenant son arbalète ; l'autre Walter tenant la pomme. Mon guide m'assura que, dans sa jeunesse, il se rappelait avoir vu debout encore l'arbre auquel l'enfant avait été attaché ; mais cet arbre, qui ne comptait alors pas moins de cinq cents ans, portait ombre à la maison du général Bessler. Le brave général, qui aimait, à ce qu'il paraît, jouir du soleil, fit abattre le tilleul qui lui en dérobait les rayons, et éleva à sa place la fontaine qui y est aujourd'hui, et qui, au goût de mon guide, et à celui des habitants d'Altorf, dont il résume probablement l'opinion, fait beaucoup mieux à l'œil. Je comptai, au reste, cent dix huit pas de la tour à la fontaine : en supposant la tradition exacte, ce serait donc à cette distance que Guillaume Tell fit la fameuse preuve d'adresse qui lui a valu sa poétique réputation.

Nous entrâmes pour dîner à l'hôtel du Cygne, qui est lui-même sur la grande place. Pendant que l'aubergiste trempait notre soupe et faisait griller nos côtelettes, sa fille vint nous demander en allemand si nous désirions voir la prison de Guillaume Tell ; à quoi Francesco répondit très vivement, et d'un air très-détaché, que nous n'en avions pas la moindre envie. Malheureusement pour Francesco, mon oreille commençait à s'accoutumer aux sons de la langue germanique, et j'avais à peu près compris la demande. Je rectifiai donc à l'instant sa réponse, en déclarant que j'étais tout prêt à suivre mon nouveau guide ; et, pour ne pas laisser à Francesco une fausse idée sur mon empressement, qui heurtait son insouciance, je l'invitai à me suivre en sa qualité d'interprète, car depuis longtemps il m'était inutile comme guide, le pays où nous voyagions lui était aussi inconnu qu'à moi. Il obéit donc avec un senti-

ment de tristesse profonde, produit par l'idée que
notre curiosité, dans les circonstances où nous nous
trouvions, ne pouvait être satisfaite qu'aux dépens
de notre estomac, et Francesco était plus gastro-
nome que curieux; il ne m'en suivit pas moins avec
la physionomie d'un homme qui se dévoue à ses devoirs. A la porte, nous rencontrâmes le potage; ce
fut le dernier coup porté au stoïcisme du pauvre
garçon : il me montra la soupière qui passait, et,
respirant voluptueusement l'atmosphère odorante
dont elle nous avait enveloppés un instant, il ne me
dit que cette seule parole, dans laquelle était toute
sa pensée :

— *La minestra !...*

— *Va bene,* répondis-je, *è troppo bollente; al
nostro rittorno, sara eccellente!...*

— *Die kalte Suppe ist ein sehr schlectes Ding* (1),
murmura tristement Francesco, rejeté par son émo-
tion dans sa langue naturelle.

Malheureusement la phrase se composait de sons
nouveaux, auxquels je n'étais pas encore habitué,
de sorte que je restai parfaitement insensible à cette
touchante interpellation.

Nous suivîmes notre guide, qui nous conduisit
dans un petit caveau dont on avait fait un fruitier.
Deux anneaux scellés au plafond étaient les mêmes,
nous assura naïvement la jeune fille, que ceux auxquels les mains de Guillaume Tell avaient été atta-
chées pendant la nuit qui suivit sa révolte contre
l'autorité de Guessler, et qui précéda son embarquement sur le lac des Quatre Cantons; quant aux deux
portes de chêne qui fermaient le cachot, il n'en reste
que les ferrements adhérents à la muraille : on nous
les fit voir, et il fallut bien nous en contenter.

J'écoutai cette tradition, très-apocryphe peut-être,
avec la même foi qu'elle m'était racontée; je mérite
d'être rangé, je l'avoue, dans une classe de voyageurs oubliée par Sterne, celle des voyageurs cré-
dules : mon imagination s'est toujours bien trouvée
de ne pas chercher le fond de ces sortes de choses.
Pourquoi d'ailleurs dépouiller les lieux de la poésie
du souvenir, la plus intime de toutes les poésies?
Pourquoi ne pas croire que le fruitier où il y a
maintenant des pommes soit le cachot où, il y a
cinq siècles, était enchaîné un héros? J'ai vu depuis,
au Pizzo, la prison de Murat ; j'ai passé une nuit où
le soldat royal a sué son agonie ; j'ai mis le doigt
dans le trou des balles qui ont creusé le mur après
lui avoir traversé le corps, et de cela il n'y avait aucun doute à en faire, car l'événement est d'hier, et
les enfants qui l'ont vu s'accomplir sont à peine aujourd'hui des hommes; mais, dans cinquante ans,
dans cent ans, dans cinq siècles, en supposant que
la forteresse homicide reste debout, toutes ces traces
vivantes encore aujourd'hui ne seront plus alors que
des traditions comme celle de Guillaume Tell; peut-

(1) La soupe froide est une très-mauvaise chose.

être même mettra-t-on en doute la naissance obscure,
la carrière chevaleresque, la mort fatale *del re Joa-
chimo*, et regardera-t-on comme un conte soldates-
que, raconté autour d'un feu de bivac, cette histoire dont nous avons connu les héros. Bienheureux
ceux qui croient : ce sont les élus de la poésie !

— Oui, diront les sceptiques, mais ils mangent
leur soupe froide et leurs côtelettes brûlées.

A ceci, je n'ai rien à répondre, si ce n'est que
l'algèbre est une fort belle chose, mais que je n'y ai
jamais rien compris.

Après le dîner, je demandai à notre hôte s'il ne
logeait pas en même temps que nous dans son hôtel
un jeune Français nommé Alfred de N.

— Il partait comme vous arriviez, me répondit-il.

— Et où est-il allé que vous sachiez?

— A Fluelen, où il avait fait d'avance retenir une
barque.

— Alors la carte, et partons.

Ce fut un nouveau coup porté à Francesco : il me
fit répéter deux fois avant de se décider à traduire
ma phrase de l'italien en allemand. Le pauvre garçon avait déjà fait toutes ses dispositions pour passer le reste de la journée et la nuit à Altorf. Je lui
promis qu'il dormirait admirablement à Brünnen,
dont on m'avait vanté l'auberge; cette promesse le fit
frissonner des pieds à la tête, il nous restait encore
cinq lieues à faire pour arriver au gîte que je lui pro-
mettais; il est vrai que, sur les cinq lieues, nous en
avions quatre et demie de bateau : c'est ce qu'igno-
rait Francesco, aussi faible sur la géographie qu'il
était insoucieux sur l'histoire ; je me hâtai de le rassurer en lui faisant part de cette circonstance. Ma
parole lui rendit toute sa bonne humeur ; il m'apporta gaiement mon sac de voyage et mon bâton
ferré. Nous payâmes et nous prîmes congé de la
capitale du canton d'Uri.

C'était un bon enfant, à tout prendre, que Francesco, à part l'idée qu'il voyageait pour son propre
plaisir, ce qui l'entraînait dans des erreurs continuelles, en lui faisant prendre des dispositions qui,
le plus souvent, ne cadraient pas avec les miennes;
de là sa stupéfaction quand d'un mot presque toujours inattendu je dérangeais tous ses arrangements;
alors, il y avait un moment de lutte entre ma volonté
et son étonnement, mais presque aussitôt il cédait
passivement, comme une pauvre créature dressée à
l'obéissance, et son excellent naturel reprenant le
dessus, il retrouvait sa gaieté en faisant de nouveaux
projets qui devaient être détruits à leur tour.

Alfred avait sur nous deux heures d'avance ; de
plus, il était en voiture, ce qui nous laissait peu
de chances pour le rattraper. Nous n'en marchâmes
que plus vite, et un quart d'heure après notre départ d'Altorf nous entrions à Fluelen. J'étais encore à cent pas du rivage, à peu près, lorsque j'a-
perçus mon voyageur qui mettait le pied dans sa
barque. Je l'appelai par son nom de toute la force

de mes poumons, il se retourna aussitôt ; mais, quoiqu'il m'eût visiblement reconnu, il n'en continua pas moins son embarquement, et je crus même remarquer qu'il y mettait d'autant plus de célérité que je m'approchais davantage. Je l'appelai une seconde fois : il me salua en souriant de la tête ; mais, au même instant, prenant une rame des mains d'un des mariniers, il s'en servit pour éloigner vivement la barque de la rive. Dans le mouvement qu'il fit, j'aperçus, alors seulement, une femme qui était cachée derrière lui ; je compris aussitôt la cause de cette apparente impolitesse, et je le rassurai, sur l'effet qu'elle pouvait produire dans mon esprit, en lui faisant un salut si respectueux, qu'il était évident que la moitié en était adressée à sa mystérieuse voisine. En même temps j'arrêtai Francesco, qui, ne comprenant rien à notre pantomime, continuait de courir vers la barque et de crier en allemand aux mariniers d'arrêter. Alfred me remercia de la main, et la barque s'éloigna gracieusement, se dirigeant vers la base de l'Axemberg, où est la chapelle de *Tell'en Platen*. Quant à Francesco, il reçut l'autorisation d'aller faire préparer à Fluelen nos chambres respectives, mission qu'il accomplit avec une vive satisfaction, tandis qu'avec une satisfaction non moins grande j'allais me coucher paresseusement au bord du lac.

C'est toujours une excellente chose que de se coucher, mais cette action s'accomplit parfois dans des conditions merveilleuses. Se coucher sur une terre historique, sur les bords d'un lac qui fuit entre des montagnes ; voir glisser sur l'eau, comme un fantôme, une barque dans laquelle est une personne qui se rattache à vos souvenirs d'une autre époque et à vos habitudes d'une autre localité ; sentir se mêler le passé au présent, si différents qu'ils soient l'un de l'autre ; être en personne en Suisse et en esprit en France ; voir avec les yeux de l'imagination la rue de la Paix, et, avec ceux du corps, le lac de Lucerne ; mêler dans cette rêverie infinie et sans but les objets et les lieux ; voir passer dans ce chaos des figures qui semblent porter leur lumière en elles-mêmes, comme les amas de Martynn : c'est un rêve de la veille, qui peut se comparer aux plus beaux rêves du sommeil ; surtout si vous faites ce rêve à l'heure où le jour s'assombrit, où le soleil descend derrière une cime qu'il enflamme, comme celle de l'Horeb, et où le crépuscule tout trempé de fraîcheur, de silence et de rosée, fait trembler à

l'orient les premières étoiles du soir ; alors vous comprenez instinctivement que le monde marche pour lui-même et non pour vous ; que vous n'êtes qu'un spectateur convié par la bonté de Dieu à ce splendide spectacle, et que la terre n'est qu'un fragment intelligent du système universel. Vous songez soudain avec effroi combien peu d'espace vous couvrez sur cette terre ; mais bientôt l'âme réagit sur la matière, votre pensée se proportionne à la largeur des objets qu'il faut qu'elle embrasse, vous rattachez le passé au présent, les mondes aux mondes, l'homme à Dieu, et vous vous dites à vous-même, étonné de tant de faiblesse et de tant de puissance : « Seigneur, que votre main m'a fait petit, mais que votre esprit m'a fait grand ! »

J'étais plongé au plus profond de ces pensées lorsque la voix de Francesco me ramena à un ordre d'idées fort inférieur ; il venait m'annoncer que, si petit que la main de Dieu m'eût fait, il n'y avait pas de place pour moi à Fluelen, et, comme il vit que la nouvelle produisait sur mon esprit un effet assez désagréable, il me présenta incontinent un grand garçon natif de Lausanne et cocher de son métier, lequel mettait à ma disposition, si la chose m'agréait, la voiture et les chevaux avec lesquels il avait amené Alfred à Fluelen, soit que je voulusse retourner à Altorf, soit que je me décidasse à faire le tour du lac par la rive gauche, le long de laquelle s'étend une route à peu près praticable. Ni l'une ni l'autre de ces deux propositions ne m'allaient ; mais je lui en fis une à laquelle il ne s'attendait pas : c'était de me louer l'intérieur de sa voiture pour la nuit ; il ne l'en accepta pas moins en véritable Suisse toujours prêt à tirer parti de tout. Nous fîmes prix à un franc cinquante centimes, et Francesco partit pour combler l'intervalle des banquettes avec de la paille : ma blouse devait remplacer les draps, et mon manteau me tenir lieu de couverture.

Resté seul avec le propriétaire de ma chambre improvisée, je lui fis quelques questions sur Alfred et sur la personne qui l'accompagnait ; mais il ne savait absolument rien, si ce n'est que la dame était souffrante, paraissait prodigieusement aimer son compagnon de voyage, et s'appelait Pauline.

Quand je fus bien convaincu que je n'en saurais pas davantage, je mis bas mes habits, je me jetai dans le lac pour faire ma toilette du soir, et j'allai me coucher dans ma voiture.

Alfred me remercia de la main, et la barque s'éloigna gracieusement. — PAGE 100.

HISTOIRE D'UN ANE, D'UN HOMME, D'UN CHIEN ET D'UNE FEMME.

e fus réveillé le lendemain à la pointe du jour par le cocher qui mettait les chevaux à la voiture ; comme nous ne faisions pas même route, je me hâtai de sauter à bas de mon lit, et je trouvai Francesco qui avait dormi de son côté dans le grenier à foin, tout prêt à me suivre ; notre barque, retenue dès la veille, nous attendait avec les deux rameurs et son pilote ; nous y montâmes aussitôt, et nous commençâmes, à notre tour, notre navigation : une heure après notre départ de Fluelen, nous mettions pied à terre sur la pierre de Guillaume Tell. Au dire de nos mariniers, c'était sur ce rocher même que le vaillant archer s'était élancé, profitant de la liberté qui lui avait été rendue par Guessler, au milieu de la tempête.

A un quart de lieue de la chapelle de Tellen-Platen, sur la même rive et derrière le village de Sissigen, s'ouvre une vallée qu'à trois lieues de la ferme le Roestock; la cime escarpée de ce pic servit de route aux vingt-cinq mille Russes, commandés par Suwarow qui descendirent, le 28 octobre 1799, au village de la Muotta. C'est alors qu'on vit des armées tout entières passer là où les chasseurs de chamois ôtaient leurs souliers, marchaient pieds nus, et s'aidaient de leurs mains pour ne pas tomber. C'est là que trois peuples, venus de trois points différents, se donnèrent rendez-vous au-dessus de la demeure des aigles, comme pour rendre de plus près Dieu juge de la justice de leur cause. Alors il y eut un instant où toutes ces montagnes glacées s'allumèrent comme des volcans, où les cascades descendirent sanglantes dans la plaine, et où roulèrent jusque dans la vallée des avalanches humaines, si bien que la mort fit une telle moisson, là où jusques alors la vie n'était pas parvenue, que les vautours, pour qui elle avait fauché, devenus dédaigneux par abondance, ne prenaient plus que les yeux des cadavres pour porter à leurs petits.

Je voulais m'arrêter là et visiter cette vallée de Pélion et d'Ossa où Masséna et Suwarow avaient lutté comme deux titans; mais mes mariniers me dirent que j'aurais plus beau et plus court chemin en remontant la Muotta, que je devrais rencontrer à Ibach, entre Ingenbohl et Schwitz. Je continuai donc ma route vers la Grutli; nous marchions sur une terre si féconde, qu'on ne perd de vue un grand souvenir que pour en découvrir aussitôt un autre.

Nous abordâmes au Grutli; nous gravîmes une petite colline en pente assez douce, et nous arrivâmes sur un plateau formant une charmante prairie. C'est là que, pendant la nuit du 17 novembre de l'année 1307, Werner Stauffacher, du canton de Schwitz, Walter Furst, du canton d'Uri, et Arnold de Mechtal, du canton d'Unterwalden, accompagnés chacun de dix hommes, firent, comme nous l'avons dit, le serment de délivrer leur pays, demandant au Seigneur, si ce serment lui était agréable, de le leur faire connaître par quelque signe visible : au même instant, trois sources jaillirent aux pieds des trois conjurés.

Ce sont ces trois sources qu'on va visiter, qui coulent depuis cinq siècles passés, et qui tariront, au dire des vieux prophètes des montagnes, le jour où la Suisse cessera d'être libre. La première, en commençant à gauche, est celle de Walter Furst; la seconde, celle de Werner Stauffacher; la troisième, celle de Mechtal.

Je fis servir, sous le hangar même qui enferme les sources, et qui fut bâti, me dit le cicerone de ce petit coin de terre, grâce à la *munificence* du roi de Prusse, mon déjeuner et celui de mes matelots; je remarquai, comme un fait à l'honneur de leur patriotisme, qu'ils poussèrent le respect pour les sources jusqu'à boire leur vin pur. Je ne sais si ce

fut le sentiment d'un devoir accompli qui mit mes hommes en gaieté, mais ce que je sais, c'est qu'ils traversèrent joyeusement le lac, accompagnant le mouvement de leur aviron d'une tyrolienne dont j'entendais encore le refrain aigu de l'autre côté de Brünnen, dix minutes après les avoir quittés.

Nous ne nous arrêtâmes point dans ce village, qui n'offre rien de remarquable, si ce n'est pour demander à un homme qui fumait, assis sur le banc de la dernière maison, si nous étions bien sur la route de Schwitz. Celui à qui nous faisions cette question nous répondit affirmativement, et, pour plus grande sûreté, il nous montra, à trois cents pas devant nous, un paysan et son âne qui nous précédaient dans le chemin que nous devions suivre, et qui devaient nous précéder ainsi jusqu'à Ibach; d'ailleurs, il n'y avait pas à s'y tromper, la route de Schwitz à Brünnen étant carrossable.

Rassurés par cette explication, nous avions perdu nos deux guides derrière un coude de la route, et nous ne pensions déjà plus à eux lorsqu'en arrivant nous-mêmes à l'endroit où ils avaient disparu nous vîmes revenir le quadrupède, qui retournait au grand galop à Brünnen, et qui, sans doute, pour y annoncer son arrivée, donnait à sa voix toute l'étendue qu'elle pouvait atteindre. Derrière lui, mais perdant visiblement autant de terrain que Curiace blessé sur Horace sain et sauf, venait le paysan, qui, tout en courant, employait l'éloquence la plus persuasive pour retenir le fugitif. Comme la langue dans laquelle ce brave homme conjurait son âne était ma langue maternelle, je fus aussi touché de son discours que le stupide animal l'était peu, et, au moment où il passait près de moi, je saisis adroitement la longe qu'il traînait après lui; mais il ne se tint pas pour arrêté et continua de tirer de son côté. Comme je ne voulais pas avoir tout devant un âne, j'y mis de l'entêtement et je tirai du mien ; bref, je n'oserais pas dire à qui la victoire serait restée, si Francesco ne m'était venu en aide en faisant pleuvoir sur la partie postérieure de mon adversaire une grêle de coups de son bâton de voyage; l'argument fut décisif; l'âne se rendit aussitôt, secouru ou non secouru. En ce moment, le paysan arriva, et nous lui remîmes le prisonnier.

Le pauvre bonhomme était en nage, aussi crûmes-nous qu'il allait continuer à sa bête la correction commencée; mais, à notre grand étonnement, il lui adressa la parole avec un accent de bonté qui me parut si singulière peut assorti à la circonstance, que je ne pus m'empêcher de lui exprimer mon étonnement sur sa mansuétude, et que je lui dis franchement que je croyais qu'il gâterait entièrement le caractère de son animal s'il l'encourageait dans de pareilles fantaisies.

— Ah ! me répondit-il, ce n'est pas une fantaisie ; c'est qu'il a eu peur, ce pauvre Pierrot !

— Peur de quoi ?

Le paysan tomba immédiatement le derrière dans l'eau.

— Il a eu peur d'un feu que des enfants avaient allumé sur la route.

— Eh bien! mais, dites donc, continuai-je, c'est un fort vilain défaut qu'il a là, monsieur Pierrot, que d'avoir peur du feu.

— Que voulez-vous? répondit le bonhomme avec la même longanimité, c'est plus fort que lui, pauvre bête!

— Mais, si vous étiez sur son dos, mon brave homme, quand une peur comme celle-là lui prend, à moins que vous ne soyez meilleur cavalier que je ne vous crois, savez-vous qu'il vous casserait le cou?

— Oh! oui, monsieur, fit le paysan avec un geste de conviction; ça ne fait pas un doute, aussi je ne le monte jamais.

— Alors, ça vous fait un animal bien agréable!

— Eh bien! tel que vous le voyez, continua le bonhomme, ç'a été la bête la plus docile, la plus dure à la fatigue et la plus courageuse de tout le canton; il n'avait pas son pareil.

— C'est votre faiblesse pour lui qui l'aura gâté.

— Oh! non, monsieur, c'est un accident qui lui est arrivé.

— Allons donc, Pierrot, continuai-je en poussant l'âne qui s'était arrêté de nouveau.

— Attendez... c'est qu'il ne veut pas passer l'eau.

— Comment, il a peur de l'eau aussi?

— Oui, il en a peur.

— Il a donc peur de tout?

— Il est très-ombrageux, c'est un fait. Allons, Pierrot!

Nous étions arrivés à un endroit où un ruisseau d'une dizaine de pieds de large coupait la route, et Pierrot, qui paraissait avoir une profonde horreur de l'eau, était resté sur le bord, les quatre pieds fichés en terre, et refusait absolument de faire un pas de plus. Sa résolution était visible; le paysan avait beau tirer, Pierrot opposait une force d'inertie inébranlable. Je m'attachai à la corde, et je tirai de mon côté; mais Pierrot se cramponna de plus belle, en s'assurant sur ses pieds de derrière. Francesco alors le poussa par la croupe, ce qui n'empêcha point Pierrot, malgré la combinaison de nos efforts, de rester dans l'immobilité la plus parfaite. Enfin, ne voulant pas en avoir le démenti, je tirai si bien, que tout à coup la corde cassa; cet accident eut sur les différents personnages un effet pareil dans ses résultats, mais très-varié dans ses détails. Le paysan tomba immédiatement le derrière dans l'eau, j'allai à reculons m'étendre à dix pas dans la poussière, et Francesco, manquant tout à coup de point d'appui, grâce au quart de conversion que fit inopinément Pierrot en se sentant libre, s'épata le nez et les deux mains dans la vase.

— J'étais sûr qu'il ne passerait pas, dit tranquillement le bonhomme en tordant le fond de sa culotte.

— Mais c'est un infâme rhinocéros que votre Pierrot! répondis-je en m'époussetant.

— Diavolo di sommaro! murmura Francesco, remontant le courant pour se laver la figure et les mains à un endroit où l'eau ne fût pas troublée.

— Je vous remercie bien, me dit le bonhomme, de la peine que vous vous êtes donnée pour moi, mon bon monsieur.

— Il n'y a pas de quoi; seulement je suis affligé qu'elle n'ait pas eu un meilleur résultat.

— Que voulez-vous? quand on a fait ce qu'on peut, il n'y a pas de regrets à avoir.

— Eh bien! mais... de quelle manière allez-vous vous en tirer?

— Je vais faire un détour.

— Comment! vous céderez à Pierrot?

— Il le faut bien, puisqu'il ne veut pas me céder.

— Oh! non, dis-je, ça ne finira pas comme cela; quand je devrais porter Pierrot sur mon dos, Pierrot passera.

— Hum! il est lourd, fit le bonhomme en hochant la tête.

— Allez l'attraper par la bride, j'ai une idée.

Le paysan repassa le ruisseau, et alla reprendre par le bout de sa longe Pierrot, qui s'était tranquillement arrêté à mâcher un chardon.

— C'est bien, continuai-je; maintenant amenez-le le plus près que vous pourrez du courant: bon!

— Est-il bien là?

— Parfaitement. As-tu fini de te débarbouiller, Francesco?

— Oui, Excellence.

— Donne-moi ton bâton et passe du côté de la tête de Pierrot.

Francesco me tendit l'objet demandé et exécuta la manœuvre prescrite: quant au paysan, il caressait tendrement son âne.

Je profitai de ce moment pour prendre ma position derrière l'animal, et, pendant qu'il répondait aux amitiés de son maître, je passai nos deux bâtons de montagne entre ses jambes. Francesco comprit aussitôt ma pensée, se tourna comme un commissionnaire qui se prépare à porter une civière, et prit les deux bâtons par un bout, pendant que je les tenais par l'autre; au mot, enlevez! Pierrot perdit terre, et, au commandement de en avant, marche! il se mit triomphalement en route, ressemblant assez à une litière dont nous étions les porteurs.

Soit que la nouveauté de l'expédient l'eût étourdi, soit qu'il trouvât cette manière de voyager de son goût, soit enfin qu'il fût frappé de la supériorité de nos moyens dynamiques, Pierrot ne fit aucune résistance, et nous le déposâmes sain et sauf sur l'autre rive.

— Eh bien! dit le paysan quand la bête eut repris son aplomb naturel, en voilà une sévère! qu'est-ce que tu en penses, mon pauvre Pierrot?

— Enlevez! En avant, marche! — Page 103.

Pierrot se remit en route comme s'il n'était absolument rien arrivé.

— Et maintenant, dis-je au bonhomme, racontez-moi l'accident arrivé à votre âne, et d'où vient qu'il a peur de l'eau et du feu : c'est bien le moins que vous me deviez, après le service que je viens de vous rendre.

— Ah! monsieur, me répondit le paysan en posant sa main sur le cou de sa bête, la chose est arrivée il y aura deux ans au mois de novembre prochain : il y avait déjà beaucoup de neige dans la montagne, et un soir que j'étais revenu comme aujourd'hui de Brünnen avec Pierrot, — dans ce temps-là, pauvre animal! il n'avait peur de rien, — et que nous nous chauffions, mon fils, — mon fils n'était pas encore mort à cette époque-là, — ma belle-fille, Fidèle et moi, autour d'un bon feu ..

— Pardon, interrompis-je; mais, quand je commence à écouter une histoire, j'aime à connaître parfaitement mes personnages : — sans indiscrétion, qu'est-ce que Fidèle ?

— Sauf votre respect, c'est notre chien, un griffon superbe, oh! une fameuse bête, allez!

— Bien, mon ami, maintenant j'écoute.

Francesco.

— Nous nous chaufflons donc, écoutant le vent siffler dans les sapins, quand on frappa à la porte; je courus ouvrir : c'étaient deux jeunes gens de Paris qui étaient partis de Sainte-Anna sans guide, et qui s'étaient perdus dans la montagne : ils étaient roides de froid; je les fis approcher du feu, et, tandis qu'ils dégelaient, Marianne prépara un cuisseau de chamois. C'étaient de bons vivants, à moitié morts, mais gais et farceurs tout de même, de vrais Français, enfin. Ce qui les avaient sauvés, c'est qu'ils avaient avec eux tout ce qu'il fallait pour faire du feu; de sorte que deux ou trois fois ils avaient allumé des tas de branches, s'étaient réchauffés et s'étaient remis en route de plus belle ; si bien qu'à force de marcher, de se refroidir, de se réchauffer et de se remettre en chemin, ils étaient arrivés jusqu'à la maison. Après souper, je les conduisis dans leur chambre : dame! ça n'était pas élégant, mais c'était tout ce que nous avions ; douce comme un poêle, du reste, parce qu'il y avait une porte qui donnait dans l'étable, et que les chrétiens profitaient de la chaleur des animaux. En allant chercher de la paille pour faire le lit, je laissai la porte de communication ouverte, et Pierrot, qui restait toujours libre comme l'air, vu qu'il était doux comme un agneau, rentra derrière moi dans la chambre, me suivant comme un chien, et mangeant à même de la botte de paille que je tenais sous le bras.

— Vous avez là un bien bel animal, me dit un des voyageurs.

Effectivement, je ne sais pas si vous l'avez remarqué, mais Pierrot est superbe dans son espèce.

Je fis un signe de tête.

— Comment s'appelle-t-il? continua le plus grand des deux.

— Il s'appelle Pierrot. Oh! vous pouvez l'appeler, il n'est pas fier, il viendra.

— Combien peut valoir un âne comme celui-ci?

— Dame! vingt écus, trente écus.

— C'est pour rien.

— Effectivement, dis-je, relativement aux services que ça rend, ça n'est pas cher. Allons, Pierrot, mon ami, faut laisser coucher ces messieurs.

Il me suivit comme s'il m'entendait. Je fermai la porte de communication, et, pour ne pas déranger ces messieurs davantage, je rentrai par devant. Un instant après, je les entendis rire de tout leur cœur.

— Bon, dis-je, Dieu regarde la chaumière dont les hôtes sont joyeux.

Le lendemain, sur les sept heures, nos deux jeunes gens se réveillèrent; mon fils était déjà parti pour la chasse. Pauvre François! c'était sa passion. Enfin, Marianne avait préparé le déjeuner. Nos hôtes mangèrent avec des appétits de voyageurs; puis ils voulurent régler leur compte : nous leur dîmes que c'était ce qu'ils voudraient; ils donnèrent un louis à Marianne qui voulut leur rendre, mais ils s'y opposèrent. Ils étaient riches, à ce qu'il paraît.

— Maintenant, mon brave homme, me dit l'un d'eux, ce n'est pas tout; il faut que vous nous prêtiez Pierrot jusqu'à Brünnen.

— Avec grand plaisir, messieurs, que je répondis; vous le laisserez à l'auberge de l'Aigle, et, la première fois que j'irai aux provisions, je le reprendrai. Pierrot est à votre service, prenez-le; vous monterez chacun votre tour dessus, et même tous les deux ensemble; il est solide, ça vous soulagera.

— Mais, reprit son camarade, comme il pourrait arriver malheur à Pierrot...

— Qu'est-ce que vous voulez qu'il lui arrive? que je dis; la route est bonne d'ici à Ibach, et d'Ibach à Brünnen elle est superbe.

— Enfin, on ne peut pas savoir. Nous allons vous laisser sa valeur.

— C'est inutile, j'ai confiance en vous.

— Nous ne le prendrons pas sans cette condition.

— Faites comme voudrez, messieurs, vous êtes les maîtres.

— Vous nous avez dit que Pierrot valait trente écus?

— Au moins.

— En voilà quarante, donnez-nous un reçu de la somme. Si nous remettons votre bête saine et sauve

entre les mains du maître de l'hôtel de l'Aigle, il nous la remboursera; s'il arrive quelque malheur à Pierrot, vous garderez les quarante écus.

On ne pouvait pas mieux dire. Ma bru, qui sait lire et écrire, parce qu'elle était la fille du maître d'école de Goldau, leur donna un reçu circonstancié; on leur harnacha Pierrot, et ils partirent. C'est une justice à lui rendre, pauvre bête! il ne voulait pas marcher; il nous regardait d'un air triste, au point qu'il me fit de la peine, et que j'allai couper un morceau de pain que je lui donnai. Il aime beaucoup le pain, Pierrot; c'était un moyen de lui faire faire tout ce qu'on voulait; de sorte que je n'eus qu'à lui dire : *Allons, va!* pour qu'il se mît en route. Dans ce temps-là, il était obéissant comme un caniche.

— L'âge l'a bien changé.

— Le fait est qu'il n'est pas reconnaissable; mais, avec votre permission, ce n'est pas l'âge, c'est l'accident en question.

— Qui lui arriva pendant le voyage?

— Oh! oui, monsieur, et un rude! n'est-ce pas, mon pauvre Pierrot?

— Voyons l'accident.

— Vous ne le devineriez jamais, allez! Il faut vous imaginer que nos farceurs de Parisiens avaient eu une idée, et une drôle encore! c'était, au lieu de se chauffer de temps en temps, comme ils l'avaient fait la veille, de se chauffer ce jour-là tout le long de la route. Or, ils avaient pensé à Pierrot pour cela. J'ai su depuis comment tout s'était passé par un voisin de Ried, qui travaillait dans le bois et qui les vit faire. Ils lui mirent d'abord sur son bât une couche d'herbe mouillée, puis sur la couche d'herbe une couche de neige, puis une nouvelle couche d'herbe, et sur cette couche un fagot de sapins, comme vous en avez vu entassés tout le long de la route; alors ils tirèrent leur briquet de leur poche et allumèrent le fagot; de sorte qu'ils n'avaient qu'à suivre Pierrot pour se chauffer, et à étendre la main pour allumer leurs cigares, exactement comme s'ils étaient devant leur cheminée. Que dites-vous de l'invention?

— Je dis que je reconnais parfaitement là mes Parisiens.

— J'aurais dû les reconnaître aussi, moi; j'avais déjà eu affaire à eux du temps du général Masséna.

— Comment! vous habitiez déjà la contrée?

— Je venais de m'y établir. J'arrivais du canton de Vaud; voilà pourquoi je parle français.

— Et vous avez vu le fameux combat de Muotta-Thal?

— C'est-à-dire, oui, je l'ai vu et je ne l'ai pas vu : c'est une autre histoire, ça, c'est la mienne.

— Ah! c'est vrai, et nous n'en sommes encore qu'à celle de Pierrot.

— Comme vous dites : ça alla donc bien comme ça l'espace d'une lieue à peu près; ils avaient traversé le village de Shonembuch en se chauffant comme je vous ai dit, et ne s'étaient arrêtés que pour remettre du bois au feu. Tout le monde était sorti sur les portes pour les regarder passer; ça ne s'était jamais vu, vous comprenez. Mais petit à petit la neige qui empêchait Pierrot de sentir la chaleur était fondue, les deux couches d'herbes s'étaient séchées; le feu gagnait du terrain sans que nos Parisiens y fissent attention, et, plus il gagnait du terrain, plus il se rapprochait du cuir de Pierrot; aussi ce fut lui qui s'en aperçut le premier. Il commença à tourner sa peau, puis à braire, puis à trotter, puis à galoper, que nos jeunes gens ne pouvaient plus le suivre, et plus il allait vite, et plus le courant d'air l'allumait. Enfin, pauvre animal! il devint comme un fou, il se roulait; mais le feu avait gagné le bât et ça le rôtissait, il se relevait, il se roulait encore. Enfin, à force de rouler, il arriva sur le talus de la rivière, et, comme elle allait rapidement en pente, il dévala dedans. Les farceurs continuèrent leur route sans s'inquiéter de lui; il était payé.

Deux heures après, on retrouva Pierrot, il était éteint; mais, comme les bords de la Muotta sont escarpés, il n'avait pas pu remonter, et il était resté tout ce temps-là dans l'eau glacée, de sorte qu'après avoir été rôti il gelait : on voulut le faire approcher du feu, mais, dès qu'il vit la flamme, il s'échappa comme un enragé, et, comme il savait son chemin, il revint à la maison, où il fit une maladie de six semaines.

C'est depuis ce temps-là qu'il ne peut plus sentir ni l'eau ni le feu.

Comme j'avais vu des répugnances plus extraordinaires que celles de Pierrot, je compris parfaitement la sienne, et il reprit, dès lors, dans mon estime toute la considération que lui avaient ôtée ses deux escapades.

HISTOIRE DE L'HOMME.

Tout en bavardant, nous étions arrivés à Ibach, et, comme notre déjeuner commençait à être loin, je proposai à notre homme de manger un morceau avec nous : il accepta l'offre avec la même bonhomie qu'elle était faite, et nous nous mîmes à table.

— A propos, lui dis-je pendant qu'on faisa't notre omelette, vous avez laissé tomber un mot que j'ai ramassé.

— Lequel, notre bourgeois? dit le bonhomme, qui commençait à se familiariser avec mes manières.

— Vous avez dit que vous aviez connu les Français du temps de Masséna?

— Un peu, répondit le paysan après avoir vidé son verre et en faisant clapper sa langue contre son palais.

— Et vous avez eu affaire à eux?

— Oh! à un entre autres. Quel chenapan! C'était pourtant un capitaine.

— Est-ce que vous ne pourriez pas nous conter cela?

— Si fait : imaginez-vous... Ah! c'est que voilà l'omelette...

En effet, on apporta ce plat indispensable, et quelquefois unique des mauvaises auberges, et, à la manière empressée dont mon convive avait salué sa présence, il y aurait eu cruauté à détourner des soins qu'il paraissait disposé à lui rendre.

— Diable! dis-je, c'est fâcheux que nous ne suivions probablement pas plus loin la même route, nous aurions causé de la fameuse bataille.

— Oh! oui, c'en est une fameuse : vous allez à Schwitz?

— Oui, mais pas tout de suite; je voudrais auparavant voir la Muotta-Thal.

— Eh bien! mais ça tombe à merveille, il me semble : j'y demeure en plein; de ma fenêtre on voit jusqu'au village de Muotta, où le plus chaud de la chose s'est passé. Venez coucher à la maison; dame! vous ne serez pas crânement, mais la petite chambre est là.

— Ma foi! dis-je, j'accepte la chose comme vous me l'offrez, sans façon.

— Vous avez raison; où il y a de la gêne, il n'y a pas de plaisir. Vous verrez Marianne, qui est une brave fille qui a bien soin de moi ; vous n'aurez pas de chamois, parce que le tueur n'est plus là. Le vieillard poussa un soupir : pauvre François!... Enfin; mais vous trouverez des poules, de bon beurre et de fameux lait, allez!

— Je suis sûr que je serai parfaitement bien.

— Parfaitement bien n'est pas le mot, mais enfin en tâchera que vous n'y soyez pas trop mal. A votre santé.

— A la vôtre, mon brave, et à celle des gens que vous aimez!

— Merci; vous me faites souvenir que j'ai oublié Pierrot...

— J'y ai pensé, moi, et probablement qu'à l'heure qu'il est il dîne mieux que nous.

— Eh bien! je vous remercie. Voyez-vous, Marianne, Fidèle et Pierrot, c'est tout ce qui me reste sur la terre. Quand nous sommes pour rentrer, Pierrot brait, Fidèle vient au-devant de moi, Marianne paraît sur le seuil de la maison. Ceux qui arrivent sont les bienvenus de ceux qui attendent. Quand on vit isolés comme nous vivons, nous autres, les animaux deviennent des amis dont on connaît les bonnes et les mauvaises habitudes ; les bonnes leur viennent de la nature, les mauvaises de leurs rapports avec nous. Quand on sait cela, on leur passe les mauvaises. Pourquoi vouloir que les bêtes soient plus parfaites que les hommes? Si Pierrot n'avait jamais connu de Parisiens, soit dit sans vous offenser...

— Oh! allez, allez, je ne suis pas de Paris.

— Il n'aurait pas le caractère gâté comme il l'a. C'était vrai, au moins, ce qu'il disait : la civilisation corrompt tout, jusqu'aux ânes.

Tout en dialoguant, l'omelette et le fromage avaient disparu ; il ne restait plus dans la bouteille que de quoi trinquer une dernière fois : nous trinquâmes et nous partîmes.

— Et notre capitaine? dis-je aussitôt que nous eûmes dépassé la dernière maison.

— Ah! le capitaine; eh bien! c'était le matin de la bataille, le 29 septembre; je m'en souviens comme d'hier, et cependant il y a trente-quatre ans. Comme le temps passe! Je venais de me marier il y avait huit jours : je tenais en location la maison que j'occupe aujourd'hui. J'avais couché à

IMPRESSIONS DE VOYAGE. Le général Masséna.

— Ah! brigand, tu veux nous trahir! — Page 110.

Ibach, lorsqu'en sortant de l'auberge je suis arrêté par quatre grenadiers; on me conduit devant le général : je ne savais pas ce qu'on voulait faire de moi.

— Tu parles français? me dit-il.

— C'est ma langue.

— Tu demeures depuis longtemps dans le pays?

— Depuis cinq ans.

— Et tu le connais?

— Dame! je le crois.

— C'est bien. — Capitaine, continua le général en se tournant vers un officier qui attendait ses or-

dres, voilà l'homme qu'il vous faut. S'il vous conduit bien, faites-lui donner une récompense; s'il vous trahit, faites-le fusiller.

— Tu entends? dit le capitaine.

— Oui, mon officier, répondis-je.

— Eh bien! en avant, marche!

— Où cela?

— Je te le dirai tout à l'heure.

— Mais enfin..

— Allons! pas de raisons, ou je t'assomme.

Il n'y avait rien à répondre, je marchai. Nous nous engageâmes dans la vallée, et, quand nous

eûmes dépassé Schonembuch, où étaient les avant-
postes français :

— Maintenant, dit le capitaine, me regardant en
face, ce n'est plus cela, il faut prendre à gauche ou
à droite et nous conduire au-dessus du village de la
Muotta; nous avons quelque chose à y faire, et
prends garde que nous tombions dans quelque parti
ennemi, car je te préviens qu'au premier coup de
feu, — il prit un fusil des mains d'un soldat qui en
portait deux, le fit tourner comme une badine, et,
laissant retomber la crosse jusqu'à deux pouces de
ma tête, — je t'assomme.

— Mais enfin, dis-je, ce ne serait cependant pas
ma faute si...

— Te voilà prévenu, arrange-toi en conséquence;
plus un mot, et marchons.

On fit silence dans les rangs : nous nous engageâmes dans la montagne; comme il fallait dérober
notre marche aux Russes qui étaient à Muotta, e
gagnai ces sapins que vous voyez et qui s'étendent
jusqu'au delà de ma maison. Arrivé près de chez
nous, je me retournai vers le capitaine :

— Mon officier, lui dis-je, voulez-vous me permettre de prévenir ma femme?

— Ah! brigand! me dit le capitaine en me donnant un coup de crosse entre les deux épaules, tu
veux nous trahir!

— Moi, mon officier! Oh!...

— Du silence, et marchons!

Il n'y avait rien à dire, comme vous voyez Nous
passâmes à cinquante pas de la maison, sans que je
pusse dire un mot à ma pauvre femme ; j'enrageais
que c'était une pitié. Enfin, par une éclaircie, nous
aperçûmes Muotta; je le lui montrai du doigt, je
n'osais plus parler. On voyait les Russes qui s'a-
vançaient par la route.

— C'est bien, dit le capitaine. Maintenant il s'a-
git de nous conduire, sans être vus, le plus près
possible de ces gaillards-là

— C'est bien facile, dis je, il y a un endroit où
le bois descend jusqu'à cinquante pas de la route.

— Le même que celui où nous sommes?

— Non, un autre; il y a une plaine entre les
deux; mais le second empêchera qu'on nous voie
sortir du premier.

— Mène-nous à l'endroit en question, et prends
garde qu'ils ne nous aperçoivent, car, au premier
mouvement qu'ils font, je t'assomme.

Nous revînmes sur nos pas, car je désirais prendre toutes les précautions possibles pour que nous
ne fussions pas vus, attendu que j'étais convaincu
que le maudit capitaine ferait la chose comme il le
disait. Au bout d'un quart d'heure, nous arrivâmes
à la lisière : il y avait un demi-quart de lieue à peu
près d'un bois à l'autre. Tout paraissait tranquille
autour de nous. Nous nous engageâmes dans l'espace vide, ça allait bien jusque-là ; mais voilà qu'en
arrivant à vingt pas de l'autre bois il en sortit une

fusillade enragée!... — Oh! mais, tiens, dis-je au capitaine, il paraît que les Russes ont eu la même idée
que vous. Je n'eus pas le temps d'en dire davantage; il me sembla que la montagne me descendait
sur la tête; c'était la crosse du fusil du capitaine ; je
vis du feu et du sang, puis je ne vis plus rien du
tout, et je tombai.

Lorsque je revins à moi, il faisait nuit; je ne savais où j'étais, j'ignorais ce qui m'était arrivé, je ne
me souvenais de rien, seulement j'avais la tête affreusement lourde; j'y portai la main; je sentis mes
cheveux collés à mon front; je vis ma chemise
pleine de sang : autour de moi, il y avait des corps
morts; alors, je me rappelai tout.

Je voulus me lever, mais il me sembla que la terre
tremblait, et je fus forcé de m'accouder d'abord
jusqu'à ce que mes esprits fussent un peu revenus.
Je me souvins qu'une source coulait à quelques pas
de l'endroit où j'étais; je m'y traînai sur mes genoux, je lavai ma blessure, j'avalai quelques gor-
gées d'eau, elles me firent du bien; alors, je pensai à ma pauvre femme, à l'inquiétude où elle devait
être; cela me rendit mon courage ; je m'orientai,
et, quoique chancelant encore, je me mis en route.
Il paraît que la troupe à laquelle j'avais servi de
guide avait battu en retraite par le même chemin
où je l'avais conduite; car tout le long de la route
je trouvai des cadavres, mais en moindre quantité,
cependant, à mesure que j'avançais; enfin, il vint
un moment où je n'en trouvai plus du tout, soit
que la petite colonne eût changé de direction, soit
que je fusse arrivé à l'endroit où l'ennemi avait
cessé de la poursuivre. Je marchai encore un quart
d'heure; enfin, j'aperçus la maison; entre le bois et
elle, il y avait un espace vide où nous faisions pâtu-
rer nos bêtes, et, aux deux tiers de cet espace,
j'apercevais à la lueur de la lune quelque chose
comme un homme couché : je marchai vers l'objet
en question. Au bout de quelques pas, il n'y avait
plus de doute; c'était un militaire, je voyais briller ses épaulettes, je me penchai vers lui : c'était
mon capitaine.

J'appelai alors, comme j'avais l'habitude de le
faire quand je rentrais, pour annoncer de loin mon
retour : ma femme reconnut ma voix et sortit; je
courus à elle, elle tomba presque morte dans mes
bras elle avait passé une journée affreuse et pleine
d'inquiétude. On s'était battu aux environs de la
maison; elle avait entendu toute la journée la fusillade, et, dominant la mousqueterie, le canon qui
grondait dans la vallée.

— Je l'interrompis pour lui montrer le corps du
capitaine.

— Est-il mort? s'écria-t-elle.

— Mort ou non, répondis-je, il faut le porter
dans la maison : s'il est vivant encore, peut-être
parviendrons-nous à le sauver; s'il est mort, nous
renverrons à son régiment ses papiers, qui peuvent

être importants, et ses épaulettes, qui ont une valeur; va préparer notre lit.

Rose courut à la maison, je pris le capitaine dans mes bras, et je l'emportai en me reposant plus d'une fois; car je n'étais pas bien fort moi-même. Enfin, j'arrivai tant bien que mal; nous déshabillâmes le capitaine; il avait trois coups de baïonnette dans la poitrine, mais cependant il n'était pas mort.

Dame! j'étais assez embarrassé, moi, je ne suis pas médecin, mais je pensai que le vin, qui fait du bien à l'intérieur, ne peut pas faire de mal à l'extérieur; je versai une bouteille du meilleur dans une soupière; je trempai dedans des compresses, et je les lui appliquai sur ses blessures. Pendant ce temps, ma femme, qui, comme toutes les paysonnes de nos Alpes, connaissait certaines herbes bienfaisantes, sortit pour tâcher d'en cueillir au clair de lune, heure à laquelle elles ont encore plus de vertu.

Il paraît que mes compresses faisaient du bien au capitaine, car au bout de dix minutes il poussa un soupir, et au bout d'un quart d'heure il ouvrit les yeux, mais sans rien voir encore; on m'aurait donné plein la chambre d'or que je n'aurais pas été plus content. Enfin, ses regards reprirent de la vie, et, après avoir erré autour de la chambre, ils s'arrêtèrent sur moi : je vis qu'il me reconnaissait.

— Eh bien! capitaine, lui dis-je tout joyeux... si vous m'aviez tué cependant! .

Je fis un bond en entendant cela; le mot était magnifique d'évangélisme!...

— Quinze jours après, continua le vieillard, le capitaine rejoignit son régiment; le surlendemain, un aide de camp m'apporta cinq cents francs de la part du général Masséna; alors j'achetai la maison que je tenais en location, ainsi que la prairie qui est à l'entour.

— Et comment s'appelait le capitaine?

— Je ne le lui ai pas demandé.

Ainsi, ce vieillard avait été assassiné par un homme, il avait sauvé la vie à son assassin, et il n'avait eu dans le cœur ni assez de ressentiment du mal qu'il avait reçu, ni assez d'orgueil du bien qu'il avait fait, pour désirer savoir le nom de celui qui lui devait la vie et à qui il avait failli devoir la mort.

— Je serai plus curieux que vous ne l'avez été, répondis-je, car je veux savoir comment vous vous appelez.

— Jacques Elsener, pour vous servir, dit le vieillard en ôtant son chapeau pour me saluer, et en découvrant, du même coup et sans y penser, la cicatrice que lui avait faite la crosse du fusil du capitaine.

En ce moment, Pierrot se mit à braire; cinq minutes après Fidèle accourut, et au premier détour du chemin nous aperçûmes Marianne, qui nous attendait sur le seuil de la maison.

— Ma fille, dit Jacques, je te ramène un brave monsieur qui vient nous demander à coucher et à souper.

— Qu'il soit le bienvenu, dit Marianne; la maison est petite et la table étroite, mais cependant il y a place pour le voyageur.

Et elle prit mon sac et mon bâton pour les emporter dans ma chambre.

— Hein! comme elle parle, dit Jacques en la voyant s'éloigner avec un sourire : c'est qu'elle a reçu une éducation de demoiselle; c'est pauvre Marianne; c'est la fille du maître d'école de Goldau.

— Mais, dis-je, me rappelant la catastrophe arrivée en 1806 au village que Jacques venait de nommer, sa famille n'habitait pas ce pays lors de la chute de la montagne qui l'a écrasé?

— Si fait, me répondit Jacques; mais Dieu a préservé le père et les enfants, la mère seule a péri.

— Est-ce que votre belle fille consentira à me donner des détails sur cet événement?

— Tout ce que vous voudrez, quoiqu'elle fût bien jeune lorsqu'il est arrivé; mais son père le lui a raconté si souvent, qu'elle se le rappelle comme si la chose était d'hier. — A bas! Fidèle — Excusez, monsieur, c'est sa manière de vous faire, de son côté, les honneurs de la maison.

En effet, Fidèle sautait après moi comme si nous eussions été de vieilles connaissances : peut-être flairait-il le chasseur.

— Maintenant, me dit Jacques, si vous n'êtes pas trop fatigué, et que vous vouliez monter à la petite montagne qui est derrière ma maison, vous embrasserez d'un seul coup d'œil le champ de bataille de Muotta-Thal; pendant ce temps Marianne préparera ses petites affaires.

Je suivis mon guide en appelant Fidèle, qui marcha derrière nous pendant vingt pas à peu près; mais, arrivé là, il s'arrêta en remuant la queue, nous regarda quelque temps; puis, voyant que nous continuions notre route, il retourna en arrière, s'arrêtant pour nous regarder de dix pas : puis, enfin, il alla s'asseoir sur le seuil de la porte aux derniers rayons du soleil couchant.

— Il paraît que Fidèle n'est pas des nôtres, dis-je à Jacques, car tout dans cette famille me semblait tellement uni, que je cherchais la raison des plus simples choses, sûr d'y trouver toujours un mystère d'intimité.

— Oui, oui, me répondit le vieillard, du temps de mon pauvre François, Fidèle aimait également tout le monde ici, car tout le monde était heureux; mais, depuis que nous l'avons perdu, il s'est attaché à sa veuve : il paraît que c'est elle qui a le plus souffert; cependant j'étais le père, moi. Enfin, Dieu nous l'avait donné, Dieu nous l'a ôté, sa volonté soit faite!

Je suivis avec respect ce vieillard si simple et si résigné dans sa douleur, et nous arrivâmes au som-

Je pris le capitaine dans mes bras. — PAGE 111.

met de la petite colline d'où l'on découvrait une partie de la vallée, depuis Muotta jusqu'à Schonembuch : à droite, nous apercevions la cime de la montagne, qu'on a appelée, depuis 99, le *Pas des Russes;* deux lieues au delà de Muotta, le mont Pragel fermait la vallée et la séparait de celle de Klon, qui commence à l'autre versant de la montagne, et qui descend jusqu'à Nœfels. Nous dominions la place même où était venue se briser sur nos baïonnettes la sauvage réputation de Suwarow, et où le géant du Nord, venu au pas de course de Moscou, fut obligé de battre en retraite lui-même, après avoir écrit à Korsakoff et à Jallachich, qui avoient été battus par Lecourbe et par Molitor : « Je viens réparer vos fautes, tenez « ferme comme des murailles.. Vous me répondez sur « votre tête de chaque pas que vous ferez en ar- « rière. » Quinze jours après, celui qui avait écrit cette lettre, battu et fuyant lui-même, après avoir laissé dans les montagnes huit mille hommes et dix pièces de canon, traversait la Reuss sur un pont formé à la hâte par deux sapins que ses officiers avaient joints avec leurs écharpes.

Je restai là une heure à peu près à examiner toute cette vallée, si tourmentée alors, et au-

Le Frohn-Alp. — Page 115.

jourd'hui si tranquille. Au premier plan, j'avais la maison, s'élevant au milieu de sa pelouse verte, ombragée par un immense noyer, avec sa cheminée dont la fumée s'élevait perpendiculairement, tant l'atmosphère était calme; au second plan, le village de Muotta, assez rapproché de moi pour que visse ses maisons, mais trop éloigné pour que je distinguasse ses habitants. Enfin, à l'horizon, le mont Pragel, dont la cime neigeuse empruntait une teinte de rose aux derniers rayons du soleil.

Il y a entre le marin et le montagnard une grande ressemblance, c'est qu'ils sont religieux l'un et l'autre; cela tient à la puissance du spectacle qu'ils ont incessamment sous les yeux, aux dangers éternels qui les entourent, et à ces grands cris de la nature qui se font entendre sur la mer et dans la montagne! A nous autres habitants des villes, rien n'arrive de grand; la voix du monde couvre celle de Dieu : il nous faut, pour retrouver un peu de poésie, aller la chercher au milieu des vagues, ces montagnes de l'Océan, ou au milieu des montagnes, ces vagues de la terre. Alors, pour peu que nous soyons nés poëtes ou religieux, ce qui est souvent la même chose, nous sentons se réveiller dans notre cœur une fibre qui frémit, nous sentons vibrer dans notre âme une voix qui chante, et nous comprenons bien que cette fibre et cette voix n'étaient pas absentes, mais endormies; que c'était le monde qui pesait sur elles, et qu'aux ailes de la poésie et de la religion, comme à celle des aigles, il faut la solitude et l'immensité. Alors on comprend parfaitement la résignation du montagnard et du matelot, tant qu'il erre dans ses glaciers, ou tant qu'il vogue sur l'Océan. Là, l'espace est trop grand pour qu'il sente dans toute sa profondeur la perte d'une personne aimée; ce n'est que lorsqu'il rentre dans sa cabane ou dans son chalet qu'il s'aperçoit qu'il y a une mère de moins au foyer, entre lui et son fils, ou qu'il manque un e..fant à table, entre lui et sa femme; ce n'est qu'alors que ses yeux, qu'il avait portés hauts et résignés, tant qu'il avait pu voir le ciel où est allée l'âme, une fois qu'ils ont perdu le ciel de vue, s'inclinent en pleurant vers la terre qui renferme le corps.

Le vieillard me frappa sur l'épaule, Fidèle venait annoncer que le souper était prêt.

HISTOIRE DU CHIEN.

ettez-vous là, me dit le vieillard en approchant une chaise du couvert qui m'était destiné. — C'était la place de mon pauvre François.

—Écoutez, père, lui dis-je, si vous n'étiez pas une âme puissante, un cœur plein de religion, un homme selon Dieu, je ne vous demanderais ni ce qu'était votre fils, ni comment il est mort; mais vous croyez, et, par conséquent, vous espérez. Comment François vous a-t-il donc quitté ici-bas pour aller vous attendre au ciel?

—Vous avez raison, répondit le vieillard, et vous me faites du bien en me parlant de mon fils; quand nous ne sommes que nous trois, Fidèle, ma fille et moi, peut-être l'oublions-nous parfois, ou avons-nous l'air de l'oublier, pour ne pas nous affliger les uns les autres; mais, dès qu'un étranger entre, qui nous rappelle son âge, dès qu'il dépose son bâton où François déposait sa carabine, dès qu'il prend au foyer ou à la table la place que prenait habituellement celui qui nous a quittés, alors nous nous regardons tous les trois, et nous voyons bien que la blessure n'est pas cicatrisée encore et demande à saigner des larmes; n'est-ce pas, Marianne, n'est-ce pas, mon pauvre Fidèle?

La veuve et le chien s'approchèrent en même temps du vieillard; l'une lui tendit la main, l'autre lui posa la tête sur le genou. Quelques larmes silencieuses coulèrent sur les joues du père et de la femme: le chien poussa un gémissement plaintif.

— Oui, continua le vieillard, un jour, il rentra, venant de Speringen, qui est à cinq lieues d'ici, du côté d'Altorf; il tenait sur son bras celui-ci (le vieillard étendit la main et la posa sur la tête de Fidèle), qui n'était pas plus gros que le poing. Il l'avait trouvé sur un fumier où on l'avait jeté avec deux autres de ses frères; mais les autres étaient tombés sur un pavé et s'étaient tués. On lui fit chauffer du lait, et on commença de le nourrir comme un enfant avec une cuiller: ce n'était pas commode; mais enfin la pauvre petite bête était là, on ne pouvait pas la laisser mourir de faim.

Le lendemain, Marianne, en ouvrant la porte, trouva une belle chienne sur le seuil de la maison; elle entra comme si elle était chez elle, alla droit à la corbeille où était Fidèle, et lui donna à teter; c'était sa mère. Elle avait fait, par la montagne, et conduite par son instinct, la même route que François. La chose finie, et lorsque le petit eut bu, elle sortit et reprit la route de Speringen. A cinq heures, elle revint pour remplir le même office, repartit ensuite de la même manière qu'elle avait déjà fait, et, le lendemain, en ouvrant la porte, on la retrouva de nouveau sur le seuil.

Elle fit de cette manière, pendant six semaines, et deux fois par jour, le chemin de Speringen en aller et retour, c'est-à-dire vingt lieues; car son maître lui avait laissé un chien à Sissigen, et François avait apporté l'autre ici; de sorte qu'elle se partageait entre ses deux petits. Dans tous les animaux de la création, depuis le chien jusqu'à la femme, le cœur d'une mère est toujours une chose sublime. Au bout de ce temps, on ne la vit plus que tous les deux jours, car Fidèle commençait à pouvoir manger; puis elle ne vint plus que toutes les semaines, puis enfin on ne l'aperçut plus qu'à des espaces éloignés, et à la manière d'une voisine de campagne qui fait sa visite.

François était un hardi chasseur de montagnes, il était rare que la carabine que vous voyez là suspendue au-dessus de la cheminée envoyât une balle qui se perdît; presque tous les deux jours nous le voyions descendre de la montagne avec un chamois sur les épaules; sur quatre, nous en gardions un et nous en vendions trois, c'était un revenu de plus de cent louis par an. Nous eussions mieux aimé que François ne gagnât que la moitié de cette somme à un autre métier; mais François était encore plus chasseur par goût que par état, et vous savez ce que c'est que cette passion dans nos montagnes.

Un jour, un Anglais passa chez nous. François venait de tuer un superbe lammergeyer; l'oiseau avait seize pieds d'envergure. L'Anglais demanda si l'on ne pourrait pas en avoir un pareil vivant : François répondit qu'il fallait le prendre dans l'aire, et que cela se pouvait seulement au mois de mai, époque de la pondaison des aigles. L'Anglais offrit douze louis de deux aiglons, tira l'adresse d'un négociant de Genève qui était en correspondance avec lui, et qui se chargerait de les lui faire passer, donna à François deux louis d'arrhes, et lui dit que son correspondant lui remettrait le reste de la somme contre les deux aiglons.

Nous avions oublié, Marianne et moi, la visite de l'Anglais, lorsqu'au printemps d'ensuite François nous dit un soir en rentrant :

— A propos, j'ai trouvé un nid d'aigle.

Nous tressaillîmes tous les deux, Marianne et moi, et cependant c'était une chose bien simple qu'il nous disait, et il nous l'avait déjà dite bien souvent.

— Où cela ? demandai-je.

— Dans le Frohn-Alp.

Le vieillard étendit le bras vers la fenêtre.

— C'est, dit-il, cette grande montagne à la tête neigeuse que vous apercevez d'ici.

Je fis de la tête signe que je la voyais.

Trois jours après, François sortit comme d'habitude avec sa carabine. Je l'accompagnai pendant une centaine de pas; car j'allais moi-même à Zug, et ne devais revenir que le lendemain. Marianne nous regardait aller tous les deux; François l'aperçut sur le pas de la porte, lui fit de la main un signe d'adieu, lui cria à ce soir, et s'enfonça dans le bois de sapins jusqu'à la lisière duquel nous avons été aujourd'hui.

Le soir vint sans que François reparût; mais cela n'inquiéta pas trop Marianne, parce qu'il arrivait souvent que François couchait dans la montagne.

—Pardon, mon père, pardon, vous vous trompez, interrompit la veuve; chaque fois que François tardait j'étais fort tourmentée, et ce soir-là, comme si j'avais eu des pressentiments, j'étais plus tourmentée encore que d'habitude. D'ailleurs, j'étais seule,

vous n'étiez pas là pour me rassurer; Fidèle, que François n'avait point emmené, était parti dans la journée pour rejoindre son maître; il était tombé de la neige vers la brune, le vent était froid et triste. Je regardais dans le foyer des flammes bleuâtres pareilles à ces feux follets qui courent dans les cimetières. Je frissonnais à chaque instant, j'avais peur, et je ne savais de quoi. Les bœufs étaient tourmentés dans l'étable, et mugissaient tristement comme lorsqu'il y a un loup qui rôde dans la montagne; tout à coup j'entendis quelque chose éclater derrière moi : c'était cette petite glace que vous nous aviez donnée le jour de notre mariage, et qui se brisait toute seule comme vous la voyez encore aujourd'hui. Je me levai et j'allai me mettre à genoux devant le crucifix; j'avais commencé de prier à peine, que je crus entendre dans la montagne le hurlement d'un chien qui se lamentait. Je me levai toute droite; je sentis courir un frisson par tout mon corps. En ce moment, le Christ mal attaché tomba, et brisa un de ses bras d'ivoire, je me baissai pour le ramasser, mais j'entendis un second hurlement plus rapproché; je laissai le Christ à terre, et ce fut un sacrilège, sans doute, mais j'avais cru reconnaître la voix de Fidèle. Je courus à la porte, la main sur la clef, n'osant pas ouvrir, les yeux fixés sur cette croix de bois noir où il ne restait plus que la tête de mort et les deux os; ce n'était plus un signe d'espérance, c'était un symbole de mort. J'étais ainsi tremblante et glacée lorsqu'un violent coup de vent ouvrit la fenêtre et éteignit la lampe. Je fis un pas pour aller fermer cette fenêtre et rallumer cette lampe; mais, au même instant, un troisième hurlement retentit à la porte même; je m'élançai, je l'ouvris : c'était Fidèle tout seul, il sauta après moi comme d'habitude; mais, au lieu de me caresser, il me prit par ma robe et me tira. Je devinai qu'il y avait pour François danger de mort, toute ma force me revint; je ne fermai ni porte ni fenêtre, je m'élançai dehors; Fidèle marcha devant moi, je suivis.

Au bout d'une heure, je n'avais plus de souliers, mes vêtements étaient en lambeaux, le sang coulait de ma figure et de mes mains, je marchais pieds nus sur la neige, sur les épines, sur les cailloux, je ne sentais rien. De temps en temps j'avais envie de crier à François que j'arrivais à son secours, mais je ne pouvais pas, ou plutôt je n'osais pas.

Partout où Fidèle passa, je passai; vous dire où et comment, je n'en sais rien. Une avalanche tomba de la montagne, j'entendis un bruit pareil à celui du tonnerre, je sentis tout vaciller comme dans un tremblement de terre. Je me cramponnai à un arbre, l'avalanche passa. Je fus entraînée par un torrent, je me sentis rouler quelque temps, puis j'allai me heurter contre un roc auquel je me retins, et sans savoir comment je me retrouvai sur mes pieds et hors de l'eau. Je vis briller les yeux d'un loup dans un buisson qui se trouvait sur ma route, je marchai droit au buisson, sentant que j'étranglerais l'animal s'il osait m'attaquer ; le loup eut peur et prit la fuite. Enfin, au point du jour, toujours guidée par Fidèle, j'arrivai au bord d'un précipice au-dessus duquel planait un aigle; je vis quelque chose au fond, comme un homme couché; je me laissai couler sur un rocher en pente, et je tombai près du cadavre de François.

Le premier moment fut tout à la douleur : je ne cherchai pas comment il s'était tué, je me couchai sur lui, je tâtai son cœur, ses mains, sa figure, tout était froid, tout était mort; je crus que j'allais mourir aussi, mais je pus pleurer.

Je ne sais combien de temps je restai ainsi ; enfin je levai la tête, et je regardai autour de moi.

Près de François était une femelle d'aigle étranglée; sur la pointe d'un roc, un petit aiglon vivant, triste et immobile, comme un oiseau sculpté, et, dans l'air, le mâle décrivant des cercles éternels, et faisant entendre de temps en temps un cri aigu et plaintif ; quant à Fidèle, haletant et mourant lui-même, il était couché près de son maître et léchait son visage couvert de sang.

François avait été surpris par le père et la mère; attaqué par eux au moment, sans doute, où il venait de s'emparer de leur petit, et, forcé de détacher ses mains du roc à pic contre lequel il gravissait, il était tombé étranglant celui des deux aigles qui s'était abattu sur lui, et dont les serres étaient encore marquées sur son épaule.

— Voilà pourquoi nous aimons tant Fidèle, voyez-vous, continua le vieillard ; sans lui le corps de François aurait été dévoré par les loups et par les vautours, tandis que, grâce à lui, il est tranquillement couché dans une tombe chrétienne, sur laquelle, de temps en temps, lorsque la résignation nous manque, nous pouvons aller prier...

Je compris que Jacques et Marianne avaient besoin de rester seuls, et, au lieu de me mettre à table, je sortis.

HISTOIRE DE LA FEMME.

dix heures, le vieillard me conduisit à la chambre qu'on avait préparée pour moi; sur une table, près de mon lit, étaient un manuscrit, de l'encre et des plumes.

— Tenez, me dit Jacques, vous m'avez demandé des renseignements sur l'éboulement de Goldau, je n'ai point voulu parler à ma fille de cet accident qui lui aurait rappelé la mort de sa mère, surtout dans un moment où elle avait déjà le cœur brisé ; mais voilà un récit très-exact de cette catastrophe, écrit par son père, mon vieil ami Joseph Vigeld. Vous pouvez le copier, et vous verrez que c'est le bon Dieu qui a préservé ma pauvre Marianne, afin qu'elle pût être un jour la consolation d'un vieillard qui n'a plus de fils. Je remerciai mon hôte ; mais j'avais suffisamment de souvenirs pour ma soirée, et je remis au lendemain matin ce nouveau travail.

Je fus réveillé par un rayon de soleil, qui vint danser si joyeusement sur mes yeux fermés, que, bon gré, mal gré, il me les fallut ouvrir. Je crus d'abord que j'avais fait des rêves incohérents et étranges : Pierrot, Masséna, François, Fidèle, Jacques, Marianne et les aigles s'étaient tellement embrouillés dans mon sommeil, que j'eus toutes les peines du monde à trier dans ma mémoire tous ces souvenirs et à faire luire la lumière dans ce chaos. Cette besogne faite, je me rappelai qu'il me restait une dernière catastrophe de famille, non moins terrible, à enregistrer, c'était celle de l'éboulement du Ruffiberg. Je donne à mes lecteurs le récit dans toute sa simplicité, car je l'ai copié, ou plutôt traduit littéralement du manuscrit de mon hôte. Il ne sera peut-être pas sans intérêt au moment où, grâce au beau talent de M. Daguerre, on peut voir au

Près de François était une femelle d'aigle étranglée. — Page 116.

Diorama une peinture si exacte et si dramatique de cet événement.

« L'été de 1806 avait été très-orageux, des pluies continuelles avaient détrempé la montagne; mais, cependant, nous étions arrivés au 2 septembre sans que rien pût faire présager le danger qui nous menaçait. Vers les deux heures de l'après-midi je dis à Louisa, l'aînée de mes filles, d'aller puiser de l'eau à la source; elle prit la cruche et partit; mais, au bout d'un instant, elle revint, me disant que la source avait cessé de couler. Comme je n'avais que le jardin à traverser pour m'assurer de ce phéno-

mène, j'y allai moi-même, et je vis qu'effectivement la source était tarie; je voulus donner trois ou quatre coups de bêche dans la terre pour me rendre compte de cette disparition, lorsqu'il me sembla sentir le sol trembler sous mes pieds; je lâchai ma bêche au moment où je venais de l'enfoncer dans la terre. Mais quel fut mon étonnement lorsque je la vis se mouvoir toute seule! Au même instant, une nuée d'oiseaux prit son vol en poussant des cris aigus; je levai les yeux, et je vis des rochers se détacher et rouler le long de la montagne; je crus que j'étais en proie à un vertige. Je me retournai pour

revenir vers la maison. Derrière moi, un fossé s'é-
tait formé, dont je ne pouvais mesurer la profondeur. Je sautai par-dessus comme j'aurais fait dans
un rêve, et je courus vers la maison ; il me semblait
que la montagne glissait sur sa base et me poursuivait. Arrivé devant ma porte, je vis mon père qui
venait de bourrer sa pipe. Il avait souvent prédit ce
désastre. Je lui dis que la montagne chancelait
comme un homme ivre, et allait tomber sur nous ;
il regarda de son côté. — Bah ! dit-il, elle me donnera bien le temps d'allumer ma pipe ; et il rentra
dans la maison. Dans ce moment, quelque chose
passa en l'air, qui fit une ombre : je levai les yeux,
c'était un rocher, qui, lancé comme un boulet de
canon, alla briser une maison située à quatre cents
pas du village. Ma femme parut alors, tournant le
coin de la rue, avec trois de nos enfants : je courus
à elle, j'en pris deux dans mes bras et je lui criai
de me suivre. — Et Marianne, s'écria-t-elle en s'é-
lançant vers la maison, Marianne qui est restée
chez nous avec Francisque ! Je la retins par le bras,
car, au moment même, la maison tournait sur elle-
même comme un dévidoir. Mon père, qui mettait le
pied sur le seuil, fut poussé de l'autre côté la rue.
Je tirai ma femme à moi, et je la forçai de me suivre. Tout à coup un bruit affreux se fait entendre,
un nuage de poussière couvre la vallée. Ma femme
m'est arrachée violemment ; je me retourne, elle
était disparue avec son enfant : c'était quelque
chose d'incompréhensible, d'infernal ; la terre s'é-
tait ouverte et refermée sous ses pieds ; je n'aurais
pas su où elle était passée, si une de ses mains
n'était restée hors du sol. Je me jetai sur cette main,
que la terre serrait comme un étau ; je ne voulais
pas quitter la place ; cependant mes enfants criaient
et m'appelaient à leur secours ; je me relevai comme
un fou, j'en pris un sous chaque bras, et je me mis
à courir. Trois fois je sentis la terre se mouvoir sous
mes pieds, et je tombai avec mes enfants, trois fois
je me relevai ; enfin il ne me fut plus possible de
demeurer debout ; je voulais me retenir aux arbres,
et les arbres tombaient ; je voulais m'appuyer à un
rocher, et le rocher fuyait comme s'il eût été animé.
Je posai mes enfants contre la terre, je me couchai
sur eux ; un instant après, le dernier jour de la
création sembla venu, la montagne tout entière tombait.

« Je restai ainsi avec mes pauvres enfants tout le
jour et une partie de la nuit ; nous croyions être les
derniers êtres vivants du monde, lorsque nous entendîmes des cris à quelques pas de nous : c'était
un jeune homme de Busingen qui s'était marié le
jour même ; il revenait d'Art avec la noce. Au moment d'entrer à Goldau, il était resté en arrière
pour cueillir dans un jardin un bouquet de roses à
sa fiancée. Village, noce, fiancée, tout avait disparu
tout à coup, et il courait comme une ombre parmi
les débris, son bouquet de roses à la main, et criant :

Catherine ! Je l'appelai, il vint à nous, nous regarda,
et, voyant que celle qu'il cherchait n'était point avec
nous, il repartit comme un insensé.

« Nous nous relevâmes, mes enfants et moi : en
regardant autour de nous, nous aperçûmes, à la
lueur de la lune, un grand crucifix qui était resté
debout ; nous allâmes vers lui, un vieillard était
couché auprès de la croix, je reconnus mon père,
je le crus mort et me précipitai sur lui, il se réveilla ; la vieillesse est insoucieuse.

« Alors je lui demandai s'il savait quelque chose
de ce qui s'était passé dans la maison, où il était
rentré au moment de la catastrophe ; mais il n'avait
rien vu, si ce n'est que Francisque, notre cuisinière,
avait pris la main de la petite Marianne en criant :
« C'est le jour du jugement, sauvons-nous, sauvons-
nous ! » Mais, en ce moment, tout avait été boule-
versé, et lui-même repoussé dans la rue ; il ne savait
plus rien, sa tête ayant frappé contre une pierre et
la violence du coup l'ayant étourdi ; quand il avait
repris connaissance, il avait pensé à la croix, était
venu à elle, avait fait sa prière et s'était endormi ;
alors je lui confiai mes deux enfants, et je me mis à
errer parmi tous ces décombres, essayant de deviner où était la place de notre chalet.

« Enfin, en m'orientant d'après la croix et la cime
du Rossberg, je crus me reconnaître : je montai
sur une petite colline formée par la terre qui couvrait les débris d'une maison, je m'inclinai comme
lorsqu'on parle à des ouvriers qui sont dans une
mine, et j'appelai de toutes mes forces. — Aussitôt
j'entendis une voix d'enfant qui répondait par des
plaintes, je reconnus celle de Marianne. Je n'avais
ni pioche ni bêche ; je me mis à creuser avec mes
mains ; comme la terre était mouvante, j'eus bientôt
fait un trou de quatre ou cinq pieds de profondeur ;
je sentis le toit brisé ; j'arrachai les tuiles qui le
couvraient. Lorsqu'il y eut passage pour mon corps,
je me laissai glisser le long d'une poutre, et, comme
le plafond était défoncé, je me trouvai dans l'intérieur de la maison, pleine de pierres et de débris
de charpente. J'appelai une seconde fois, et j'entendis des plaintes du côté du lit : c'était l'enfant qui
avait été jeté sous la couchette ; je sentis sa tête et
une partie de son corps ; je voulus la tirer à moi,
mais elle était serrée entre le bois de lit et la terre ;
le toit, en s'affaissant, avait brisé la couchette. La
couchette lui avait cassé la jambe.

« Je soulevai le bois du lit par un effort presque
surnaturel, l'enfant rampa en s'aidant de ses mains.
Je la pris dans mes bras ; mais elle me dit qu'elle
n'était pas seule, que Francisque devait être quelque part. J'appelai Francisque ; la pauvre fille ne
put me répondre que par des gémissements ; je posai l'enfant à terre et je me mis à chercher. Séparée
violemment de Marianne, qu'elle avait saisie par la
main au moment de l'accident, elle était restée suspendue entre les débris, la tête en bas, le corps

Le désastre de la vallée de Goldau.

pressé de toutes parts, le visage meurtri. Après bien des efforts, elle était parvenue à dégager une de ses mains et à essuyer ses yeux pleins de sang. C'est dans cette affreuse position qu'elle avait entendu les gémissements de la petite Marianne. Elle appela, l'enfant répondit ; elle lui demanda où elle était, et Marianne dit qu'elle se trouvait couchée sur le dos, prise sous la couchette, mais qu'elle avait les mains libres et qu'à travers une crevasse elle apercevait le jour et même des arbres. Alors l'enfant demanda à Francisque s'ils resteraient longtemps ainsi, et si l'on ne viendrait pas les secourir ; mais Francisque en était revenue à son idée première, que le jour du jugement était arrivé, qu'elles survivaient seules à la création, et que bientôt elles allaient mourir et être heureuses dans le ciel ; alors l'enfant et la jeune fille se mirent à prier ensemble. Pendant qu'elles priaient, une cloche sonna l'*Angelus*, et une horloge sept heures : Francisque reconnut la cloche et l'horloge pour être celles de Sternerberg. Il existait donc encore des êtres vivants et des maisons debout : elles pouvaient attendre des secours ; elle essaya, en conséquence, de consoler l'enfant ; mais Marianne commençait à avoir faim et demandait sa soupe en pleurant : bientôt ses gémissements s'affaiblirent, et Francisque ne l'entendit plus. Elle crut que la pauvre enfant était morte, et elle pria l'ange qui venait de quitter la terre de se souvenir d'elle au ciel. Bien des heures se passèrent ainsi Francisque éprouvait un froid insupportable ; son sang, qui ne pouvait circuler à cause de la pression de ses membres, se portait à sa poitrine et l'étouffait : elle se sentait mourir à son tour.

« Ce fut alors que Marianne, qui n'était qu'endormie, se réveilla et recommença ses plaintes ; cette voix humaine, toute faible et tout impuissante qu'elle fût, ranima la pauvre Francisque ; elle fit des efforts inouïs, dégagea une de ses jambes et se trouva soulagée. Alors l'assoupissement la prit à son tour ; et elle venait d'y céder lorsque ma petite Marianne entendit ma voix et me répondit. Je trouvai enfin Francisque et, avec une peine incroyable, je parvins à la dégager. Elle croyait avoir les bras et les jambes cassés ; elle demandait de l'eau, car ce qui la faisait le plus souffrir, disait-elle, c'était la soif. Je la portai près de Marianne, au-dessous du trou que j'avais pratiqué, et à travers lequel elle voyait le ciel ; je lui demandai si elle apercevait les étoiles ; mais elle me répondit qu'elle croyait être aveugle. Alors je lui dis de rester à l'endroit où elle était, et que j'allais revenir à son secours ; mais elle me saisit par le bras et me supplia de ne pas la quitter. Je lui répondis qu'elle n'avait rien à craindre, que tout était tranquille maintenant, que j'allais commencer par faire sortir Marianne, et qu'aussitôt je retournerais à elle et lui rapporterais de l'eau : elle y consentit.

« Je dénouai alors le tablier qu'elle avait autour du corps, je me l'attachai au cou ; je mis Marianne dans le tablier, j'en pris les deux extrémités opposées entre mes dents, et, grâce à cet expédient qui me laissait les mains libres, je parvins remonter le long de la poutre à l'aide de laquelle j'étais descendu. Je courus au pied de la croix ; sur la route, je vis passer près de moi, comme une ombre, le malheureux jeune homme qui cherchait sa fiancée : il tenait toujours son bouquet de roses à la main.

« — Avez-vous vu Catherine? me dit-il.

« — Venez avec moi du côté de la croix, lui répondis-je.

« — Non, continua-t-il, il faut que je la retrouve.

« Et il disparut au milieu des décombres, appelant toujours sa fiancée.

« Je retrouvai au pied du crucifix, non-seulement mon père et les deux enfants, mais encore trois ou quatre personnes qui avaient échappé au désastre, et qui, instinctivement, étaient venues chercher un refuge au pied de la croix. Je déposai Marianne près d'elles, la recommandant à son frère et à sa sœur, plus âgés qu'elle ; je racontai à ceux qui étaient là que Francisque était restée dans les décombres, et que je ne savais comment l'en tirer : ils me dirent alors qu'une seule maison, placée à l'écart, était restée debout et que j'y pourrais trouver une échelle ou des cordages. J'y courus ; elle était ouverte et abandonnée, les propriétaires en avaient fui ; cependant, j'entendis du bruit au-dessus de ma tête, j'appelai :

« — Est-ce toi, Catherine? dit une voix que je reconnus pour celle du fiancé ; il me brisait le cœur ; j'entrai dans la cour pour ne pas revoir ce malheureux jeune homme : j'y trouvai une échelle que je mis sur mon épaule ; une gourde que je remplis d'eau, et je retournai au secours de Francisque.

« La fraîcheur de l'air lui avait rendu un peu de forces, elle était debout et m'attendait. J'introduisis l'échelle ; elle était assez longue pour toucher la terre ; je descendis près de Francisque et lui donnai la gourde, qu'elle vida avec avidité, puis je l'aidai à monter à l'échelle, la guidant, car elle n'y voyait pas, et je parvins à la conduire hors de l'espèce de tombeau où elle était restée quatorze heures. Pendant cinq jours elle fut aveugle, et tout le reste de sa vie elle resta sujette à des mouvements convulsifs et à des accès de terreur.

« Le jour parut : rien ne peut donner une idée du spectacle qu'il éclaira. Trois villages avaient disparu ; deux églises et cent maisons étaient enterrées ; quatre cents personnes ensevelies vivantes ; un fragment de la montagne avait roulé dans le lac de Lowertz, et, le comblant en partie, avait soulevé une vague de cent pieds de hauteur et d'une lieue d'étendue, qui avait passé sur l'île de Schwanau, et avait enlevé les maisons et les habitants. La cha-

— Avez-vous vu Catherine? — Page 119.

pelle d'Olten, bâtie en bois, fut trouvée flottant sur le lac comme par miracle; la cloche de Goldau, emportée à travers les airs, alla tomber à un quart de lieue de l'église.

« Dix-sept personnes seulement survécurent à cette catastrophe.

« Écrit à Art, en l'honneur de la très-sainte Tri-« nité, le 10 janvier 1807, et donné à ma fille Ma-« rianne pour qu'elle n'oublie jamais, quand je ne « serai plus là pour le lui rappeler, que, si le Sei-« gneur nous a châtiés d'une main, il nous a soute-« nus de l'autre. »

« Joseph Vigeld. »

Mon hôte entra dans ma chambre comme je copiais les dernières lignes du manuscrit de son beau-père; il venait m'annoncer que le déjeuner était prêt.

C'était le souper de la veille, auquel personne de nous n'avait pensé à toucher.

Le château de Schwanau. — PAGE 122.

UNE CONNAISSANCE D'AUBERGE.

I faisait un temps magnifique. Quelque envie que j'eusse de rester plus longtemps avec cette excellente famille, mes heures étaient comptées; j'allai dire adieu à Pierrot, à qui je portai un morceau de pain; je pris congé de Fidèle en lui promettant un collier; je serrai la main du vieillard qui voulait à toute force me reconduire jusqu'à Schonembuch, et je recommandai à Marianne de ne point m'oublier dans ses prières.

Au moment de tourner l'angle où la veille nous avions rencontré Fidèle, je me retournai pour regarder une fois encore cette petite maison blanchissante sur sa pelouse verte. Le vieillard était assis sur son banc de bois ; Marianne, debout sur la porte, me regardait m'éloigner, Fidèle était couché aux premiers rayons du soleil matinal ; tout cela se détachait dans une atmosphère pure, avec un aspect calme et tranquille, à croire que le malheur avait dû oublier ce petit coin de terre; et certes, c'est ce que j'aurais cru, si je n'avais fait que passer devant cette maison; mais j'y étais entré, et toute la vie réelle de ses habitants, avec sa joie et ses larmes, s'était déroulée devant moi. La chaumière a son drame comme le palais, seulement la douleur du village est silencieuse, et celle de la ville bruyante; le villageois pleure dans l'église et le citadin dans la rue, le pauvre se plaint des hommes à Dieu et le riche de Dieu aux hommes.

Nous nous arrêtâmes à Schwitz le temps de déjeuner seulement, attendu que la ville, à part l'honneur d'avoir donné son nom à la confédération, et la forme étrange des deux montagnes auxquelles elle est adossée, n'offre rien de remarquable ; puis nous nous remîmes en route pour Sewen, où nous prîmes un bateau. Nous laissâmes le château de Schwanau, brûlé par Stauffacher en 1308, et nous allâmes aborder, au bout d'une heure à peu près de navigation, à l'endroit même où une partie de la montagne s'était précipitée dans le lac. Du moment où nous avions aperçu les débris du Ruffiberg, l'envie m'avait pris de les traverser, et de loin la chose me paraissait des plus faciles ; car, dans les Alpes, on ne peut juger ni de la distance ni du volume des objets. Mes bateliers m'avaient bien dit que je me repentirais de cette entreprise ; mais je n'avais pas voulu les croire, de sorte que, arrivé au bord, une fausse honte m'empêcha de retourner en arrière, et je m'engageai au milieu de ces ruines gigantesques de la nature.

Il faut avoir vu cet effroyable chaos pour s'en faire une idée : ce ne sont que rochers arrachés de leurs bases, arbres déracinés, collines sans formes et sans verdure. Toutes les fois que nous suivions ces vallées capricieuses et sans continuité, c'était à croire que, comme le Caïn de Byron, nous visitions le cadavre d'un monde. Au milieu de ce bouleversement de la création, il nous était impossible d'adopter un chemin, de nous proposer un but, d'orienter notre course; il fallait à tout moment détourner des rochers à pic, qu'on ne pouvait franchir, s'accrocher de ses mains aux branches et aux racines des arbres, se tourner sans savoir où menait ce détour, ni si le chemin adopté avait son issue. De temps en temps, étouffés par la vue de ces masses au fond desquelles nous semblions ramper, nous nous attachions à l'une d'elles, nous gravissions jusqu'à son sommet, et nous retrouvions au delà du désert dans lequel nous étions engagés la nature vivante et joyeuse des prairies, des lacs et des montagnes ; alors nous respirions comme des nageurs qui remontent à la surface de l'eau; nous faisions notre provision d'air, et nous nous replongions au fond de ces vagues de terre qui avaient englouti trois villages, que nous foulions sous nos pieds avec leurs habitants ensevelis. Francesco ne comprenait rien au caprice que j'avais eu de passer au milieu de ces décombres, tandis que je pouvais prendre le chemin d'Art, et j'avoue que moi même, comme cela m'était déjà arrivé en pareille circonstance, je commençais à trouver assez stupide, à part moi, cette curiosité qui me pousse toujours là où il y a la plus grande fatigue à essuyer.

Enfin, après quatre heures de marche au milieu de cette terre convulsionnée, nous en atteignîmes l'extrémité, et nous aperçûmes, à un quart de lieue de nous, le joli clocher d'Art, qui se détachait sur le lac de Zug, et qui n'était séparé de nous que par une charmante prairie du vert le plus appétissant. On devine avec quelle volupté nous foulâmes ce tapis moelleux, après avoir trébuché, comme nous l'avions fait pendant cinq ou six heures de tours et de détours, de montées et de descentes, au milieu de rochers, d'arbres et de terres éboulées. Aussi, en arrivant à Art, au lieu de demander le dîner, je demandai un lit, et je recommandai qu'on ne me réveillât sous aucun prétexte.

Lorsque je rouvris les yeux, les rayons de la lune éclairaient ma chambre d'une si douce lumière, que je ne pus résister au désir de me lever et d'aller à la fenêtre. Elle donnait sur le lac de Zug, qui brillait comme un miroir d'argent; à gauche, le mont Righi, presque taillé à pic, s'élevait majestueusement jusqu'aux étoiles, qui semblaient des fleurs tremblantes à sa cime; à droite les maisons de Saint-Adrian et de Walchwyl dormaient tout le long de la rive, abritées par la montagne de Zug. Pas un nuage ne tachait le ciel, pas un souffle ne passait dans l'air, pas un bruit ne s'éveillait dans l'espace: le monde endormi flottait dans l'éther, comme un vaisseau qui vogue, et l'on sentait à sa confiance que Dieu le regardait marcher.

Alors il me vint une idée fatale pour Francesco : c'était de profiter de cette belle nuit et de cette fraîche lueur pour me mettre en route, afin d'arriver de bon matin à Lucerne. Il n'y avait à tout cela qu'un inconvénient, c'était la faim qui commençait à se faire sentir. Je voulus me remettre au lit pour essayer de me rendormir; mais la somme de repos dont j'avais besoin était prise, je ne pus refermer l'œil; d'ailleurs, ce magique clair de lune, qui teignait tout le paysage d'une teinte bleuâtre, m'attirait irrésistiblement. Je sautai une seconde fois à bas de mon lit, et je m'engageai, avec mon costume plus que léger, dans les escaliers de l'auberge, cherchant la chambre de mon hôte et frappant à toutes les portes, afin d'être sûr, dans le nombre, de trouver la sienne. Ma recherche fut longtemps inutile, soit que les appartements fussent inhabités, soit que leurs locataires eussent le sommeil dur ; enfin, je commençais à désespérer du succès de mon excursion, lorsque, de la dernière chambre où je frappais, on me répondit en allemand :

— *Varten Sie; da bin ich* (1).

Je n'avais garde de ne pas attendre : la langue qu'on me parlait, et que je reconnaissais pour celle de mon hôte, résonnait trop doucement à mon oreille; je restai donc sur le palier, attendant que la porte s'ouvrît; mon attente ne fut pas longue, et un grand jeune homme blond parut en se frottant les yeux, et en demandant s'il était déjà temps de partir.

— Pour moi, oui, répondis-je en souriant, mais peut-être pas pour vous, monsieur; car je crois que nous nous sommes trompés tous deux, moi en vous prenant pour mon hôte, vous en me prenant pour votre guide; veuillez donc, je vous prie, agréer mes excuses.

Je voulus me retirer.

— Pardon, me dit-il, mais puis-je au moins savoir qui j'ai eu l'honneur de recevoir?

— M. Alexandre Dumas.

— Croyez, monsieur, que je suis enchanté.

— Me permettez-vous de vous faire la même question?

— M. Édouard Viclers, avocat à Bruxelles.

— Trop heureux, monsieur, d'avoir l'honneur...

Et nous nous inclinâmes comme si nous nous rencontrions dans un salon; cependant la connaissance avait quelque chose de plus original, vu le costume où nous nous trouvions, et qui avait l'air d'un uniforme, tant il était pareil.

— Maintenant, monsieur, continuai-je, sans indiscrétion, oserai-je vous demander une chose?

— Faites, monsieur.

— Auriez-vous faim, par hasard?

— Hum! fit le Bruxellois en se consultant, il me semble que oui.

— C'est que je me suis couché hier sans souper, attendu que je tombais de sommeil en arrivant.

— Et moi, monsieur, attendu que je suis arrivé trop tard, et qu'il n'y avait que des œufs dans l'auberge.

— Vous n'aimez pas les œufs, à ce qu'il paraît?

— Je ne puis pas les sentir.

— De sorte que vous êtes à jeun?

— Comme vous.

— Eh bien! il faut manger.

— Mangeons.

— Puis, si vous le voulez, nous profiterons de cette belle nuit pour nous mettre en route.

— Volontiers; mais que mangerons-nous?

— Dieu y pourvoira; allons d'abord mettre nos pantalons.

La proposition était opportune, aussi fut-elle adoptée sans discussion; cinq minutes après nous étions à moitié présentables, c'était tout autant qu'il en fallait pour le moment.

— Maintenant, dis-je, mon cher avocat, vous qui parlez allemand comme Luther, chargez-vous de ré-

(1) Attendez, me voilà.

veiller notre hôte, et demandez-lui s'il n'y aurait pas moyen de mettre la main sur les poules qui ont pondu ces œufs; ça nous ferait toujours une fricassée. Quant à moi, je vais secouer mon guide, et voir s'il peut nous être bon à quelque chose.

J'allai à la chambre des domestiques; je reconnus Francesco à la manière triomphante dont il ronflait. Je le tirai par les jambes; il se réveilla et me reconnut.

— Ah! Excellence, dit-il en étendant les bras, ah! je faisais un beau rêve.

— Lequel, mon garçon?

— Je rêvais que vous me laissiez dormir.

Le reproche m'alla au cœur, et, si Francesco, en me l'adressant, ne s'était pas laissé glisser le long du lit, je crois que la pitié l'aurait emporté sur l'égoïsme; mais le pauvre garçon s'était trop pressé de m'obéir, et il porta la peine de sa promptitude.

Je trouvai, en revenant, ma nouvelle connaissance en grande conversation avec notre hôte. Les nouvelles étaient désastreuses : il n'y avait décidément que des œufs dans toute la maison.

— Voyons, dis-je à mon avocat, avez-vous une antipathie invincible pour l'omelette?

— C'est-à-dire que je l'*exècre*.

— Et pour le poisson?

— Le poisson, c'est autre chose, je l'adore.

— Mais c'est qu'il n'y a pas de poisson dans l'auberge, interrompit l'hôte.

— Comment, il n'y en a pas! voyez ce que dit mon *Itinéraire* : « Art, grand et beau village du canton de Schwitz, au bord du lac de Zug, entre le Righi et le Ruffiberg, — auberge de l'Aigle-Noir, — on y est très-bien, — bon poisson! » voyez. bon poisson, c'est imprimé.

— Oh! oui, dans le lac, il a voulu dire. Oh! il y a des rœtels, des truites et des ferras superbes.

— Eh bien! nous allons en pêcher.

— Mais je n'ai pas de filets.

— Sans filets.

— Je n'ai pas de ligne.

— Sans ligne.

— A quoi?

— A la carabine.

— C'est pour me conter de ces histoires-là que vous m'avez réveillé? me dit l'aubergiste.

— Oui, mon ami, et j'ajouterai encore quelque chose; préparez tout ce qu'il vous faut pour faire une bonne matelote, — chargez-vous des oignons, du vin et du beurre, je me charge du poisson.

— Allons, il faut voir, dit le bonhomme en préparant sa casserole.

— A la bonne heure. — Maintenant, est-ce à vous la petite barque qui est sur le lac?

— Oui.

— M'autorisez-vous à la prendre?

— Oui.

— Voulez-vous me prêter le réchaud de terre sur lequel est assis mon guide?

— Oui.

— Eh bien! c'est tout ce qu'il faut, merci. Maintenant, Francesco, mets du feu dans le réchaud. Ramasse des branches de sapin, prends une corde, et en route!

— Bonne pêche! dit l'aubergiste d'un ton goguenard.

Je pris ma carabine, je fis signe à l'avocat de me suivre, et nous sortîmes.

En cinq minutes, nous fûmes au bord du lac. J'assurai le fourneau avec la corde à la proue de la barque, je le chargeai de nouvelles branches de sapin; Francesco s'assit sur le banc du milieu, un aviron de chaque main; M. Viclers détacha la chaîne qui retenait la barque au rivage, et vint me rejoindre; je fis signe à notre rameur de se mettre à la besogne, et nous commençâmes à glisser sur le lac.

Comme je l'ai dit, il était uni comme un miroir, et si limpide, que nous voyions parfaitement à la profondeur de vingt pieds à peu près. L'eau réfléchissait la flamme tremblante de notre réchaud, qui semblait brûler au milieu de l'élément destiné à l'éteindre : de temps en temps, nous apercevions comme un éclair argenté qui passait sous notre barque, et je montrais du doigt à mon camarade de pêche ce présage de succès; car c'était l'écaille scintillante d'un habitant du lac, qui, réveillé par cette lueur inaccoutumée, passait rapidement dans le cercle de lumière que nous poussions en avant. Peu à peu les poissons semblèrent non-seulement se familiariser avec nous, mais encore, attirés par la curiosité, nous les vîmes monter du fond de l'eau, puis s'arrêter à quelques pieds au-dessous de sa surface, immobiles et comme endormis : nous pouvions reconnaître leur forme et leur espèce; mais aucun ne montait encore assez près de nous pour que je voulusse risquer de perdre une balle. Je fis signe à Francesco de cesser de ramer, et je jetai de nouvelles branches sur le foyer; la flamme redoubla : les poissons, attirés comme par un charme, s'élevaient avec un mouvement de nageoires si imperceptible, que nous ne nous apercevions qu'ils montaient à la surface que par l'accroissement de leur dimension, enfin ils entrèrent dans le foyer de lumière réfléchi par l'eau, et nous les vîmes étinceler comme si chacune de leurs écailles était un diamant; nous pouvions choisir selon notre goût et notre caprice. Mon compagnon me montrait une truite superbe, mais j'avais jeté mon dévolu sur un lavaret magnifique. Je connaissais son espèce pour avoir eu avec elle, au bord du lac de Genève, des relations dont je n'avais eu qu'à me louer. Ce fut donc vers lui que je dirigeai le canon de ma carabine; l'avocat me regardait faire en retenant son souffle. Francesco s'était traîné à quatre pattes jusqu'auprès de nous, et paraissait prendre le plus

grand intérêt à ce qui allait se passer. Le lavaret seul semblait ignorer qu'il fût l'objet de l'attention générale. Il montait insensiblement, comme si, après avoir traversé le premier foyer réfléchi par l'eau, il eût voulu arriver jusqu'à la véritable flamme qui brûlait dans l'air; enfin, je jugeai qu'il était à une bonne hauteur, j'appuyai le doigt sur la gâchette, le coup partit.

Nous ne pûmes nous empêcher de tressaillir nous-mêmes à cette détonation, comme si elle était inattendue : toute la montagne s'était éveillée jusqu'en ses profondeurs; on eût dit que le tonnerre bondissait sur les flancs du Righi et du Ruffiberg; nous l'entendîmes s'éloigner d'écho en écho du côté de Zug, puis s'adoucir. Nous reportâmes alors nos yeux sur le lac, tous nos curieux avaient disparu, seulement, à une grande profondeur, nous apercevions un point argenté; je le montrai à mes compagnons : c'était notre lavaret qui remontait le ventre en l'air. Au bout de quelques secondes, il flottait complaisamment à la surface de l'eau, de sorte que nous n'eûmes qu'à étendre la main pour le prendre; la balle lui avait emporté la moitié de la tête.

Nous rentrâmes en triomphateurs à l'hôtel. Notre hôte nous attendait devant ses fourneaux; cependant il n'avait pas cru devoir s'avancer jusqu'à commencer sa matelote.

— Eh bien! fis-je en lui montrant notre pêche, qu'est-ce que vous dites de celui-là, mon brave homme?

— Je dis qu'on apprend à tout âge, répondit notre hôte avec un air de profonde humilité et en regardant la magnifique bête que nous lui rapportions.

— Ah! eh bien! maintenant, pendant que nous allons achever notre toilette, faites votre fricassée, et tâchez de ne pas mettre de rancune dans l'assaisonnement.

J'ignore si la recommandation était nécessaire; mais ce que je sais, c'est que la matelote était excellente, et que le lavaret était de si belle taille, qu'il y en eut pour tout le monde, même pour le guide de mon nouvel ami, qui était arrivé pendant le repas.

Le souper fini, nous réglâmes nos comptes avec l'hôte, puis, comme une légère teinte orangée commençait à paraître au sommet du Ruffiberg, nous pensâmes qu'il était temps de nous mettre en route. A la porte de l'auberge, mon compagnon tourna à gauche et moi à droite.

— Où diable allez-vous donc? me dit-il.

— Eh bien! mais à Lucerne.

— A Lucerne! j'en viens.

— Tiens, tiens, tiens! — Alors il paraît que nous ne faisons pas même route?

— Nous avons même tout à fait l'air de nous tourner le dos.

— Alors, bon voyage!

Vue de Bruxelles.

— Dieu vous garde !

— Si vous passez à Bruxelles...

— Si vous venez à Paris...

— C'est chose dite. — Adieu !

— Adieu !

Et nous nous quittâmes pour ne nous revoir probablement que dans la vallée de Josaphat.

— Eh bien ! dis-je, Francesco, qu'est-ce que tu penses de tout cela, mon garçon ?

— Ma foi, monsieur, me répondit-il, je pense que vous avez de singulières habitudes; vous quittez les beaux chemins pour en prendre de mauvais; vous dormez le jour pour marcher la nuit, et vous pêchez des poissons avec une carabine !...

LES POULES DE M. DE CHATEAUBRIAND.

E n sortant de l'hôtel de l'Aigle, et en prenant le chemin qui s'étend à la gauche du lac de Zug, nous nous retrouvions sur un terrain qui appartient exclusivement à l'histoire. La route que nous suivions fut suivie par Guessler, et va aboutir à sa tombe. Nous ne nous arrêtâmes à Immensée, où nous arrivâmes à sept heures du matin, que le temps de faire une halte, et nous prîmes aussitôt la route de Küssnach, dont le nom amoureusement poétique (1) est si peu en harmonie avec le souvenir de mort qu'il rappelle. A un quart de lieue d'Immensée à peu près, nous nous engageâmes dans le chemin creux au bout duquel veillait Guillaume Tell; il est large à peine pour passer une voiture, et encaissé des deux côtés par un talus de douze pieds de hauteur, au sommet duquel s'élèvent des arbres, dont les branches, se joignant et s'entrelaçant, forment un berceau au-dessus de la tête du voyageur. A son extrémité s'élève une chapelle : c'est celle qui fut éle ée à l'endroit même où expira Guessler. En face de la chapelle, un chemin latéral quitte la route, monte vingt pas à peu près, et s'arrête au pied d'un arbre. S'il faut en croire la tradition, c'est là, derrière et contre cet arbre même, dont on aperçoit à gauche en venant d'Immensée le tronc couvert de mousse, que Tell, caché, appuya son arbalète pour être plus sûr de son coup. En admettant cette distance entre le tireur et le but, Guillaume aurait tiré à vingt-sept pas.

Cette chapelle n'a rien qui la distingue des autres. Les effigies de saint Nicolas de Floue et de saint Charles Borromée la décorent, et, dans celle-ci, comme dans les autres, on me présenta un livre où les pèlerins inscrivent leurs noms ; à l'avant-dernière page, je trouvai celui de M. de Chateaubriand.

Depuis Martigny, j'avais vu de temps en temps reparaître sur les livres des auberges ce grand et beau nom, confondu parmi les noms obscurs des touristes. A Andermatt, un voyageur avait dessiné au-dessous de ce nom une lyre couronnée de lauriers. L'aubergiste me l'avait montré comme un nom de prince, et je l'avais détrompé en lui disant que

(1) Baiser du soir.

c'était un nom de roi. Je griffonnai ma signature bien loin et bien au-dessous de la sienne, comme devait le faire un courtisan respectueux, et je me remis en route.

En sortant du petit bois dans lequel est située la chapelle de Tell, nous aperçûmes à notre gauche les ruines de la forteresse à laquelle se rendait Guessler lorsqu'il fut tué. Un petit chemin y conduit; nous le prîmes, et, en moins de dix minutes, nous arrivâmes à ce château, détruit par Stauffacher au mois de janvier de l'année 1308, et qui n'offre rien de remarquable que le souvenir qu'il rappelle. Le sentier qui y mène entre d'un côté, le traverse entièrement, et, sortant de l'autre, conduit droit à Küssnach. Nous nous y embarquâmes pour Lucerne.

Le lac des Quatre-Cantons passe généralement pour le plus beau lac de la Suisse : en effet, le caprice de sa forme donne à ses perspectives différentes beaucoup d'inattendu. Cependant, jusqu'alors je lui avais préféré le lac de Brienz, avec sa ceinture de glaciers; mais, en arrivant en face de Lucerne, je fus forcé d'avouer que nulle part encore une vue aussi complète dans son ensemble et dans ses détails ne s'était offerte à mes yeux.

En effet, en face de moi, au fond de son petit golfe, s'élevait Lucerne, entourée de fortifications, qui remontent au seizième siècle, et qui donnent un aspect étrange à cette ville, dans un pays où les véritables remparts sont bâtis de la main de Dieu, et s'élèvent à quatorze mille pieds de hauteur; à sa droite et à sa gauche, comme deux sentinelles, comme deux géants, comme le génie du bien et du mal, s'élèvent le Righi, cette reine des montagnes, revêtu de son manteau de verdure, brodé de villages et de chalets, et le Pilate, squelette osseux et décharné, couronné de nuages où dorment les tempêtes. Jamais contraste plus complet que celui qu'offrent ces deux montagnes n'a été embrassé d'un coup d'œil. L'une, couverte de végétation de sa base à son sommet, abrite cent cinquante chalets et nourrit trois mille vaches; l'autre, comme un mendiant, vêtue à peine de quelques lambeaux de verdure sombre, qui laissent apercevoir ses flancs nus et déchirés, n'est habitée que par les orages et les aigles, les nuages et les vautours. La première n'a que des traditions riantes, la seconde ne rappelle que des légendes infernales : aussi le chemin

Vue de Lucerne.

qui côtoie sa base est-il celui que Walter Scott a choisi pour en faire le théâtre de la scène terrible qui ouvre son roman de Charles le Téméraire.

Le vent qui soufflait de Brünnen et qui enflait notre petite voile nous faisait glisser si doucement au milieu de ce ravissant paysage, que, couché comme je l'étais sur la proue, je ne me sentais pas marcher, et que j'étais prêt à croire que c'était la ville qui venait au-devant de moi; cette illusion dura jusqu'au dernier moment; les maisons grandissantes semblaient sortir de l'eau. Nous doublâmes une tour qui, servant autrefois de phare, a donné son nom à la ville, et nous abordâmes sur le quai. Une auberge que nous trouvâmes sur notre route était celle du Cheval-Blanc; nous nous y arrêtâmes.

La première nouvelle que j'appris, et, en effet, c'était la plus importante, était que M. de Chateaubriand habitait Lucerne. On se rappelle qu'après la Révolution de juillet notre grand poète, qui avait voué sa plume à la défense de la dynastie déchue, s'exila volontairement, et ne revint à Paris que lorsqu'il y fut rappelé par l'arrestation de la duchesse de Berry.

Il demeurait à l'hôtel de l'Aigle.

Je m'habillai aussitôt dans l'intention d'aller lui faire une visite, je ne le connaissais pas personnellement.

A Paris, je n'eusse point osé me présenter à lui; mais, hors de la France, à Lucerne, isolé comme il l'était, je pensai qu'il y aurait peut-être quelque plaisir pour lui à voir un compatriote. J'allai donc hardiment me présenter à l'hôtel de l'Aigle; je demandai M. de Chateaubriand au garçon de l'hôtel, il me répondit qu'il venait de sortir pour donner à manger à ses poules : je le fis répéter, croyant avoir mal entendu; mais il me fit une seconde fois la même réponse. Je laissai mon nom, en réclamant en même temps la faveur d'être reçu le lendemain, car il commençait à se faire tard, et les courses continues que j'avais faites depuis Brigg, le peu de repos que j'avais pris pendant les trois ou quatre dernières étapes, me faisaient sentir que je n'aurais pas trop du reste du jour et de la nuit pour me remettre tout à fait; quant à Francesco, toute ville était pour lui Capoue.

Le lendemain, je reçus une lettre de M. de Chateaubriand, envoyée dès la veille, mais qu'on ne m'avait pas remise de peur de m'éveiller; c'était une invitation à déjeuner pour dix heures; il en était neuf, il n'y avait pas de temps à perdre. Je sautai à bas de mon lit, et je m'habillai.

Il y avait bien longtemps que je désirais voir M. de Chateaubriand. Mon admiration pour lui était une religion d'enfance. C'était l'homme dont le génie s'était le premier écarté du chemin battu, pour frayer à notre jeune littérature la route qu'elle a suivie depuis; il avait suscité à lui seul plus de haines que tout le cénacle ensemble; c'était le roc que les vagues de l'envie, encore émues contre nous, avaient vainement battu pendant cinquante ans, c'était la lime sur laquelle s'étaient usées les dents dont les racines avait essayé de nous mordre.

Aussi, lorsque je mis le pied sur la première marche de l'escalier, le cœur faillit me manquer. Tout à fait inconnu, il me semblait que j'eusse été moins écrasé de cette immense supériorité, car alors le point de comparaison eût manqué pour mesurer nos deux hauteurs, et je n'avais pas la ressource de dire comme le Stromboli au mont Rosa : « Je ne suis qu'une colline, mais je renferme un volcan. »

Arrivé sur le palier, je m'arrêtai, le cœur me battait avec violence; j'eusse moins hésité, je crois, à frapper à la porte d'un conclave. Peut-être en ce moment M. de Chateaubriand croyait-il que je le faisais attendre par impolitesse, tandis que je n'osais entrer par vénération. Enfin, j'entendis le garçon qui montait : je ne pouvais rester plus longtemps à cette porte, je frappai : ce fut M. de Chateaubriand lui-même qui me vint ouvrir.

Certes, il dut se former une singulière opinion de mes manières s'il n'attribua pas mon embarras à sa véritable cause; je balbutiai un provincial, je ne savais si je devais passer devant ou derrière lui; je crois que comme M. Parseval devant Napoléon, s'il m'eût demandé mon nom, je n'aurais su que lui répondre.

Il fit mieux, il me tendit la main.

Pendant tout le déjeuner, nous parlâmes de la France; il envisagea, les unes après les autres, toutes les questions politiques qui se débattaient à cette époque, depuis la tribune jusqu'au club, et cela avec cette lucidité de l'homme de génie qui pénètre au fond des choses et des hommes, qui estime à leur valeur les convictions et les intérêts, et qui ne s'illusionne sur rien. Je demeurai convaincu que M. de Chateaubriand regardait dès lors le parti auquel il appartenait comme perdu, croyait tout l'avenir dans le républicanisme social, et demeurait attaché à sa cause plus encore parce qu'il la voyait malheureuse que parce qu'il la croyait bonne; il en est ainsi de toutes les grandes âmes, il faut qu'elles se dévouent à quelque chose; quand ce n'est pas aux femmes, c'est aux rois; quand ce n'est pas aux rois, c'est à Dieu.

Je ne pus m'empêcher de faire observer à M. de Chateaubriand que ses théories, royalistes par la forme, étaient républicaines par le fond.

— Cela vous étonne? me dit-il en souriant.

Je le lui avouai.

— Je le crois, cela m'étonne bien davantage encore, continua-t-il; j'ai marché le voulant, comme un rocher que le torrent roule, et maintenant voilà que je me trouve plus près de vous que vous de moi!... Avez-vous vu le Lion de Lucerne?

— Pas encore.

— Eh bien! allons lui faire une visite; c'est le

Chateaubriand.

monument le plus important de la ville; vous savez à quelle occasion il a été érigé?

— En mémoire du 10 août.

— C'est cela.

— Est-ce une belle chose?

— C'est mieux que cela, c'est un beau souvenir.

— Il n'y a qu'un malheur : c'est que le sang répandu pour la monarchie était acheté à une république, et que la mort de la garde suisse n'a été que le payement exact d'une lettre de change.

— Cela n'en est pas moins remarquable dans une époque où il y avait tant de gens qui laissaient protester leurs billets.

Comme on voit ici, nous différions dans nos idées ; c'est le malheur des opinions qui partent de deux principes opposés : toutes les fois que le besoin les rapproche, elles s'entendent sur les théories, mais elles se séparent sur les faits.

Nous arrivâmes en face du monument, situé à quelque distance de la ville, dans le jardin du général Pfyffer. C'est un rocher taillé à pic, dont le pied est baigné par un bassin circulaire. Une grotte de quarante-quatre pieds de longueur sur quarante huit pieds d'élévation a été creusée dans ce rocher, et, dans cette grotte, un jeune sculpteur de Constance, nommé Ahorn, a, sur un modèle en plâtre de

Le lion de Lucerne.

Thorwaldsen, taillé un lion colossal percé d'une lance, dont le tronçon est resté dans la plaie, et qui expire en couvrant de son corps le bouclier fleurdelisé qu'il ne peut plus défendre : au-dessus de la grotte on lit ces mots :

HELVETIORUM FIDEI AC VIRTUTI.

Et au dessous d'elle les noms des officiers et des soldats qui périrent le 10 août ; les officiers sont au nombre de vingt-six, et les soldats de sept cent soixante.

Ce monument prenait, au reste, un intérêt plus grand de la nouvelle révolution qui venait de s'accomplir et de la nouvelle fidélité qu'avaient déployée les Suisses. Cependant, chose bizarre, l'invalide qui garde le lion nous parla beaucoup du 10 août, mais ne nous dit pas un mot du 29 juillet. La plus nouvelle des deux catastrophes était celle qu'on avait déjà oubliée, et c'est tout simple : 1830 n'avait chassé que le roi, 1790 avait chassé la royauté.

Je montrai à M. de Chateaubriand les noms de ces hommes qui avaient si bien fait honneur à leur signature, et je lui demandai, si l'on élevait un pareil monument en France, quels seraient les noms de nobles qu'on pourrait inscrire sur la pierre funéraire de la royauté pour faire pendant à ces noms populaires.

— Pas un, me répondit-il.

— Comprenez-vous cela?

— Parfaitement : les morts ne se font pas tuer.

L'histoire de la Révolution de juillet était tout entière dans ces mots : la noblesse est le véritable bouclier de la royauté ; tant qu'elle l'a porté au bras, elle a repoussé la guerre étrangère et étouffé la guerre civile; mais du jour où, dans sa colère, elle l'a imprudemment brisé, elle s'est trouvée sans défense. Louis XI avait tué les grands vassaux, Louis XIII les grands seigneurs, et Louis XVI les aristocrates; de sorte que, lorsque Charles X a appelé à son secours les d'Armagnac, les Montmorency et les Lauzun, sa voix n'a évoqué que des ombres et des fantômes.

— Maintenant, me dit M. de Chateaubriand, si vous avez vu tout ce que vous vouliez voir, allons donner à manger à mes poules.

— Au fait, vous me rappelez une chose : c'est que, lorsque je me suis présenté hier à votre hôtel, le garçon m'a dit que vous étiez sorti pour vous livrer à cette champêtre occupation : votre projet de retraite irait-il jusqu'à vous faire fermier ?

— Pourquoi pas? Un homme dont la vie aurait été, comme la mienne, poussée par le caprice, la poésie, les révolutions et l'exil, sur les quatre parties du monde, serait bien heureux, ce me semble, non pas de posséder un chalet dans ces montagnes, je n'aime pas les Alpes, mais un herbage en Normandie, ou une métairie en Bretagne. Je crois décidément que c'est la vocation de mes vieux jours.

— Permettez-moi d'en douter. Vous vous souviendrez de Charles-Quint à Saint-Just : vous n'êtes pas de ces empereurs qui abdiquent ou de ces rois qu'on détrône; vous êtes de ces princes qui meurent sous un dais, et qu'on enterre, comme Charlemagne, les pieds sur leur bouclier, l'épée au flanc, la couronne en tête et le sceptre à la main.

— Prenez garde, il y a longtemps qu'on ne m'a flatté, et je serais capable de m'y laisser reprendre. Allons donner à manger à mes poules.

Sur mon honneur, j'aurais voulu tomber à genoux devant cet homme, tant je le trouvais à la fois simple et grand!...

Nous nous engageâmes sur le pont de la Cour, qui conduit à la partie de la ville qui est séparée par un bras du lac : c'est le pont couvert le plus long de la Suisse après celui de Rapperschwyll, il a treize cent quatre-vingts pieds, et est orné de deux cent trente-huit sujets tirés de l'Ancien et du Nouveau Testament.

Nous nous arrêtâmes aux deux tiers à peu près de son étendue, à quelque distance d'un endroit couvert de roseaux. M. de Chateaubriand tira de sa poche un morceau de pain qu'il y avait mis après le déjeuner, et commença de l'émietter dans le lac ;

aussitôt une douzaine de poules d'eau sortirent de l'espèce d'île que formaient les roseaux, et vinrent en hâte se disputer le repas que leur préparait, à cette heure, la main qui avait écrit le *Génie du Christianisme*, les *Martyrs* et le *Dernier des Abencerrages*. Je regardai longtemps, sans rien dire, le singulier spectacle de cet homme penché sur le pont, les lèvres contractées par un sourire, mais les yeux tristes et graves : peu à peu, son occupation devint tout à fait machinale, sa figure prit une expression de mélancolie profonde, ses pensées passèrent sur son large front comme des nuages au ciel : il y avait parmi elles des souvenirs de patrie, de famille, d'amitiés tendres, plus sombres que les autres. Je devinai que ce moment était celui qu'il s'était réservé pour penser à la France.

Je respectai cette méditation tout le temps qu'elle dura. A la fin, il fit un mouvement et poussa un soupir. Je m'approchai de lui; il se souvint que j'étais là et me tendit la main.

— Mais si vous regrettez tant Paris, lui dis-je, pourquoi n'y pas revenir? Rien ne vous en exile, et tout vous y rappelle.

— Que voulez-vous que j'y fasse? me dit-il. J'étais à Cauterets lorsque arriva la Révolution de juillet. Je revins à Paris. Je vis un trône dans le sang et l'autre dans la boue, des avocats faisant une Charte, un roi donnant des poignées de main à des chiffonniers. C'était triste à en mourir, surtout quand on est plein, comme moi, des grandes traditions de la monarchie. Je m'en allai.

— D'après quelques mots qui vous sont échappés ce matin, j'avais cru que vous reconnaissiez la souveraineté populaire.

— Oui, sans doute, il est bon que de temps en temps la royauté se retrempe à sa source, qui est l'élection ; mais cette fois on a sauté une branche de l'arbre, un anneau de la chaîne; c'était Henri V qu'il fallait élire et non Louis-Philippe.

— Vous faites peut-être un triste souhait pour ce pauvre enfant, répondis-je. Les rois du nom de Henri sont malheureux en France : Henri Ier a été empoisonné, Henri II tué dans un tournoi, Henri III et Henri IV ont été assassinés.

— Eh bien ! mieux vaut, à tout prendre, mourir du poignard que de l'exil ; c'est plus tôt fait, et on souffre moins.

— Mais, vous, ne reviendrez-vous pas en France, voyons?

— Si la duchesse de Berry, après avoir fait la folie de venir dans la Vendée, fait la sottise de s'y laisser prendre, je reviendrai à Paris pour la défendre devant ses juges, puisque mes conseils n'auront pu l'empêcher d'y paraître.

— Sinon?...

— Sinon, continua M. de Chateaubriand en émiettant un second morceau de pain, je continuerai à donner à manger à mes poules.

Louis XI.

Vue de Turin.

Deux heures après cette conversation, je m'éloignais de Lucerne dans un bateau conduit par deux rameurs; j'avais vu de la ville ce que je voulais en voir, et, de plus, j'en emportais un souvenir que je ne comptais pas y trouver, celui d'une entrevue avec M. de Chateaubriand. J'étais resté tout un jour avec le géant littéraire de notre époque, avec l'homme dont le nom retentit aussi haut que ceux de Gœthe et de Walter Scott. Je l'avais mesuré comme ces montagnes des Alpes qui s'élevaient blanchissantes sous mes yeux; j'étais monté sur son sommet, j'étais descendu au fond de ses abîmes; j'avais fait le tour de sa base de granit, et je l'avais trouvé plus grand encore de près que de loin, dans la réalité que dans l'imagination, dans la parole que dans les œuvres. Depuis ce temps, l'impression que j'avais reçue n'a fait que s'accroître, et jamais je n'ai essayé de revoir M. de Chateaubriand de peur de ne pas le retrouver tel que je l'avais vu, et que ce changement ne portât atteinte à la religion que je lui ai vouée. Quant à lui, il est probable qu'il a oublié, non-seulement les détails de ma visite, mais encore la visite elle-même, et c'est tout simple ; j'étais le pèlerin et il était le Dieu.

RIGHI.

ous arrivâmes vers les quatre heures à Wegghis, point qui, après une mûre délibération, avait été choisi par mes bateliers comme celui d'où je devais commencer mon ascension sur la montagne la plus renommée de la Suisse pour le magnifique panorama qu'on découvre de sa cime.

La journée était déjà avancée, aussi ne nous arrêtâmes-nous à l'auberge que le temps d'aller chercher un conducteur. Malheureusement, ainsi que je l'ai dit, nous nous y prenions un peu tard. Comme le temps promettait d'être magnifique pour le lendemain, il y avait eu abondance de voyageurs, ce qui avait amené pénurie de guides, si bien que le dernier était parti, il y avait une heure, avec un Anglais. Notre hôte nous conseilla de nous mettre à la poursuite du gentleman, nous promettant que, si nous étions bons marcheurs, nous le rattraperions à moitié chemin de la montée, ce qui nous permettrait de profiter, pour la dernière partie de la montagne, qui est la plus difficile, de la compagnie de son cicerone.

Nous profitâmes de l'avis, et nous nous mîmes immédiatement en route. Le chemin, qui part de la porte même de l'auberge, était assez visiblement tracé pour que nous n'eussions pas à craindre de nous égarer; il s'engageait, à deux cents pas à peine de la maison, dans un charmant bois de noyers et de chênes, qui nous accompagnèrent ainsi pendant l'espace d'une demi-lieue, après laquelle nous entrâmes dans un espace aride et couleur de rouille, dévasté ainsi par l'éruption de 1795.

Cette éruption bizarre, dont on a cherché longtemps la cause, expliquée de nos jours, menaça, un instant, les habitants de Wegghis du même sort que ceux d'Herculanum ; seulement, au lieu d'être engloutis par la lave, ils faillirent l'être par la boue. Le 16 juillet 1795, au point du jour, les habitants, qui toute la nuit avaient été tenus sur pied par des bruits dont ils ignoraient la cause, virent se former des crevasses transversales au tiers de la hauteur de la montagne, à l'endroit où les couches de brèche du Rossberg, échancrées par la vallée de Goldau, viennent s'appuyer aux couches calcaires du Righi; de ces crevasses sortit un courant de vase d'une teinte ferrugineuse, qui descendit comme une large nappe de fange d'un quart de lieue de largeur et de dix à vingt pieds de hauteur, suivant les inégalités du terrain, et s'avançant avec assez de lenteur pour donner aux habitants le loisir d'enlever ce qu'ils avaient de plus précieux; pareille en tout point à la lave, excepté que sa fusion n'était point produite par la chaleur, cette boue s'amoncelait à la partie des objets qui lui faisaient obstacle, et passait par-dessus quand elle ne les poussait pas devant elle.

Nous venions de dépasser cette plaine désolée, et nous approchions du petit ermitage de Sainte-Croix, qui forme la moitié du chemin, lorsque nous vîmes revenir à nous, roide et formant des enjambées aussi exactement régulières qu'en pourrait faire un compas qui marcherait, un jeune homme que nous reconnûmes facilement pour notre Anglais. Son guide le suivait en lui faisant, moitié en allemand, moitié en français, toutes les observations qu'il croyait propres à lui faire rebrousser chemin pour continuer son ascension interrompue ; mais lui, sourd et impassible, continuait de descendre, augmentant de rapidité à mesure qu'il descendait, de manière à craindre qu'avant cinq cents pas il ne se mît à courir. Nous vîmes du premier coup que les officieuses et instantes prières du guide lui étaient inspirées par la crainte de perdre sa journée, et je lui demandai s'il voulait abandonner la fortune de l'Anglais et s'attacher à la nôtre. La proposition fut acceptée à l'instant même ; il s'arrêta et laissa son voyageur achever sa route. Celui-ci, sans s'inquiéter de l'abandon de son guide, continua de descendre la montagne dans la même progression, ce qui nous donna l'espérance que, du train dont il allait, il serait à Wegghis avant une demi-heure.

Nous demandâmes au guide s'il savait quel genre d'affaire rappelait si instamment son juif errant vers le lac; mais il nous dit qu'il fallait qu'il fût sujet à cette maladie ; que ça lui avait pris tout à coup. D'abord, il avait eu grande peine à le décider à monter sur le Righi, et, pour le décider, il avait eu besoin de lui promettre qu'il s'y trouverait probablement seul; alors, et sur cette promesse, il avait pris son parti et s'était mis en route, demandant de cinq cents pas en cinq cents pas s'il était arrivé, et, sur la réponse négative, se remettant en route avec une résignation de quaker. Enfin, à moitié chemin à peu près, il avait appris qu'une société considérable le précédait; cette nouvelle avait paru le frapper de stupeur; il était resté un instant immobile et rougissant; puis, tout à coup, il avait fait volte-face et s'était mis en route pour Wegghis. Le guide avait eu beau lui dire que, puisqu'il était à moitié chemin, il avait aussi court de continuer à monter; l'Anglais avait pensé, sans doute, à part lui, que le lendemain il lui faudrait descendre, et cette conviction fâcheuse lui avait inspiré la résolution désespérée dont, sans nous, son guide était victime.

L'épisode le plus curieux de la montée du Righi est une route formée par quatre blocs de rochers qui, l'on ne peut deviner comment, se sont dressés les uns contre les autres de manière à former une arche. Il est évident que la main des hommes n'est pour rien dans ce capricieux incident de la nature. Mon guide, selon l'habitude des paysans suisses, ne manqua pas de l'attribuer à l'ennemi éternel du genre humain ; mais, j'eus beau l'interroger, il ne savait pas dans quel but le diable s'était passé cette fantaisie.

À compter de ce moment, nous marchâmes en plaine, voyant les montagnes voisines s'abaisser et le panorama s'étendre à mesure que nous nous élevions ; cependant, la nuit commençait à s'amasser dans les profondeurs, tandis que tous les pics étaient encore éclairés d'une vive lumière; au reste, le soleil semblait descendre visiblement, et l'ombre montait comme une marée. Bientôt il n'y eut plus que les sommités des montagnes qui semblèrent former des îles sur cette mer de ténèbres, puis elles furent submergées à leur tour les unes après les

autres. Le déluge nous atteignit nous-mêmes bientôt. Pendant quelque temps encore, nous vîmes flamboyer la tête du Pilate, plus élevé que le Righi de quatorze ou quinze cents pieds. Enfin, la lueur de ce dernier phare s'éteignit, et, comme nous arrivions au Staffel, les Alpes tout entières étaient plongées dans l'obscurité. Nous avions mis deux heures un quart à faire l'ascension.

En mettant le pied dans l'auberge, nous crûmes entrer dans la tour de Babel : vingt-sept voyageurs de onze nations différentes s'étaient donné rendez-vous sur le Righi pour voir lever le soleil ; en attendant, ils mouraient de faim ou à peu près ; l'hôte, n'attendant pas si nombreuse compagnie, ne s'était pas muni de provisions suffisantes ; aussi, n'obtins-je de la société qu'une réception fort médiocre ; j'étais une nouvelle bouche tombant au milieu d'une garnison affamée. Chacun jurait dans sa langue, ce qui faisait le plus abominable concert que j'aie jamais entendu.

Dès que je sus ce dont il était question, je pensai qu'il serait brave et magnanime à moi de me venger de l'accueil que m'avait fait la société en lui donnant une preuve de philanthropie. En conséquence, je tirai de mon carnier une superbe poule d'eau que j'avais tuée en tournant la pointe de Niederdof avant d'arriver à Wegghis ; ce n'était pas grand'chose, mais enfin, en temps de disette, tout devient précieux. Je pensai alors que l'Anglais avait eu quelque révélation de la famine qui régnait dans les hauts lieux, et que c'était pour cela qu'il avait regagné si rapidement la vallée.

En ce moment, nous entendîmes, à cinquante pas de l'auberge, le son d'une trompe des Alpes; c'était une galanterie de notre hôte, qui, à défaut d'autre chose, nous donnait une sérénade.

Nous sortîmes pour écouter ce fameux ranz des vaches qui, dit-on, donne au Suisse le mal de la patrie. Pour nous autres étrangers, ce n'était qu'une espèce de mélodie assez monotone qui, en mon particulier, éveillait une idée tout à fait formidable, c'est que, s'il y avait quelque voyageur égaré dans la montagne, les sons de la trompe lui indiqueraient son chemin. Je communiquai cette réflexion à mon voisin; c'était un gros Anglais qui, dans les temps ordinaires, devait avoir l'air assez joyeux, mais auquel les circonstances dans lesquelles nous nous trouvions donnaient une apparence de mélancolie profonde. Il réfléchit un instant, puis il lui parut sans doute que mes craintes étaient fondées, car il se détacha de la société, alla arracher la trompe des mains du berger, et la rapporta à l'aubergiste en lui disant :

— Mon ami, rangez cette petite instrument, afin que votre garçonne fasse plus de tapage avec.

—Mais, milord, c'est l'habitude, répondit l'hôte, et généralement la musique est agréable aux voyageurs.

Le pont de la Cour. — Page 130.

— Dans les temps d'abondance, cela être possi-Lle, mais jamais dans les temps de disette.

Il revint à moi.

— Soyez tranquille, me dit-il, je lui ai fait ranger son cor de chasse.

— Ma foi, milord, lui dis je, j'ai bien peur que ce ne soit trop tard; si je ne me trompe, j'aperçois là-bas une espèce d'ombre qui m'a tout à fait l'air d'appartenir à un nouvel arrivant.

— Oh! oh! fit milord, croyez-vous?

— Dame! regardez.

En effet, aux premiers rayons de la lune, nous voyions s'avancer un grand jeune homme qui venait à nous d'un air délibéré, faisant tourner son bâton de montagne autour de son index, à la manière des artistes qui enlèvent des pièces de six liards sur le bout du nez des militaires. A mesure qu'il avançait, je reconnaissais mon homme pour un véritable type de commis voyageur parisien; il avait un chapeau gris légèrement incliné, des favoris en collier, une cravate à la Colin, un habit de velours et un pantalon à la cosaque. C'était, comme on le voit, la tenue de rigueur.

En arrivant à nous, il changea de manœuvre, et, pour nous prouver sans doute sa science acquise dans le service de la garde nationale et sa vocation naturelle pour les premiers rôles d'opéra-comique, il s'arrêta à dix pas de nous, joignit la voix au geste, et commença, avec son bâton, l'exercice en douze temps :

Voilà, voilà, voilà,
Voilà le voyageur français.

— Portez armes ! présentez armes !

Salutem omnibus, — bonjour tout le monde. Eh bien ! qu'y a-t-il ?

— Il y a, mon cher compatriote, répondis-je. que, si vous n'arrivez pas avec le secret de la multiplication des pains et des poissons, vous auriez bien fait de rester à Wegghis.

— Bah ! bah ! bah ! quand il y en a pour trois, il y en a pour quatre.

— Oui ; mais, quand il y en a pour quatre, il n'y en a pas pour vingt-huit.

— Ma foi, tant pis ! à la guerre comme à la guerre ! une fois à Lucerne, je n'ai pas voulu m'en aller sans voir vu le Ghi-Ghi. Seulement, comme il n'y avait plus de guides dans le village, je suis venu tout seul ; ça me connaît la montagne, je suis de Montmartre, moi. Cependant, comme la nuit était venue, je commençais à vaguer tant soit peu, quand votre trompette m'a remis dans le chemin du salut. — Est-ce vous, mon petit père, qui avez soufflé dans la machine ? continua-t-il en s'adressant à l'Anglais.

— Non, monsieur, ce n'être pas moi.

— Pardon, milord, c'est que vous avez l'air d'avoir une bonne respiration.

— Cela être possible ; mais je n'aime pas le musique.

— Vous avez tort, la musique adoucit les mœurs de l'homme. — Ohé ! la maison ! qu'est-ce que nous avons pour souper ?

Et il entra dans l'auberge.

— Il être tout à fait drôle, foirê ami ! me dit un Allemand qui n'avait pas encore parlé.

— Je vous demande pardon, répondis-je ; mais ce monsieur n'est pas du tout mon ami, et je ne le connais pas ; c'est un compatriote, et voilà tout.

— Dites donc ! dites donc ! voilà comme vous me soutenez, farceur, dit le nouvel arrivant en paraissant sur la porte, la bouche pleine et mordant à même d'une tartine. — Ne faites pas attention, milord ; ce que je mange, ça ne fait de tort à personne ; c'est une rôtie que j'ai trouvée dans la lèchefrite et que notre voleur d'aubergiste mitonnait pour son épouse ; heureusement que j'ai été jeter mon coup d'œil dans la cuisine.

— Eh bien ! quelle nouvelle ? dis-je.

— Il y a juste ce qu'il faut pour ne pas mourir de faim.

L'Anglais poussa un soupir.

— Milord me paraît avoir bon appétit.

— Je avoir une faim de le diable.

— Alors, reprit le commis voyageur, je deman-

derai à la société la permission de découper : en pareille circonstance, j'ai partagé un œuf à la coque entre quatre personnes.

— Ces messieurs et ces dames sont servis, dit l'aubergiste.

Notre hôte avait fait flèche de tout bois ; le potage n'était parvenu à acquérir un volume proportionné aux convives qu'aux dépens de sa consistance, et le bœuf était perdu dans une forêt de persil. Néanmoins, le commis voyageur, qui, en sa qualité d'écuyer tranchant, s'était placé au milieu de la table, mesura si bien l'un à la cuiller, l'autre à la fourchette, que chacun en eut suffisamment pour se convaincre que ni l'un ni l'autre ne valaient le diable.

On servit le rôti flanqué de quatre plats, le premier contenant une omelette, le second des œufs frits, le troisième des œufs sur le plat, et le quatrième des œufs brouillés ; quant au rôti, il se composait de vingt mauviettes et de la poule d'eau ; le commis voyageur détailla cette dernière en huit portions à peu près égales, équivalant chacune à une mauviette ; puis, passant le plat à l'Anglais :

— Messieurs et dames, dit-il, chaque personne aura un morceau de poule d'eau ou une mauviette, au choix, du pain à discrétion. L'anglais prit deux mauviettes.

— Dites donc, dites donc, milord, dit le commis voyageur, si tout le monde fait comme vous, il n'y en aura que pour la moitié de la table. — L'Anglais fit semblant de ne pas comprendre. — Ah ! dit le commis voyageur confectionnant avec le plus grand soin une boulette de pain de la grosseur d'une noisette et la plaçant entre le pouce et l'index comme un gamin fait d'une bille, — ah ! tu n'entends pas le français ! attends, je vais te parler ta langue : Goddem ! vous êtes un goinfre. Et il envoya la boulette de pain droit sur le nez de milord.

L'Anglais étendit le bras, prit une bouteille comme pour se servir à boire, et l'envoya à la tête du commis voyageur, qui, se doutant de la réponse, la saisit à la volée comme un escamoteur fait d'une muscade.

— Merci, milord, dit-il ; pour le moment j'ai plus faim que soif, et j'aimerais mieux que vous m'envoyassiez votre mauviette que votre bouteille ; cependant, je ne veux pas vous refuser le toast que vous m'offrez.

Il versa quelques gouttes de vin dans son verre déjà plein.

— Au plaisir de vous rencontrer dans un autre endroit que celui-ci, où nous soyons quatre au lieu de vingt-huit, et où, en place de bouteilles de vin, nous nous envoyions des balles de plomb à la tête.

— Cela être avec la plus grande satisfaction pour moi, répondit l'Anglais levant son verre à son tour, et en le vidant jusqu'à la dernière goutte.

— Allons, allons, messieurs, dit un des convives, assez comme cela ; nous avons des dames.

— Tiens! dit le commis voyageur, encore un compatriote?

— Vous vous trompez, monsieur, je n'ai pas cet honneur ; je suis Polonais.

— Eh bien ! être Polonais,
C'est encore être Français.

— Qui est-ce qui veut de l'omelette?

Et le commis voyageur se mit à partager l'omelette en vingt-huit portions, avec la même facilité que si rien ne s'était passé.

Il y a une chose remarquable : tous les peuples se battent en duel ; mais nul ne propose et n'accepte un défi aussi légèrement que le Français, et, le défi proposé ou accepté, nul ne va sur le terrain avec plus d'insouciance. Pour tous, mettre le pistolet ou l'épée à la main est une affaire sérieuse ; pour le Parisien surtout, c'est un motif d'exagération de gaieté. Vous voyez deux hommes qui se promènent au bois de Vincennes, à cinquante pas l'un de l'autre ; l'un fredonne un air de la *Cenerentola*, l'autre prend des notes sur ses tablettes. Vous croyez que le premier est un amant en bonne fortune, et le second un poëte qui cherche des rimes ; point, ce sont deux messieurs qui attendent que leurs amis décident s'ils se couperont la gorge ou s'ils se brûleront la cervelle ; quant à eux, le mode d'exécution ne les regarde pas, c'est l'affaire de leurs témoins. Il n'y a peut-être pas là un plus grand courage, mais il y a à certes un plus grand mépris de la vie.

C'est qu'aussi, depuis cinquante ans, chacun a vu la mort de si près et si souvent, qu'il s'est habitué à elle ; nos grands pères l'ont affrontée sur l'échafaud, nos pères sur les champs de bataille, nous dans les rues ; et, on peut le dire, les trois générations ont marché au-devant d'elle en chantant. Cela tient à ce que, depuis un siècle, nous avons touché le fond de toutes les questions sociales et religieuses. Nous sommes devenus si sceptiques en politique, qu'il n'y a plus moyen de croire à la conscience ; nous sommes si savants en anatomie, qu'il n'y a plus moyen de désespérer dans l'âme. Il en résulte que, la vie étant sans croyance et la mort sans terreur, la mort, loin d'être une punition, devient parfois une délivrance.

Mais ici ce n'était pas le cas, et nous nous sommes laissé emporter par des généralités hors d'une situation tout individuelle. M. Alcide Jollivet, c'est le nom de notre commis voyageur, n'avait probablement jamais examiné la vie sous le côté désenchanteur. Loin de là, la Providence semblait lui avoir auné des jours de coton et de soie, et, comme si, dans la crainte de les voir finir d'une manière inattendue, il voulait mettre à profit les instants qui lui restaient, sa gaieté et son entrain s'étaient augmentés d'une manière sensible depuis la querelle qui venait d'avoir lieu. Quant à l'Anglais, au contraire, il était devenu plus sombre, et sa mauvaise humeur s'était portée spécialement sur le plat d'œufs brouillés qui était en face de lui, et qu'il avait presque complétement dévoré. Au reste, lorsqu'on apporta le dessert, qui se composait majestueusement de huit assiettes de noix et de trois assiettes de fromage, et qu'il se fut bien convaincu qu'il n'y avait pas autre chose à attendre, il se leva de table et disparut.

Dix minutes après, l'hôte entra lui-même pour nous prévenir qu'il n'y avait de lits que pour les voyageuses, encore l'Anglais, sans rien dire, s'était-il traîtreusement glissé dans l'un d'eux, de sorte que force était que deux dames couchassent ensemble. M. Alcide Jollivet offrit d'aller vider une cuvette d'eau glacée dans les draps de l'Anglais ; mais la femme et la fille de l'Allemand l'arrêtèrent en lui disant qu'elles avaient l'habitude de partager le même lit.

Dès que les dames se furent retirées, le commis voyageur vint à moi. —Ah çà ! je compte sur vous, me dit-il ; car vous présumez bien que ce n'est pas fini comme cela.

— Bah ! répondis-je, il faut espérer que la chose n'aura pas de suite.

— Pas de suite! allons donc ; quand ce ne serait que par amour national. C'est que vous n'avez pas idée comme je déteste les goddem, moi ; ils ont fait mourir mon empereur. Aussi je n'ai jamais voulu voyager en Angleterre pour le compte d'aucune maison.

— Pourquoi cela?

— Parce qu'il y a trop d'Anglais.

C'était une raison à laquelle il n'y avait rien à répondre.

— A la bonne heure les Polonais! continua-t-il ; c'est une nation de braves. Où est donc le nôtre?

— Il vient de sortir.

— Il n'y a qu'un malheur, nous pouvons le dire, puisqu'il n'est pas là, c'est qu'ils ont des noms, ma parole d'honneur, il faut être quatre pour les prononcer, et ça devient gênant dans le tête-à-tête.

— Fous êtes tans l'erreur, dit l'Allemand, rien n'est plus facile ; fous éternuez, et fous ajoutez ki, voilà tout.

Dans ce moment le Polonais rentra avec son manteau, qu'il était allé chercher. Jollivet alla à lui :

— Monsieur, lui dit-il, serais-je indiscret en vous priant, en cas de duel, d'être mon témoin?

— Pardon, monsieur, répondit le Polonais avec hauteur, mais j'ai pour habitude de ne jamais me mêler de querelle de cabaret. Et il alla étendre son manteau au pied du mur et se coucha dessus.

— Eh bien ! mais il est poli l'enfant de la Vistule, dit Jollivet ; et moi qui avais déjà fait quinze lieues pour voler au secours de la Pologne, quand j'ai appris que Varsovie était prise!... Ceci est une leçon.

— Chêtre folontiers fotre témoin, cheune homme,

L'Anglais prit une bouteille et l'envoya à la tête du commis voyageur. — PAGE 134

dit l'Allemand ; milord il afait tort ; il être la cause que je n'ai pas eu de maufiettes.

— Ah ! maintetartèfle ! à la bonne heure ! s'écria Jollivet, vous êtes un brave homme ; voulez-vous que nous passions la nuit à boire du punch ? je le fais un peu crânement, allez.

— Che feux pien, répondit l'Allemand.

— Et vous ? me dit Jollivet.

— Merci, j'aime mieux dormir, répondis-je.

— Liberté, *libertas* ; je vais à la cuisine.

— Et moi, je me couche.

— Bonne nuit.

J'étendis à mon tour mon manteau à terre, et je me jetai dessus ; mais, quelque besoin que j'eusse de sommeil, je ne m'endormis pas si vite, cependant, que je ne visse rentrer notre commis voyageur, portant à deux mains une casserole pleine de punch, dont la flamme bleuâtre éclairait sa joyeuse figure.

Le lendemain, nous fûmes réveillés par la trompe des Alpes. Nous nous levâmes aussitôt, et, comme notre toilette n'était pas longue à faire, nous nous trouvâmes prêts à partir pour le Righi-Culm un quart d'heure avant le jour.

Lorsque nous arrivâmes sur la cime la plus élevée, toutes les Alpes étaient encore plongées dans la nuit ; mais cette nuit, d'une pureté merveilleuse,

Le Righi-Culm.

nous promettait un lever du soleil splendide. En effet, après quelques minutes d'attente, une ligne pourprée s'étendit à l'orient, et en même temps, au midi, on commença de distinguer la grande chaîne des Alpes, comme une découpure d'argent sur le ciel bleu et étoilé, tandis qu'au couchant et au nord l'œil se perdait dans le brouillard qui s'élevait de la Suisse des prairies. Cependant, quoique le soleil ne parût point encore, les ténèbres se dissipaient peu à peu, la ligne pourprée de l'orient devenait couleur de feu, les neiges de la grande chaîne des Alpes étincelaient, et le brouillard, s'évaporant partout où il n'y avait pas d'eau, stationnait seulement au-dessus des lacs, et accompagnait le cours de la Reuss, qui se tordait au milieu des prairies comme un immense serpent. Enfin, après dix minutes de crépuscule, pendant lesquelles le jour et la nuit luttèrent ensemble, l'orient sembla rouler des flots d'or, les grandes Alpes se couvrirent d'une teinte orange, et, tandis qu'à leurs pieds une seconde chaîne plus basse, que les rayons du jour n'avaient point encore pu atteindre, détachait sur la première sa silhouette d'un bleu foncé, le brouillard se déchira par larges flocons que le vent emporta vers le nord, laissant apparaître les lacs comme d'immenses flaques de lait. Ce fut alors seulement que le soleil se leva derrière le glacier du Glarner, assez pâle d'abord pour qu'on pût fixer les yeux sur lui; mais presque aussitôt, comme un roi qui reconquiert son empire, il reprit son manteau de flammes et le secoua sur le monde, qui s'anima de sa vie et s'illumina de sa splendeur.

Il y a des descriptions que la plume ne peut pas transmettre, il y a des tableaux que le pinceau ne peut pas rendre, il faut en appeler à ceux qui les ont vus, et se contenter de dire qu'il n'y a pas au monde de spectacle plus magnifique que le lever du soleil sur ce panorama dont on est le centre, et du milieu duquel, en tournant sur son talon, on embrasse d'un seul coup d'œil trois chaînes de montagnes, quatorze lacs, dix-sept villes, quarante villages et soixante-dix glaciers, parsemés sur cent lieues de circonférence.

— C'est égal, me dit Jollivet en me frappant sur l'épaule, j'aurais été diablement vexé d'être tué, surtout par un Anglais, avant d'avoir vu ce que nous venons de voir!...

Vers les sept heures, nous nous remîmes en route pour Lucerne.

—∘⟩∘∘⟨∘—

ALCIDE JOLLIVET.

I était quatre heures du soir à peu près lorsque mon nouvel ami, Alcide Jollivet, entra dans ma chambre, au moment où je donnais l'ordre qu'on m'amenât, le lendemain matin, une barque et des bateliers pour me rendre à Stanstadt.

— Un instant, un instant, dit Jollivet, vous ne vous en irez pas comme cela ; vous savez que j'ai un compte à régler avec mon goddem.

— Bah ! lui dis-je, je croyais que vous aviez oublié cette ridicule querelle.

— Merci ! on vous jettera des bouteilles à la tête sans dire gare, et vous croyez que ça se passera comme ça ? Oh ! vous ne connaissez pas Alcide Jollivet.

— Voyons, asseyez-vous là, et causons.

— Avec plaisir. Si je faisais monter un petit verre de kirsch, hein ?

— J'en ai là d'excellent. Attendez.

— Non, non, ne vous dérangez pas, je le vois... Et des verres ?... En voilà. Maintenant , prêchez, j'écoute.

— Eh bien ! mon cher compatriote, croyez-vous que l'insulte que vous avez faite ou reçue soit assez sérieuse pour que vous tuiez un homme ou qu'un homme vous tue, voyons ?

— Écoutez, dit Jollivet en dégustant son petit verre, je suis bon garçon, moi.—Il est fameux, votre kirsch! — Je ne ferais pas de la peine à un enfant, je ne suis pas querelleur, attendu que je ne sais pas me battre. — Où l'avez-vous acheté, hein?

— Ici même.

— Au Cheval-Blanc?

— Oui.

— Ah! le père Franz, il ne m'en a pas donné de ce coin là ; je m'en plaindrai à Catherine. — Je conviens donc que si c'était avec un Français que la chose fût arrivée, je dirais : C'est bon, c'est bien, l'affaire ne regarde que nous ; entre compatriotes, ça s'arrange, personne n'a le droit d'y mettre le nez; mais avec un Anglais, voyez-vous?... d'abord, je ne peux pas les sentir, ces Anglais, ils ont fait mourir mon empereur... avec un Anglais, c'est autre chose, d'autant plus qu'il y avait là des Allemands, des Russes, des Polonais, l'Afrique et l'Amérique, est-ce que je sais, moi? et qu'on dirait dans les quatre parties du monde que les Français ont eu le dessous ; eh bien ! ça ne doit pas être. En France, c'est bien ; un Français recule devant un Français, il n'y a rien à dire; mais, à l'étranger, chacun de nous représente la France : ce qui m'est arrivé à moi vous serait arrivé à vous que vous vous battriez, et, si vous ne vous battiez pas, je me battrais à votre place, moi. Voyez-vous, à Milan, l'année passée, il y avait un commis voyageur de Paris, de la rue Saint-Martin, qui avait manqué d'argent : un Italien lui en avait prêté, il lui avait fait son billet; au jour dit, il ne l'a pas payé : le surlendemain je suis arrivé dans la ville ; on parlait de ça dans le commerce, on commençait à jaser sur les Français. — Oh! j'ai dit, halte-là! c'est un de mes amis; il m'a chargé de payer ; je suis de deux jours en retard ; c'est ma faute, ce n'est pas la sienne ; je me suis amusé à Turin, j'ai eu tort. C'est cinq cents francs, les voilà : mettez votre pour-acquit derrière, et donnez-moi le billet.

— Et votre ami, vous a-t-il remboursé ?

— Mon ami, je ne le connaissais pas ; seulement, il était de la rue Saint-Martin, et moi de la rue Saint-Denis ; il voyageait pour les vins, et moi pour les soieries, ç'a été cinq cents francs de moins dans ma poche ; mais le nom de Français est sans tache.

— Vous êtes un brave garçon, lui dis-je en lui tendant la main.

— Oui, oui, oui, je m'en vante : je n'ai pas d'esprit, moi, je n'ai pas grande éducation, je ne fais pas des drames comme vous, enfin, car je vous ai reconnu, et puis, d'ailleurs, votre nom est connu au boulevard Saint-Martin ; mais il n'y en a pas un pour m'en revendre en arithmétique : je sais que deux et deux font quatre, qu'une bouteille jetée à la tête vaut un coup de pistolet.

— Eh bien ! c'est vrai, vous avez raison, lui dis-je.

— Ah ! c'est heureux ; on a du mal à vous tirer la vérité du ventre.

— Écoutez, lui dis-je en le regardant dans les yeux, je ne vous connaissais pas ; au premier abord, pardon de ce que je vais vous dire, vous ne m'avez inspiré ni l'intérêt ni la confiance qu'en ce moment j'éprouve pour vous.

— Ah ! c'est vrai, n'est-ce pas ? parce que je suis sans façon ; j'ai des manières de commis voyageur. Que voulez-vous ? c'est mon.état ; mais le cœur est solide, néanmoins, et, pour l'honneur national, je me ferais hacher en morceaux.

— Or, continuai-je, ce que vous avez dit de l'importance de notre conduite à l'étranger, je le pense comme vous. Dans un duel hors de France, un témoin, c'est un second, c'est un parrain, c'est un frère, si l'homme dont il est la caution ne se bat pas, il faut qu'il se batte, lui. Ainsi, réfléchissez : quand vous m'aurez fait entamer l'affaire, si ce n'est pas vous qui la terminez, ce sera moi. Maintenant, je suis prêt.

— Eh bien ! soyez tranquille, allez trouver l'Anglais de confiance, arrangez les choses avec lui comme cela vous conviendra, et puis vous me direz ce qu'il faut que je fasse, et je le ferai.

— Avez-vous de la préférence pour une arme quelconque ?

— Moi, je n'en sais pas plus à l'épée qu'au pistolet ; la seule arme que je manie un peu proprement, c'est l'aune : à celle-là je ne crains pas de rencontrer un maître. Il est un peu joli, le calembour, hein ?...

— Oui ; mais nous ne sommes pas ici pour faire de l'esprit.

— Vous avez raison, parlons peu et parlons bien.

— Aurez-vous du calme sur le terrain ?

— Je ne peux pas vous répondre de cela, moi : si le sang me monte à la tête, il faudra que ça éclate ; seulement, ça éclatera en avant, je vous en réponds.

— Sacredieu ! quelle stupide affaire ! m'écriai-je en frappant du pied.

— Allons, allons, allons, en route, et tout ce qu'il voudra, entendez-vous ? depuis l'aiguille à tricoter jusqu'à la couleuvrine.

— Où demeure-t-il ?

— A la Balance.

— Et comment l'appelle-t-on ?

— Sir Robert Lesly, baronnet ; passez par l'Aigle, et prenez l'Allemand avec vous ; c'est un brave homme, et puis je ne suis pas fâché qu'il soit là.

— C'est bien, attendez-moi ici.

— Écoutez : si cela vous est égal, je monterai chez moi ; j'ai deux mots à dire à ma petite femme.

— Vous êtes marié ?

— Marié !... allons donc !

— Très-bien !

— Voyez-vous, en rentrant ici, vous prendrez votre bâton de voyage, vous frapperez trois fois au plafond, et je descendrai.

— C'est dit. Laissez-moi seulement le temps de faire un peu de toilette.

— Bah ! vous êtes bien comme cela.

— Mon cher ami, il y a certaines propositions qu'on ne peut faire qu'avec une chemise à jabot et des gants blancs.

— Vous avez raison. Bonne chance ! et ne rompez pas d'une semelle, ne cédez pas un pouce. Des excuses ou du plomb.

— Soyez tranquille.

Je m'habillai tout en pensant à ce singulier mélange d'expressions vulgaires et de sentiments élevés. Ce type, qu'on chercherait vainement, je crois, dans tout autre pays, et qui est si commun en France, m'était déjà connu ; mais jamais je n'avais été à même de l'étudier de si près. De ce moment, outre l'intérêt réel que m'inspirait ce brave jeune homme, il y avait encore une curiosité d'anatomiste. Il en est de l'auteur dramatique comme du médecin : dans toute chose, il voit, malgré lui, le côté de l'art, et, en même temps que son âme se prend, malgré lui, son esprit étudie. Cela est triste à dire ; mais, chez l'un comme chez l'autre, il y a une partie du cœur qui est desséchée : chez le médecin, c'est celle qui touche à la science ; chez le poëte, c'est celle qui touche à l'imagination.

Je trouvai l'Allemand à l'hôtel de l'Aigle ; il avait donné sa parole, et, en général, les gens de sa nation ne la retirent point. Il me suivit chez l'Anglais.

Arrivés à l'hôtel de la Balance, nous demandâmes sir Robert ; on nous dit qu'il était dans le jardin, nous y entrâmes. A peine eûmes-nous fait vingt pas, que nous l'aperçûmes au bout d'une allée transversale. Il s'exerçait au pistolet; derrière lui, son domestique chargeait les armes.

Nous nous approchâmes lentement et sans bruit, et, arrivés à dix pas de lui, nous nous arrêtâmes. Sir Robert était de première force : il tirait à vingt-cinq pas sur des pains à cacheter collés contre le mur, et faisait mouche presque à tout coup.

— Sacrement!... murmura l'Allemand.

— Diable! diable! fis-je.

— Pardon! dit sir Robert; je n'avais pas vu vous, messieurs, et je faisais la main à moi.

— Mais elle ne me paraît pas trop dérangée, d'après les trois derniers coups que vous venez de tirer.

— No! no! je être assez content pour moi.

— Nous sommes enchantés de vous trouver dans ces heureuses dispositions, monsieur; l'affaire que nous avons à traiter n'en sera que plus facile à mener à terme.

— Oui; vous venez pour la bouteille, n'est-ce pas? Très-bien! très-bien! je attendais vous.

— Alors, monsieur, je vois que la négociation ne sera pas longue.

— No, elle sera très-courte. Votre camarade, il have le envie de se battre, et moi aussi.

— Alors, monsieur, envoyez-nous vos témoins; car il me paraît que le point principal est convenu, et qu'il n'y a plus à régler que les armes, le lieu et l'heure.

— Oui, oui, cela être tout, et ils seront à le vôtre hôtel demain, à sept heures.

— C'est bien; à l'honneur de vous revoir.

— Adieu, adieu. John, rechargez les pistolets.

Et, avant que nous fussions sortis du jardin, nous avions la preuve que milord continuait son exercice.

— Savez-vous, dis-je à mon compagnon, que notre adversaire tire le pistolet d'une manière assez distinguée?

— Ia, répondit l'Allemand.

— Je voudrais bien avoir des pistolets de tir, pour voir au moins ce que sait faire notre homme; allons chez un armurier, peut-être que nous en trouverons.

— Moi en afoir.

— Vous! Et sont-ils bons?

— Des *Kuchenreiter*.

— Parfait. Allons les chercher.

— Allons.

Nous rentrâmes à l'hôtel de l'Aigle, l'Allemand tira les instruments de leur boîte : c'était bien cela; d'ailleurs le nom de l'auteur était écrit en lettres d'argent, incrustées sur leur canon bleu d'azur.

— O mes vieux amis, dis-je en essayant leurs ressorts, je vous reconnais : vous n'êtes pas si brillants que nos joujoux de Paris, ni si moelleux que vos confrères de Londres, mais vous êtes bons et sûrs, et, pourvu que la main qui vous dirige ne tremble pas, vous portez une balle aussi loin et

aussi juste que si vous sortiez des ateliers de Versailles ou des fabriques de Manchester. Permettez-vous que je les emporte, monsieur? demandai-je à l'Allemand.

— Faites.

— A demain sept heures.

— A temain.

Je rentrai à l'hôtel, assez inquiet. L'affaire prenait une tournure sérieuse. L'Anglais avait été calme, digne et poli. Il était évident que c'était non-seulement un homme qui se battait, mais encore un homme qui savait se battre. L'offense était réciproque; par conséquent, il n'y avait pas à refuser ou à choisir les armes; le sort devait en décider, et, si le sort décidait que le combat aurait lieu au pistolet, je ne voyais pas grande chance pour mon pauvre compatriote. Aussi étais-je là, debout devant la table, tournant et retournant mes Kuchenreiter. Enfin, je voulus voir s'ils étaient aussi bons que ceux avec lesquels j'avais commencé mon éducation; je les chargeai tous deux, et, comme ma fenêtre donnait sur le jardin, je visai un petit arbre qui était à une vingtaine de pas de moi, et je tirai... La balle enleva un morceau d'écorce.

— Bravo! dit une voix qui partait de la fenêtre au-dessus de la mienne, et que je reconnus pour celle de notre commis voyageur; bravo, bravissimo!

Et il se mit à descendre par son balcon pour gagner le mien.

— Eh bien! mais que diable faites-vous?

— Je prends le chemin le plus court.

— Mais vous allez vous casser le cou, mon cher ami!

— Moi, oh! pas si jeune, on connaît sa gymnastique et on s'en sert.

Il lâcha la dernière barre de fer, qu'il ne tenait plus que d'une main, et tomba sur mon balcon.

— Voilà, sans balancier.

— Ma parole, vous me faites peur.

— Et pourquoi cela?

— Parce que vous êtes un grand enfant, et pas autre chose.

— Bah! Dans l'occasion, on sera un homme, soyez tranquille. Eh bien! qu'y a-t-il de nouveau?

— J'ai vu notre Anglais.

— Ah!

— Il se battra.

— Tant mieux.

— Nous l'avons trouvé dans le jardin.

— Que faisait-il donc? Le temps des fraises est passé, ce semble.

— Il s'exerçait au pistolet.

— C'est un amusement comme un autre.

— Vous ne demandez pas comment il tire?

— Je le saurai demain.

— Mais vous-même, voyons, prenez ce pistolet, il est tout chargé.

Il se mit à descendre de son balcon. — Page 140.

— Pour quoi faire?

— Pour que je voie ce que vous savez faire.

— Ne vous inquiétez pas de cela ; si nous nous battons, je tirerai d'assez près pour ne pas le manquer.

— Vous êtes toujours décidé?

— Ah çà! vous devenez monotone à la fin!

— C'est bon, n'en parlons plus.

— Et pour quelle heure?

— Mais pour huit heures à peu près.

— Bien ; quand vous aurez besoin de moi, vous me frapperez ; en attendant, je retourne à mes amours, toujours.

A ces mots, il se mit à grimper comme un écureuil à l'angle de ma fenêtre, regagna son balcon, et rentra chez lui.

J'employai le reste de la soirée à me procurer des épées et à prévenir un chirurgien. Francesco se chargea, de son côté, de tenir une barque prête : je la louai pour toute la journée.

Le lendemain, à sept heures, l'Allemand était chez moi ; derrière lui venaient les témoins de sir Robert. Comme je l'avais prévu, le sort devait décider de toutes les conditions ; quant au lieu du combat, ils proposèrent une petite île inhabitée du golfe de Küssnach : nous acceptâmes.

Ces préliminaires arrêtés, ces messieurs se retirèrent.

Je frappai, comme il était convenu, le plafond avec mon bâton de voyage, Alcide me répondit avec le talon de sa botte, et cinq minutes après il descendit.

Lui aussi avait fait toilette, car il avait entendu ce que j'avais dit la veille, et il avait voulu me prouver qu'il ne l'avait pas oublié. Malheureusement sa toilette était des plus mal choisies pour l'occasion à laquelle elle devait servir : il avait un habit à boutons de métal ciselé, un pantalon à raies et une cravate de satin noir, surmontée d'un col blanc.

— Vous allez remonter chez vous et changer entièrement de costume? lui dis-je.

— Et pourquoi cela? Je suis tout flambant neuf.

— Oui, vous êtes magnifique, c'est vrai ; mais les raies de votre pantalon, les boutons de votre habit et le col de votre chemise sont autant de points de mire qu'il est inutile de présenter à votre adversaire. N'avez-vous pas un pantalon de couleur sombre et une redingote noire ; quant à votre col, vous l'ôterez, et voilà tout.

— Si fait, j'ai tout cela ; mais cela nous retardera.

— Soyez tranquille, nous avons le temps.

— Et où l'affaire a-t-elle lieu?

— Dans la petite île de Küssnach.

— Dans un instant je suis à vous.

En effet, cinq minutes après, il rentra dans le costume indiqué.

— Voilà, dit-il : costume complet d'entrepreneur des pompes funèbres ; il ne me manque qu'un crêpe à mon chapeau ; mais ce n'est pas la peine de retarder le départ pour cela. En route, messieurs, en route ; je ne voudrais pour rien au monde arriver le dernier.

La barque était à cinquante pas de l'auberge, les bateliers n'attendaient que nous ; le chirurgien, prévenu, était à bord. Nous partîmes. A peine fûmes-nous sur le lac, que nous vîmes, à cinq cents pas devant nous, le bateau de sir Robert.

— Un louis pour boire, dit Jollivet aux bateliers, si nous sommes arrivés à l'île de Küssnach avant la barque que vous voyez. Les bateliers se courbèrent sur leurs rames, et la petite embarcation glissa sur l'eau comme une hirondelle. La promesse fit merveille : nous arrivâmes les premiers.

C'était une petite île de soixante-dix pas de longueur à peu près, au milieu de laquelle l'abbé Raynal, dans un de ses accès de liberté philosophique, avait fait élever un obélisque en granit, pour consacrer la mémoire des patriotes de 1308. Il avait d'abord demandé aux magistrats d'Unterwalden de faire ériger ce monument au Grütli ; mais ceux-ci l'avaient remercié en répondant que la chose était inutile, et que le souvenir de leurs ancêtres n'était pas en danger de s'éteindre chez leurs descendants.

Il s'était donc contenté de l'île de Küssnach, et il y avait fait dresser son obélisque, traversé, pour plus grande solidité, d'une barre de fer dans toute sa longueur. Malheureusement, cette précaution, qui devait éterniser le monument, fut la cause même de sa perte. La foudre, attirée par le fer, tomba, quelques années après, sur l'obélisque et le mit en pièces.

Le lieu était on ne peut mieux choisi pour la scène qui allait s'y passer. C'était une langue de terre plus longue que large, au milieu de laquelle se trouvent encore les débris du monument de l'abbé Raynal ; parfaitement solitaire, du reste, attendu que, dans les crues du lac occasionnées par la fonte des neiges, l'eau doit la recouvrir entièrement. Je venais de l'examiner dans toutes ses parties lorsque la barque de sir Robert aborda à l'extrémité opposée à celle où nous trouvions. Sir Robert resta au bord de l'eau, ses témoins s'avancèrent vers nous ; je fis un pas pour aller au-devant d'eux, Jollivet m'arrêta par le bras. Je fis signe à l'Allemand que j'allais le rejoindre ; il s'avança en conséquence à la rencontre de ces messieurs.

— Une seule chose, dit Jollivet.

— Laquelle?

— Promettez-moi que, si le sort nous accorde la faculté de régler les conditions du combat, vous accepterez les miennes. Ce seront celles d'un homme qui n'a pas peur, soyez tranquille.

— Je vous le promets.

— Allez maintenant.

Je m'avançai vers nos adversaires. Sir Robert leur avait expressément défendu de faire aucune concession, de sorte que nous n'eûmes à nous occuper que des préparatifs du combat. Nous jetâmes une pièce de cinq francs en l'air. Ces messieurs retinrent tête pour le pistolet, et nous pile pour l'épée : la pièce retomba tête, le pistolet fut adopté.

On jeta la pièce une seconde fois en l'air pour savoir si l'on se servirait des pistolets de l'Anglais, qui lui étaient familiers, ou de ceux de l'Allemand, qui étaient étrangers à l'un comme à l'autre : cette fois encore, le sort favorisa nos adversaires.

Enfin, on fit un troisième appel au hasard pour savoir à qui appartiendrait de régler le mode du combat : cette fois le sort fut pour nous. J'allai trouver Jollivet.

— Eh bien! dis-je, vous vous battez au pistolet.

— Très-bien.

— Sir Robert a le droit de choisir ses armes.

— Ça m'est égal.

— Maintenant, c'est à vous de régler le combat.

— Ah! dit Jollivet en se levant, eh bien! dans ce cas-là, nous allons rire : je veux, entendez-vous bien? je puis dire : — Je veux, car j'ai votre parole, je veux que nous marchions l'un sur l'autre, un pistolet de chaque main, et que nous tirions à volonté.

— Mais, mon cher ami...

— Voilà mes conditions, je n'en accepterai pas d'autres.

Je n'avais rien à dire; j'étais lié par ma promesse. Je transmis ma mission aux témoins de sir Robert. Ils allèrent le trouver. Après quelques mots échangés, l'un d'eux se retourna.

— Sir Robert accepte, dit-il.

Nous nous saluâmes réciproquement.

J'allai chercher les pistolets dans la barque, et je les apportai. Je commençais à les charger lorsque Jollivet me prit par le bras.

— Laissez faire la besogne à notre ami l'Allemand, me dit-il; j'ai deux mots à vous communiquer. Nous nous écartâmes.

— Je n'ai personne au monde, et, si je suis tué, par conséquent personne ne me pleurera, si ce n'est pourtant une pauvre fille qui m'aime de tout son cœur.

— Lui avez-vous écrit?

— Oui, voilà une lettre. Si je suis tué, dis-je, faites-la-lui parvenir; si je suis blessé, et qu'on ne puisse pas me transporter jusqu'à Lucerne, allez la trouver vous-même, et envoyez-la-moi où je serai.

— Elle demeure donc dans cette ville?

— C'est la fille de notre hôte, Catherine. Je lui ai promis de l'épouser, pauvre fille! et, en attendant... vous comprenez?

— C'est bien, la chose sera faite.

— Merci. Allons, sommes-nous prêts, mes petits amours?

Je me retournai vers nos adversaires, ils attendaient.

— Je crois qu'oui, répondis-je.

— Une poignée de main.

— Du sang-froid!...

— Soyez tranquille.

En ce moment, l'Allemand se rapprocha de nous avec les pistolets tout chargés; nous conduisîmes Alcide Jollivet à l'extrémité de l'île; puis, voyant que les témoins de sir Robert s'étaient déjà écartés de lui, nous revînmes nous placer en face d'eux, laissant les deux combattants à cinquante-cinq pas de distance à peu près l'un de l'autre; alors, nous étant regardés pour savoir si l'on pouvait donner le signal, et voyant que rien ne s'y opposait, nous frappâmes trois fois dans nos mains, et, au troisième coup, les adversaires se mirent en marche.

Certes, une des sensations les plus poignantes qu'on puisse éprouver, c'est de voir deux hommes pleins de vie et de santé, qui devraient avoir encore tous deux de longues années à vivre, et qui s'avancent l'un au-devant de l'autre, tenant la mort de chaque main. En pareille circonstance, le rôle d'acteur est, je crois, moins pénible que celui du spectateur, et je suis sûr que le cœur de ces hommes, qui, d'un moment à l'autre, pouvait cesser de battre, était moins violemment serré que le nôtre. Pour moi, mes yeux étaient fixés, comme par enchantement, sur ce jeune homme, dans lequel, la veille au soir, je ne voyais encore qu'un farceur d'assez mauvais goût, et auquel, à cette heure, je m'intéressais comme à un ami. Il avait rejeté ses cheveux en arrière, sa figure avait perdu cette expression de plaisanterie triviale qui lui était habituelle; ses yeux noirs, dont seulement alors je remarquai la beauté, étaient hardiment fixés sur son adversaire, et ses lèvres entr'ouvertes faisaient voir ses dents violemment serrées les unes contre les autres. Sa démarche avait perdu son allure vulgaire : il marchait droit, la tête haute, et le danger lui donnait une poésie que je n'avais pas même soupçonnée en lui. Cependant la distance disparaissait devant eux; tous deux marchaient d'un pas mesuré et égal; ils n'étaient plus qu'à vingt pas l'un de l'autre. L'Anglais tira son premier coup. Quelque chose comme un nuage passa sur le front de son adversaire, mais il continua d'avancer. A quinze pas, l'Anglais tira son second coup et attendit. Alcide fit un mouvement comme s'il chancelait, mais il avança toujours. A mesure qu'il s'approchait, sa figure pâlissante prenait une expression terrible. Enfin il s'arrêta à une toise à peu près; mais, ne se croyant pas assez près, il fit encore un pas, et puis un pas encore. Ce spectacle était impossible à supporter.

— Alcide! lui criai-je, est-ce que vous aller assassiner un homme? Tirez en l'air, sacredieu! tirez en l'air.

— Cela vous est bien aisé à conseiller, dit le commis voyageur en ouvrant sa redingote et en montrant sa poitrine ensanglantée; vous n'avez pas deux balles dans le ventre, vous!

A ces mots, il étendit le bras, et brûla à bout portant la cervelle de l'Anglais.

— C'est égal, dit-il alors en s'asseyant sur un débris de l'obélisque, je crois que mon compte est bon; mais au moins j'ai tué un de ces brigands d'Anglais qui ont fait mourir mon empereur!...

Il étendit le bras et brûla la cervelle de l'Anglais — Page 143.

PONCE PILATE.

ir Robert était mort sur le coup. On avait transporté Alcide Jollivet à Küssnach : j'étais revenu à Lucerne pour prévenir Catherine ; et, certain que des soins meilleurs et plus efficaces que les miens allaient entourer le blessé, je m'éloignai dans ma barque, que le vent poussait vers l'extrémité du lac opposée à celle où avait eu lieu le combat. Rien ne pouvait écarter de mon souvenir la scène terrible dont j'avais été témoin le matin ; partout où mes yeux se fixaient, je voyais des cercles sanglants. Francesco et moi gardions le silence quand tout à coup un des bateliers dit à l'autre : — Ne t'avais-je pas dit qu'il lui arriverait malheur?...

— A qui cela? dis-je en tressaillant.

— A l'Anglais, donc.

— Qui pouvait vous donner cette pensée?

Vue de Naples. — Page 146.

— Ah! voyez-vous? ça ne manque jamais, cela.
— Quoi?
— Quand on a vu Ponce-Pilate, voyez-vous...
Je le regardai.
— Oui, oui, l'Anglais a voulu monter le vendredi sur la montagne, malgré tout ce qu'on a pu lui dire; car les Anglais, ce sont des messieurs qui ne croient à rien.
— Après?
— Et il a rencontré le maudit en habit de juge, car le vendredi est le jour qu'il s'est réservé.
— Vous êtes fou, mon ami.

— Non, il n'est pas fou, dit sérieusement Francesco; c'est vrai, ce qu'il a dit, mais vous n'êtes pas forcé de le croire.
— Peut-être croirais-je si je comprenais; mais je ne comprends pas.
— Savez-vous comment on appelle cette grande montagne rouge et décharnée, qui a trois sommets, en souvenir des trois croix du Calvaire?
— On l'appelle le Pilate.
— Et d'où l'appelle-t-on comme cela?
— D'un mot latin, *Pileatus*, qui veut dire coiffé, parce que, ayant toujours des nuages à sa cime, il

a l'air d'avoir la tête couverte; d'ailleurs, c'est bien prouvé par le proverbe que je vous ai entendu dire à vous-même ce matin lorsque je vous ai demandé quel temps nous aurions.

Quand Pilate a mis son chapeau,
Le temps sera serein et beau.

— Vous n'y êtes pas, dit le batelier.
— Et d'où lui vient ce nom, alors?
— De ce qu'il sert de tombe à celui qui condamna le Christ.
— A Ponce-Pilate?
— Oui, oui.
— Allons donc! le père Brottier dit qu'il est enterré à Vienne, et Flavien qu'il a été jeté dans le Tibre.
— Tout cela est vrai.
— Il y a donc trois Ponce-Pilate, alors?
— Non, non, il n'y en a qu'un seul, toujours le même, seulement le voyage.
— Diable! cela me semble assez curieux, et peut-on savoir cette histoire?
— Oh! pardieu! ce n'est pas un mystère, et le dernier paysan vous la racontera.
— La savez-vous?
— On m'a bercé avec; mais ces histoires-là, voyez-vous, c'est bon pour nous, qui sommes des imbéciles; mais vous autres, vous n'y croyez pas.
— La preuve que j'y crois, c'est qu'il y aura cinq francs de pourboire si vous me la racontez.
— Vrai?
— Les voilà.
— Qu'est-ce que vous en faites donc, des histoires, que vous les payez ce prix-là?
— Que vous importe?
— Oh! au fait, ça ne me regarde pas. Pour lors, comme vous le savez, le bourreau de Notre-Seigneur ayant été appelé de Jérusalem à Rome par l'empereur Tibère...
— Non, je ne savais pas cela.
— Eh bien! je vous l'apprends. Donc, voyant qu'il allait être condamné à mort pour son crime, il se pendit aux barreaux de sa prison. De sorte que, lorsqu'on vint pour l'exécuter, on le trouva mort. Mécontent de voir sa besogne faite, le bourreau lui mit une pierre au cou et jeta le cadavre dans le Tibre. Mais à peine y fut-il, que le Tibre cessa de couler vers la mer, et que, refluant à sa source, il couvrit les campagnes et inonda Rome. En même temps, des tempêtes affreuses vinrent éclater sur la ville, la pluie et la grêle battirent les maisons, la foudre tomba et tua un esclave qui portait la litière de l'empereur Auguste (1), lequel eut une telle peur, qu'il fit vœu de bâtir un temple à Jupiter Ton-

(1) J'espère qu'on nous croit assez instruit en histoire pour que ce ne soit pas nous qu'on accuse d'avoir fait tuer, sous Tibère, un esclave qui portait la litière d'Octave.

nant. Si vous allez à Rome, vous le verrez, il y est encore. Mais, comme ce vœu n'arrêtait pas le carillon, on consulta l'oracle : l'oracle répondit que, tant qu'on n'aurait pas repêché le corps de Ponce-Pilate, la désolation de l'abomination continuerait. Il n'y avait rien à dire. On convoqua les bateliers, et on les mit en réquisition; mais pas un ne se souciait de plonger pour aller chercher le farceur qui faisait un pareil sabbat au fond de l'eau. Enfin, on fut obligé d'offrir la vie à un condamné à mort, s'il réussissait dans l'entreprise. Le condamné accepta : on lui mit une corde autour du corps; il plongea deux fois dans le Tibre, mais inutilement; à la troisième, voyant qu'il ne remontait pas, on tira la corde, alors il remonta à la surface de l'eau, tenant Ponce-Pilate par la barbe. Le plongeur était mort; mais, dans son agonie, ses doigts crispés n'avaient point lâché le maudit. On sépara les deux cadavres l'un de l'autre; on enterra magnifiquement le condamné, et l'on décida qu'on emporterait l'ex-proconsul de Judée à Naples, et qu'on le jetterait dans le Vésuve. Ce qui fut dit fut fait; mais à peine le corps fut-il dans le cratère, que toute la montagne mugit, que la terre trembla : les cendres jaillirent, des laves coulèrent; Naples fut renversée, Herculanum ensevelie et Pompéia détruite. Enfin, comme on se douta que tous ces bouleversements venaient encore du fait de Ponce-Pilate, on proposa une grande récompense à celui qui le tirerait de sa nouvelle tombe. Un citoyen dévoué se présenta, et, un jour que la montagne était un peu plus calme, il prit congé de ses amis et partit pour tenter l'entreprise, défendant que personne le suivît, afin de n'exposer que lui seul. La nuit qui suivit son départ, tout le monde veilla; mais nul bruit ne se fit entendre : le ciel resta pur, et le soleil se leva magnifique; et, comme on ne l'avait pas vu depuis longtemps, alors on alla en procession sur la montagne, et l'on trouva le corps de Pilate au bord du cratère; mais de celui qui l'en avait tiré, jamais, au grand jamais, on n'en entendit reparler.

Alors, comme on n'osait plus jeter Pilate dans le Tibre, à cause des inondations, comme on ne pouvait le pousser dans le Vésuve, à cause des tremblements de terre, on le mit dans une barque que l'on conduisit hors du port de Naples, et qu'on abandonna au milieu de la mer, afin qu'il s'en allât, puisqu'il était si difficile, choisir lui-même la sépulture qui lui conviendrait. Le vent venait de l'orient, la barque marcha donc vers l'occident; mais, après huit ou dix jours, il changea, et, comme il tourna au midi, la barque navigua vers le nord. Enfin elle entra dans le golfe de Lyon, trouva une des bouches du Rhône, remonta le fleuve jusqu'à ce que, rencontrant près de Vienne, en Dauphiné, l'arche d'un ancien pont cachée par l'eau, l'embarcation chavira.

Alors les mêmes prodiges recommencèrent; le Rhône s'émut, le fleuve se gonfla, et l'eau couvrit les terres basses; la grêle coupa les maisons et les vignes des terres hautes, et le tonnerre tomba sur les habitations des hommes. Les Viennois, qui ne savaient à quoi attribuer ce changement dans l'atmosphère, bâtirent des temples, firent des pèlerinages, s'adressèrent aux plus savants devins de France et d'Italie; mais nul ne put dire la cause de tous les malheurs qui affligèrent la contrée. Enfin la désolation dura ainsi près de deux cents ans. Au bout de ce temps, on entendit dire que le Juif errant allait passer par la ville, et, comme c'était un homme fort savant, attendu que, ne pouvant mourir, il avait toute la science des temps passés, les bourgeois résolurent de guetter son passage et de le consulter sur les désastres dont ils ignoraient la cause. Or, il est connu que le Juif errant est passé à Vienne...

— Ah! pardieu! dis-je, interrompant mon batelier, vous me tirez là une fameuse épine du pied; certainement que le Juif errant est passé à Vienne...

— Ah! voyez-vous I dit mon homme tout radieux.

— Et la preuve, continuai-je, c'est qu'on a fait une complainte avec une gravure représentant son vrai portrait, dans laquelle il y a ce couplet :

En passant par la ville
De Vienne en Dauphiné,
Des bourgeois fort dociles
Voulurent lui parler.

— Oui, dit le batelier, on les voit dans le fond, le chapeau à la main...

— Eh bien! nous avons passé une nuit et un jour à chercher, Méry et moi, ce que les bourgeois de Vienne pouvaient avoir à dire au Juif errant; c'est tout simple, ils avaient à lui demander ce que signifiait le tonnerre, la pluie et la grêle...

— Justement.

— Ah! bien, mon ami, je vous suis bien reconnaissant; voilà un fameux point historique éclairci; allez, allez, allez!

— Donc ils prièrent le Juif errant de les débarrasser de cette peste; le Juif errant y consentit, les bourgeois le remercièrent et voulurent lui donner à dîner; mais, comme vous le savez, il ne pouvait pas s'arrêter plus de cinq minutes au même endroit, et, comme il y en avait déjà quatre qu'il causait avec les bourgeois de Vienne, il descendit vers le Rhône, s'y jeta tout habillé, et reparut au bout d'un instant, portant Ponce-Pilate sur ses épaules; les bourgeois le suivirent quelque temps en le comblant de bénédictions. Mais, comme il marchait trop vite, ils l'abandonnèrent à deux lieues de la ville, en lui disant que, si jamais ses cinq venaient à lui manquer, ils lui en feraient la rente viagère. Le Juif errant les remercia et continua son chemin, assez embarrassé de ce qu'il allait faire de son ancienne connaissance Ponce-Pilate.

Il fit ainsi le tour du monde, tout en pensant où il pourrait le mettre, et cela sans jamais trouver une place convenable, car partout il pouvait renouveler les malheurs qu'il avait déjà causés; enfin, en traversant la montagne que vous voyez, qui à cette époque s'appelait Fracmont, il crut avoir trouvé son affaire : en effet, presque à sa cime, au milieu d'un désert horrible, et sur un lit de rochers, s'étend un petit lac qui ne nourrit aucune créature vivante, ses bords sont sans roseaux et ses rivages sans arbres. Le Juif errant monta sur le sommet de l'Esel, que vous voyez d'ici, le plus pointu des trois pics, et d'où l'on découvre, par le beau temps, la cathédrale de Strasbourg, et de là jeta Ponce-Pilate dans le lac.

A peine y fut-il, qu'on entendit à Lucerne un carillon auquel on n'était pas habitué. On eût dit que tous les lions d'Afrique, tous les ours de la Sibérie et tous les loups de la forêt Noire rugissaient dans la montagne. A compter de ce jour-là, les nuages, qui ordinairement passaient au-dessus de sa tête, s'y arrêtèrent; ils arrivaient de tous les côtés du ciel comme s'ils s'y étaient donné rendez-vous; cela faisait, au reste, que toutes les tempêtes éclataient sur le Fracmont et laissaient assez tranquille le reste du pays. De là vient le proverbe que vous disiez :

Quand Pilate a mis son chapeau, etc., etc.

— Oui! oui! c'est clair; d'ailleurs, ça ne le serait pas, que j'aime beaucoup mieux cette histoire-ci que l'autre.

— Oh! mais c'est qu'elle est vraie, l'histoire!

— Mais je crois que je la crois!

— C'est que vous avez l'air...

— Non, je n'ai pas l'air.

— A la bonne heure, parce qu'alors ce serait inutile de continuer.

— Un instant, un instant; je vous dis que j'y crois, parole d'honneur; allez, je vous écoute.

— Ça dura comme ça mille ans à peu près; Ponce-Pilate faisait toujours les cent dix-neuf coups; mais, comme la montagne est à trois ou quatre lieues de la ville, il n'y avait pas grand inconvénient et on le laissait faire. Seulement, toutes les fois qu'un paysan ou qu'une paysanne se hasardait dans la montagne sans être en état de grâce, c'était autant de flambé; Ponce-Pilate leur mettait la main dessus, et bonsoir.

Enfin, un jour, c'était au commencement de la réforme, en 1525 ou 30, je ne sais plus bien l'année, un frère rose-croix, Espagnol de nation, qui venait de visiter la terre sainte, et qui cherchait des aventures, entendit parler de Ponce-Pilate, et vint à Lucerne dans l'intention de mettre le païen à la raison. Il demanda à l'avoyer de lui laisser tenter l'entreprise, et, comme la proposition était agréable à tout le monde, on l'accepta avec reconnaissance. La veille du jour fixé pour l'expédition, le frère rose-croix communia, passa la nuit en prières, et, le premier vendredi du mois de mai 1531, je me le rappelle maintenant, il se mit en route pour la montagne, accompagné jusqu'à Stenibach, ce petit village à notre droite que nous venons de passer, par toute la ville; quelques-uns, plus hardis, s'avancèrent même jusqu'à Nergiswil; mais là le chevalier fut abandonné de tout le monde, et continua sa route, seul, ayant son épée pour toute arme.

A peine fut-il dans la montagne, qu'il trouva un torrent furieux qui lui barrait le chemin; il le sonda avec une branche d'arbre; mais il vit qu'il était trop profond pour être traversé à gué : il chercha de tout côté un passage et n'en put trouver; enfin, se confiant à Dieu, il fit sa prière, résolu de le franchir, quelque chose qui pût arriver, et, lorsque sa prière fut finie, il releva les yeux et reporta les yeux sur l'obstacle qui l'avait arrêté. Un pont magnifique était jeté d'un bord à l'autre; le chevalier vit bien que c'était la main du Seigneur qui l'avait bâti, et s'y engagea hardiment. A peine avait-il fait quelques pas sur l'autre rive, qu'il se retourna pour voir encore une fois l'ouvrage miraculeux; mais le pont avait disparu.

Une lieue plus avant, et comme il venait de s'engager dans une gorge étroite et rapide qui conduisait au plateau de la montagne où se trouve le lac, il entendit un bruit effroyable au-dessus de sa tête; au même moment, la masse de granit sembla chanceler sur sa base, et il vit venir à lui une avalanche qui, se précipitant pareille à la foudre, remplissait toute la gorge et roulait bondissante comme un fleuve de neige; le rose-croix n'eut que le temps de mettre un genou en terre et de dire : Mon Dieu, Seigneur, ayez pitié de moi ! Mais à peine avait-il prononcé ces paroles, que le flot immense se partagea devant lui, passant à ses côtés avec un fracas affreux, et, le laissant isolé comme sur une île, alla s'engloutir dans les abîmes de la montagne.

Enfin, comme il mettait le pied sur la plate-forme, un dernier obstacle, et le plus terrible de tous, vint s'opposer à sa marche. C'était Pilate lui-même, en habit de guerre, et tenant pour arme à la main un pin dégarni de ses branches, dont il s'était fait une massue.

La rencontre fut terrible : et, si vous montiez sur la montagne, vous pourriez voir encore l'endroit où les deux adversaires se joignirent. Tout un jour et toute une nuit ils combattirent et luttèrent, et le rocher a conservé l'empreinte de leurs pieds. Enfin le champion de Dieu fut vainqueur, et, généreux dans sa victoire, il offrit à Pilate une capitulation qui fut acceptée : le vaincu s'engagea à rester six jours tranquille dans son lac, à la condition que le septième, qui serait le vendredi, il lui serait permis d'en faire trois fois le tour en robe de juge; et;

comme ce traité fut juré sur un morceau de la vraie croix, Pilate fut forcé de l'exécuter de point en point. Quant au vainqueur, il redescendit de la montagne, et ne retrouva plus ni l'avalanche ni le torrent, qui étaient des œuvres du démon, et qui avaient disparu avec sa puissance.

Alors le conseil de Lucerne prit une décision, ce fut d'interdire l'ascension du Pilate le vendredi; car, ce jour, la montagne appartenait au maudit, et le rose-croix avait prévu que ceux qui le rencontreraient mourraient dans l'année. Pendant trois cents ans, cette coutume fut observée : aucun étranger ne pouvait gravir le Pilate sans permission; ces permissions étaient accordées par l'avoyer pour tous les jours de la semaine, excepté le vendredi; et, chaque semaine, les pâtres prêtaient serment de n'y conduire personne pendant l'interdiction; cette coutume dura jusqu'à la guerre des Français, en 99. Depuis ce temps, va qui veut et quand il veut au Pilate. Mais il y a eu plusieurs exemples que le bourreau du Christ n'a pas renoncé à ses droits. Aussi, quand, jeudi dernier, l'Anglais envoya chercher un guide pour lui dire de se tenir prêt pour le lendemain, celui-ci lui dit toute l'histoire que je viens de vous raconter, mais sir Robert n'en fit que rire, et, le lendemain matin, malgré le conseil de tous, il entreprit son ascension, quoique son guide l'eût prévenu qu'il n'irait pas jusqu'au lac.

En effet, à un quart de lieue du plateau, Nicklaus, qui est un homme prudent et religieux, s'arrêta et se mit en prières. L'Anglais continua sa route, et, deux heures après, revint très-pâle et très-défait. Il eut beau dire que c'était parce qu'il avait laissé à Nicklaus le pain, le vin et le poulet, et qu'alors il avait faim, il eut beau boire et manger comme si de rien n'était, Nicklaus ne revint pas moins convaincu que son abattement venait de la frayeur et non de la faim; qu'il avait rencontré Pilate en robe de juge, et que, par conséquent, il était condamné à mourir dans l'année. Il crut de son devoir de prévenir sir Robert de la position critique dans laquelle il se trouvait, afin qu'il mît ordre à ses affaires temporelles et spirituelles; mais sir Robert n'en fit que rire. Vous voyez bien, cependant, que Nicklaus avait raison.

En achevant cette dernière phrase, mon batelier donna son dernier coup de rame, et nous débarquâmes à Stanzstadt. Je me mis aussitôt en route pour Stanz, où j'arrivai après une heure de marche.

La première chose que je fis en entrant à l'auberge de la couronne fut d'écrire à Méry que je savais ce que les bourgeois de Vienne avaient à dire au Juif errant, et qu'à mon retour à Paris je lui en ferais part.

UN MOT POUR UN AUTRE.

La première chose que nous aperçûmes en sortant de l'auberge de la Couronne, pour faire notre tournée dans la ville, fut la statue d'Arnold de Winkelried tenant contre sa poitrine le faisceau de lances qui la traversa.

C'est encore un des beaux et grands souvenirs de la Suisse, et que je ne sache pas encore avoir été contesté, que le dévouement de ce martyr. Léopold d'Autriche, fils de celui qui avait été battu à Morgarten, avait juré de venger la défaite paternelle. Il avait appelé à lui, pour la croisade du despotisme, toute la grande noblesse, et s'était mis à sa tête. Son avant-garde était commandée par le baron de Reinach, qui la conduisait monté sur un chariot chargé de cordes, criant aux habitants qu'avant le soleil couché ils en auraient chacun une au cou. Parmi cette armée, il y avait un corps de faucheurs, qui ne venait pas pour combattre, mais pour détruire les moissons, et qui, s'arrêtant dans les villages à l'heure où les ouvriers des champs prennent leurs repas, se faisaient apporter la soupe des moissonneurs. Cependant, en arrivant à Sempach, on mit du retard à leur apporter le déjeuner; alors ils le demandèrent avec des menaces. « Patience! leur répondit celui à qui ils s'adressaient, voici messieurs de Lucerne qui vous l'apportent. » En effet, en ce moment, on voyait descendre les Lucernois par le chemin d'Adelwil; ils venaient joindre leurs frères de Schwitz, d'Uri, d'Unterwalden, de Zug et de Glaris, qui les attendaient dans un camp entouré de fossés et adossé à une montagne, et les reçurent avec de grands cris de joie.

Alors Léopold vit que le moment était venu de donner la bataille, et, voulant savoir à quels hommes il avait affaire, il envoya pour les examiner un vieux et brave capitaine nommé le comte d'Harembourg. Celui-ci s'avança jusqu'aux fossés du camp; et, comme si les Suisses eussent été sûrs du résultat de cette démarche, ils laissèrent le vieux guerrier étudier à son aise leur force numérique et leurs moyens d'attaque et de défense. Cette tranquillité confiante parut plus formidable au comte que ne l'eût été une démonstration de guerre furieuse et bruyante. Il revint donc lentement vers le duc Léopold, qui l'attendait à cheval, couvert de son harnois de guerre, à l'exception de sa tête, qui n'était point encore casquée. Il avait près de lui, à cheval aussi, et sous les habits ecclésiastiques, le doyen du chapitre de Strasbourg. Interrogé par son seigneur, le comte d'Harembourg répondit qu'il croyait qu'il serait bon d'attendre un renfort, et que ces gens que l'on croyait si méprisables lui paraissaient, à lui, terribles et résolus : « Cœur de lièvre! » dit avec mépris le prélat; puis, se retournant vers le duc Léopold : «Monseigneur, lui dit-il, comment voulez-vous que je vous fasse servir tous ces manants? bouillis ou rôtis? Choisissez. »

En ce moment, le duc vit venir à lui un nouveau conseiller, c'était son bouffon : il était d'Uri, et avait obtenu de son maître un congé pour aller voir ses compatriotes. Il avait été témoin du départ des Suisses de leur canton, de l'enthousiasme avec lequel ils s'étaient armés, et du serment qu'ils avaient fait de mourir tous jusqu'au dernier, s'il le fallait, pour défendre l'héritage sacré de leurs pères. Il fut donc de l'avis du comte d'Harembourg, et supplia le prince de ne point livrer bataille; mais une nouvelle plaisanterie du prélat fut plus forte que toutes les considérations de la prudence. Léopold demanda son casque, le posa sur sa tête, et dit : « Marchons! »

A peine les Suisses eurent-ils vu les Autrichiens se mettre en route, qu'ils sortirent de leur camp et s'avancèrent au-devant d'eux; les deux troupes, l'une forte de quatre mille gentilshommes parfaitement armés, et l'autre de treize cents paysans sans cuirasse, s'arrêtèrent à un trait d'arbalète l'une de l'autre. Quant aux faucheurs, on les avait répandus sur le versant de la montagne, et ils avaient commencé en chantant leur œuvre de destruction.

Le terrain sur lequel le combat paraissait devoir se livrer était inégal et raboteux, serré entre le lac et le talus de la montagne, tout à fait impropre enfin aux manœuvres de la cavalerie. Le duc ordonna à sa noblesse de mettre pied à terre; sa gendarmerie en fit autant. Le duc alors descendit de cheval, et vint se placer au premier rang; plusieurs alors, et de ce nombre était le vieux comte d'Harembourg, voulurent l'engager à remonter à cheval et à reprendre un poste moins dangereux; mais le duc leur imposa silence en disant :

— Je combats pour mes droits et mon héritage,

à Dieu ne plaise que vous périssiez et que je vive heureux! à nous tous le bien et le mal! à nous tous la même mort ou la même victoire!

Les deux armées alors firent un nouveau et même mouvement pour se rapprocher, mais d'une manœuvre différente : les chevaliers autrichiens marchèrent de front, appuyant leurs longues lances au crampon d'arrêt, et poussant devant eux cette muraille de fer ; les Suisses, au contraire, selon leur habitude, prirent la forme d'un triangle, et poussèrent avec acharnement ce coin vivant sur le bataillon qu'ils voulaient entamer, mais, mal protégés qu'ils étaient par leurs armes défensives et n'ayant pour armes offensives que de courtes hallebardes, dont la longueur n'atteignait pas aux deux tiers des lances autrichiennes, ils ne purent entamer le rempart que leur opposaient leurs ennemis. En vain revinrent-ils deux fois à la charge, en vain, la seconde fois, Pierre de Goldeningen se mit à leur tête avec la bannière du canton, Pierre de Goldeningen tomba, serrant dans ses bras l'étendard qu'on ne put lui arracher, et qu'on peut encore voir teint de son sang à l'hôtel de ville de Lucerne. Ce fut alors qu'Arnold de Winkelried, qui était cuirassé, comme étant un des chefs, ôta son armure, monta sur un cheval, et se mit à la tête du triangle obstiné, qui revint pour la troisième fois à la charge, et qui, pour la troisième fois, trouva au front ennemi l'inébranlable ligne de fer contre laquelle déjà cinquante confédérés avaient trouvé la mort. Aussitôt, ayant jeté son épée, il étendit les bras, ramassa tout un faisceau de lances, et, les réunissant sur sa poitrine, il se laissa tomber de tout son poids sur leurs pointes. Cette chute fit une brèche dans les rangs des chevaliers, et le coin entra dans le chêne.

Dès ce moment, les Autrichiens furent empêchés de combattre par la longueur même de leurs lances. Les Suisses, au contraire, avec leurs courtes épées et leurs hallebardes à peine plus longues que des haches, avaient tout l'avantage d'une lutte corps à corps : de ce moment, le vieux comte d'Harembourg vit bien que tout était perdu ; mais il voulut tenter un dernier effort, et, courant à la montagne où étaient les faucheurs, il les appela à lui, afin de les conduire à une autre moisson, et, se mettant à leur tête une faux à la main, il leur donna l'exemple en entrant le premier dans le champ d'hommes aussi pressés que les épis.

Cette attaque imprévue, l'arme étrange avec laquelle elle était faite, le courage du vieux guerrier qui la dirigeait, tout jeta un moment de terreur dans les rangs des Suisses. Le duc profita de ce moment, et, voyant, par une éclaircie qui venait de se faire, la grande bannière d'Autriche près de tomber entre les mains des confédérés, il se précipita vers elle, arriva au moment où le porte-enseigne tombait, et la prit de ses bras mourants. Au même instant, tous les efforts se réunirent contre lui, et,

avant que les seigneurs de sa suite fussent arrivés à son secours, il était tombé couvert de blessures, gardant entre ses dents et ses mains des lambeaux de son étendard, qu'il n'avait lâché qu'avec la vie.

Six cent soixante-seize gentilshommes, parmi lesquels trois cent cinquante aux casques couronnés, tombèrent autour de leur duc. Son cadavre fut transporté à l'abbaye de Kœnigfelsden sur le même char que montait le baron de Reinach, et encore plein des cordes qui devaient garrotter ces mêmes paysans qui l'avaient vaincu.

Près de la statue de Winkelried, qui consacre ce grand souvenir, s'élève l'église de Stanz, qui rappelle un combat plus moderne et non moins acharné. En 1798, les soldats français attaquèrent l'Unterwalden : Stanz résista avec acharnement ; les Suisses furent vaincus, ils laissèrent le champ de bataille, au milieu duquel s'élevait la chapelle de Winkelried, couvert de morts, parmi lesquels on retrouva dix-sept jeunes filles qui avaient combattu avec leurs frères et leurs amants, et se réfugièrent dans l'église déjà pleine de femmes et de vieillards; mais cette faible forteresse fut bientôt emportée : les Français y pénétrèrent malgré une vive fusillade, et, à la première décharge qu'ils firent à leur tour, le prêtre, qui élevait au ciel l'hostie sainte, tomba la poitrine traversée d'une balle qui alla faire à l'autel un trou qui existe encore. Le martyr moderne s'appelait Wisler Lüsen.

Derrière l'église, une petite chapelle, bâtie sur le lieu même où l'on enterra les morts, au nombre de quatre cent quatorze, parmi lesquels cent quatre femmes et vingt-cinq enfants, porte cette inscription :

« Den erschlagenen frommen Unterwalden, von 175 von ihren edeldenkenden Freunden und Vervaden gevidmet. »

Nous allâmes faire une dernière visite à la chapelle de Winkelried, et nous nous mîmes en route pour Sarnen, où nous arrivâmes à deux heures de l'après-midi.

En venant, nous avions laissé à gauche la route de Wil, qui conduit à Wolfranchiess, patrie de Conrad de Baumgarten, et où eut lieu l'aventure tragique du bain. Comme rien ne restait de cette aventure que le souvenir lui-même, nous ne crûmes pas nécessaire de nous déranger pour aller chercher dans la tradition des détails que l'histoire a conservés. Sarnen d'ailleurs en présentait d'aussi importants, car c'est sur la montagne qui la domine que s'élevait le château de Landenberg, qui fut pris par les gens de campagne, qui faisaient semblant d'y apporter des provisions, le 1er janvier 1308; et c'est au milieu de la ville qu'est bâtie, sur l'emplacement même où le vieux Mechtal eut les yeux crevés, la maison de M. Landwelbel.

En visitant cette dernière, nous entendîmes des coups de feu tirés régulièrement : cela me rappela

L'église de Stanz. — Page 150.

que le jour où nous nous trouvions était un dimanche, et qu'en Suisse un des plus grands plaisirs de
ce jour est l'exercice de la cible. J'avais beaucoup
entendu vanter les tireurs de l'Entlibuch et de Mechtal; j'étais bien aise de me convaincre par mes yeux
de cette adresse si célèbre. Je dis donc à Francesco
de courir me chercher ma carabine, et de venir me
rejoindre au tir.

Il ne me fut pas difficile de trouver mon chemin :
j'étais guidé par les coups de fusil, et, après dix
minutes de marche, j'arrivai à la baraque des tireurs. En face d'eux, à trois cents pas de distance,
au pied de la montagne, était dressée la cible, et
près de la cible une petite cabane où se cachait
l'homme chargé d'indiquer le point du cercle où le
coup avait porté, et de reboucher le trou avec une
fiche de bois qu'il enfonçait à l'aide d'un maillet.

En me voyant paraître, les tireurs me saluèrent
avec la politesse habituelle aux Suisses, et j'eus besoin de leur faire signe de ne pas se déranger pour
qu'ils continuassent leur exercice. Je m'approchai
d'eux, et, comme je suivais avec intérêt les coups
tirés, l'un d'eux, qui venait de charger son fusil,
me l'offrit. Ce que j'avais vu de leur adresse me

laissait l'espoir de lutter facilement avec eux. Sur trois coups, celui qui s'était le plus rapproché du centre était resté à six pouces de la mouche, et, pour peu que le fusil valût quelque chose, j'étais sûr de faire au moins aussi bien.

Avant de me servir de l'arme qu'on venait de me remettre, je voulus l'examiner; mais, au moment où j'allais en faire jouer le ressort, le tireur auquel elle appartenait me mit la main sur le bras pour m'en empêcher. Comme je ne comprenais pas son intention, je demandai en français s'il y avait quelqu'un dans l'honorable société qui parlât anglais ou italien; alors un homme du Linthal, qui se trouvait là par hasard, et qui, dans les Grisons, avait attrapé quelques mots du patois milanais, essaya de me faire comprendre que la détente était si douce, que, au moment où je mettrais le doigt dessus, elle partirait. Comme la conversation traînait en longueur, et que je voyais que tout le monde avait les yeux sur moi, j'abrégeai en portant le fusil à mon épaule. Ce fut alors seulement que je m'aperçus que la batterie sur laquelle venait frapper la pierre était recouverte d'un petit sac de peau : comme je n'en comprenais pas l'utilité, je voulus l'ôter ; mais le tireur me mit de nouveau la main sur le bras, m'expliquant dans son mauvais allemand, dont je ne comprenais pas un mot, l'utilité de ce petit ustensile. Lorsqu'il eut fini, mon homme du Linthal reprit à son tour, traduisant la recommandation en mauvais italien. Comme je ne comprenais pas plus l'un que l'autre, et que je commençais à m'apercevoir que j'avais l'air de M. de Pourceaugnac entre ses deux médecins, je répondis, à l'un, en allemand : *Sehr gut; et*, à l'autre, en italien : *Va bene*. Je mis le petit sac de cuir dans la poche de mon gilet, je reboutonnai ma blouse par-dessus, et j'épaulai.

Je n'avais pas porté la main à la gâchette que le coup était parti; la balle dut passer à trois cents pieds à peu près au-dessus du but. Cependant l'homme de la cabane, qui ne pouvait deviner l'accident qui m'était arrivé, ni même que c'était moi qui avais tiré, sortit de son retranchement, chercha sur la cible le coup qui n'avait garde d'y être, et, ne le trouvant pas, il tourna le dos aux tireurs, et fit, à l'intention du maladroit qui venait de perdre une balle, un geste qui me fit sérieusement regretter de n'avoir pas en ce moment dans mon fusil une charge de ce petit plomb que méprisait tant Sancho Pança. Cette démonstration fut accueillie par les rires et les applaudissements de la multitude.

Une mystification, de quelque part qu'elle sorte, est toujours une chose fort désobligeante; mais elle porte encore avec elle un nouveau degré d'humiliation pour celui qui en est l'objet, si elle tombe sur lui au milieu d'hommes d'une condition inférieure, et dans un pays dont il n'entend pas la langue; ce qui le met dans l'impossibilité de rendre plaisanterie pour plaisanterie. Je me reculai pour faire place à un au-

tre tireur, tout en me mordant les lèvres et en examinant le fusil qui venait de me faire le mauvais tour dont j'étais victime, lorsque mon homme du Linthal, qui avait suivi tous mes mouvements, et paraissait m'avoir pris sous sa protection, me tira dans un coin, et, voyant qu'il fallait substituer le geste à la parole, arma la carabine que je venais de décharger si malheureusement contre mon honneur, et, soufflant sur la détente, fit partir le chien par la seule force de son souffle.

Je compris alors que la finesse de nos pistolets à double détente n'était rien, comparée à celle des fusils de tir suisses, et que, pour rendre toutes les facilités d'adresse plus grandes, il n'y avait qu'à approcher le doigt de la gâchette pour que le coup partît. Lorsque mon patron me vit bien au fait de cette particularité, il me conduisit près de celui qui allait tirer; la batterie de son fusil était recouverte d'un petit sac pareil à celui que j'avais mis dans ma poche. Sur un signe qu'il fit, son voisin l'enleva : presque aussitôt le coup partit et alla frapper à un pied de la mouche. L'homme aux gestes sortit de sa cabane, montra le trou de la balle avec le bout de son maillet, fit un salut fort agréable à celui qui venait de donner cette preuve d'habileté, et rentra dans sa baraque.

— *Avete capito?* me dit mon protecteur.

— Pardieu! si j'ai compris! à merveille : le petit sac de cuir est pour empêcher le chien de faire feu dans le cas où il s'abattrait avant le moment voulu : si j'avais laissé le mien, au lieu de le mettre dans ma poche comme un imbécile que je suis, mon coup ne serait pas parti avant le temps, et je n'aurais pas eu l'humiliation de voir un Suisse me montrer...

— *Va bene, va bene*, répondit mon homme, *voi avete capito*.

— Parfaitement; recommençons. Voilà votre petit sac, remettez-le à sa place, et vous ne l'ôterez que quand je vous ferai signe.

— *Slete sicuro*.

— Très-bien ! alors rechargeons.

Je voulus l'aider dans cette opération; mais il me fit sentir qu'elle était d'une trop grande importance pour en abandonner le moindre détail à une main profane : en effet, il commença par boucher la lumière avec une allumette, puis mesura la poudre avec le plus grand soin, comptant littéralement les grains qui devaient composer la charge, appuya sur elle une bourre de cuir, passa dans le canon un linge graissé, et enfin fit entrer la balle à coups de maillet ; puis il ôta l'allumette, amorça le fusil, plaça le petit sac de peau sur la batterie et me remit l'arme.

C'est une chose assez bizarre, et sur laquelle on ne peut pas prendre le dessus, que la question d'amour-propre. J'étais là, au milieu d'une assemblée de paysans dont l'opinion devait m'être d'autant plus indifférente, qu'aucun d'eux ne savait mon nom, ni peut-être mon pays; je passais à Sarnen pour ne jamais y repasser sans doute; que devait par conséquent m'importer le souvenir d'adresse ou de maladresse que j'y laisserais? Et cependant, quand je m'approchai pour prendre ma place derrière la barrière, le cœur me battait comme lorsqu'au moment de mes débuts dans la carrière théâtrale j'entendais les trois coups qui annonçaient le lever du rideau d'une première représentation.

Il s'était fait un grand silence, et chacun avait cessé de s'occuper de sa propre affaire pour penser à la mienne. On avait vu un des plus habiles tireurs des environs me prêter son arme après avoir échangé avec moi quelques mots dans une langue étrangère, on avait remarqué l'attention qu'il avait donnée à la charge du fusil, ce qui était une preuve qu'il ne pensait pas que cette charge dût être perdue; enfin, à la manière seule dont j'avais pris l'arme, on avait jugé qu'elle m'était familière. Il était dès lors évident que, chacun ayant compris que le premier coup était parti avant que je le voulusse, on regardait la première épreuve comme non avenue, et l'on attendait la seconde pour me juger.

Aussi pris-je les précautions nécessaires : j'écartai de mon épaule tout ce qui pouvait empêcher la crosse de s'y emboîter parfaitement : je choisis ma ligne de bas en haut, et, arrivé en face du but, je fis signe d'enlever le petit sac, ce qui fut fait avec une minutieuse légèreté; puis, me donnant tout le temps de viser, je ne rapprochai mon doigt de la détente que lorsque je fus sûr de ma direction, et bien m'en prit, car, lorsque je effleurai la gâchette, que le coup partit; mais, cette fois, j'étais tranquille. Je posai la crosse de mon fusil à terre et j'attendis.

L'homme à la baraque sortit de sa niche, regarda la cible, prit un drapeau qui était caché derrière elle, et, se retournant de notre côté, il l'agita en signe d'hommage et de salut. Au même instant, tout le monde battit des mains, et mon répondant me frappa sur l'épaule.

— Qu'y a-t-il? lui dis-je.

— Vous avez touché la mouche, me répondit-il.

— Vrai?

— Parole d'honneur!

Je regardai autour de moi, et je vis dans tous les yeux que la chose était vraie. En ce moment, Francesco arriva avec ma carabine.

— Tiens, lui dis-je, prends ce thaler, et porte-le au marqueur en échange de la mouche que tu me rapporteras.

Francesco obéit pendant que les tireurs m'entouraient pour examiner ma carabine; c'était une belle arme de Lefaucheux, réglée par Devisme et se chargeant par la culasse. Cette invention nouvelle était tout à fait inconnue à mes arquebusiers; de

sorte qu'ils ne pouvaient en comprendre le mécanisme, qu'ils examinaient avec toute l'attention de véritables amateurs. Le peu de longueur du canon, surtout, les intriguait singulièrement et leur faisait douter de sa portée. Alors je mis une cartouche dans le canon, et, leur montrant un sapin isolé qui s'élevait à une distance double à peu près de la cible, j'ajustai avec la rapidité que donne l'habitude d'une arme, et je fis feu.

Pas un tireur ne resta dans la baraque; tous coururent à qui mieux mieux, pour voir le résultat de ce coup, dont ils croyaient la portée impossible avec un canon de vingt pouces. Le premier arrivé jeta un cri qui fut répété par tous les autres; la balle était enfoncée si profondément dans le tronc, qu'une baguette de fer entra d'un pouce et demi dans le trou qu'elle avait fait. Pendant ce temps, Francesco revint de l'autre côté, me rapportant la mouche écornée par la balle.

Cet incident interrompit l'exercice; ma carabine faisait l'admiration de la société, et, si je n'avais pas commencé à tirer avec le fusil de l'un d'eux, ils auraient probablement cru que je possédais une arme enchantée. Quant à mon patron, il rayonnait : on eût dit qu'il lui revenait une part de la gloire que je venais d'acquérir; il s'approcha de moi, et, me mettant la main sur l'épaule :

— Vous êtes chasseur, me dit-il.

— Je suis né au milieu d'une forêt.

— Avez-vous chassé le chamois?

— Jamais.

— Eh bien! si vous venez à Glaris, souvenez-vous de Prosper Lehmann, et venez lui demander de vous en faire tuer un.

— Un instant, dis-je, entendons-nous bien; c'est que, si vous me promettez cela, je compte y aller.

— Vous serez le bienvenu.

— Ainsi, c'est dit?

— C'est dit. Maintenant, voulez-vous me laisser tirer une balle ou deux avec votre carabine?

— Comment! mais dix si vous voulez. Voilà des cartouches en masse; vous savez la manière de vous en servir; vous me la rapporterez à l'hôtel du Cor-de-Chasse, où je suis logé; voilà tout. Moi, je vais dîner.

A ces mots je pris congé de la société, pétrifiée d'étonnement qu'on pût inventer quelque chose de supérieur à l'armurerie de Lausanne et de Berne.

Deux heures après, Lehmann me rapporta ma carabine; il avait tiré jusqu'à ma dernière cartouche, et touché deux ou trois fois la mouche, de sorte qu'il était en admiration devant l'arme qu'il me rendait. Je lui montrai mon fusil à deux coups, qui était dans le même système, et, m'approchant de la fenêtre, je tirai deux hirondelles, je les tuai.

Cette dernière expérience bouleversa entièrement l'esprit du pauvre chasseur, et cela est concevable, lorsqu'on saura que les Suisses ne connaissent pas notre chasse de plaine et ne tirent jamais qu'à coup posé; dans certaines parties même, comme l'Appenzell et la Thurgovie, ils appuient leur fusil sur une fourche pour tirer au blanc. Quant à la chasse au vol ou à la course, elle leur est tout à fait inconnue, et un habitué de la plaine Saint-Denis exciterait, sous ce rapport, leur admiration.

Je passai la soirée avec mon nouvel ami, dont je commençais à entendre parfaitement le patois; il me raconta ses chasses dans les montagnes, dont il était le roi, et me renouvela l'invitation de me faire assister activement à l'une d'elles; c'était déjà parole donnée, et je lui promis que, quand cela me dérangerait de ma route, je n'en passerais pas moins à Glaris. Il partit le lendemain pour retourner dans le Linthal et moi à Lucerne; mais il fut convenu que nous ne nous quitterions pas comme cela, et qu'il m'éveillerait à quatre heures du matin, afin de ne pas nous séparer sans avoir consacré notre amitié par un verre d'eau de cerises.

Le lendemain, Lehmann me réveilla, comme la chose était convenue; je descendis dans la salle à manger, et je trouvai tous nos tireurs de la veille réunis; ils venaient prendre congé de moi comme d'un frère. La chasse est une véritable franc-maçonnerie.

Je quittai enfin ces braves gens, que je ne reverrai sans doute de ma vie, mais qui, quoiqu'ils ignorent mon nom, ont gardé, je suis sûr, mon souvenir, et je me remis en route. Le chemin ne m'offrit rien de remarquable jusqu'à Alpnach, où je m'arrêtai un instant chez le plus jovial aubergiste que j'aie jamais vu. Enfin, je me remis en route pour Lucerne, comptant prendre un bateau à Hergiswel ou à Stenibach.

En sortant de Gstad, la route cesse d'être carrossable, et ne le redevient qu'à Winkel. Je ne fus donc pas peu surpris, à l'un des détours du chemin, de me trouver à vingt pas d'un monsieur et de son domestique, qui, s'étant engagés dans un chemin abominable, avaient versé, et essayaient de relever leur calèche. J'allai à eux, tout en me demandant, à part moi, quelle diable d'idée avait pu porter un homme raisonnable à essayer de passer par de telles routes, et j'avoue que j'arrivai auprès des voyageurs sans m'être fait une réponse satisfaisante. En revanche, je reconnus celui des deux qui me paraissait le maître pour l'Anglais que j'avais vu, quatre ou cinq jours auparavant, descendre si rapidement du Righi, en laissant son guide à ma disposition. Voyant que je pouvais lui être de quelque utilité, j'allai à lui, et lui demandai en mauvais anglais par quel hasard j'avais l'honneur de le rencontrer avec une voiture dans un sentier à mulets. L'Anglais, qui était un grand jeune homme mince et pâle, rougit beaucoup, balbutia quelques mots qui me firent croire d'abord qu'il bégayait; puis, se remettant peu à peu, je parvins à comprendre, au milieu des hésitations de sa langue, qu'on lui avait dit qu'il pouvait passer avec son équipage.

— Et qui vous a dit cela?

— Les Suisses.

— Cela m'étonne, répondis-je; les habitants de ces pays sont peu portés à ce genre de plaisanterie. Que leur avez-vous demandé?

— Si une voiture pouvait passer par-dessus ces montagnes, et je leur ai montré du doigt la plus haute, qui est là-bas, au fond.

— Le Brünig?

— Je ne sais pas comment elle s'appelle.

— Et qu'ont-ils répondu?

— Ils se sont mis à rire, et m'ont dit que oui.

— En quelle langue leur avez-vous demandé cela?

— En allemand.

— Vous parlez donc allemand?

— Un peu.

— Et comment avez-vous dit? *Ascolta, Francesco, il signor inglese va parlare tedesco.*

— J'ai dit : *Kann einen Vogel über dieser Berg fahren?*

— Qu'est-ce que signifie le mot *Vogel?* dis-je à Francesco.

— Cela signifie un oiseau.

— Comment dit l'Anglais.

— Eh bien! répondis-je, je m'en étais douté. Vous avez pris un mot pour un autre : *vogel* pour *Wagen*, et vous avez demandé si un oiseau pouvait passer par-dessus ces montagnes.

— Ah! ah! fit l'Anglais.

— De sorte que les paysans, qui ont cru que vous vous moquiez d'eux, se sont mis à rire, et vous ont répondu que oui.

— Eh bien! alors qu'y a-t-il à faire?

— A remettre votre calèche sur ses roues et à reprendre la route de Lucerne.

FIN DE LA DEUXIÈME PARTIE.

TABLE DES MATIÈRES

DE LA DEUXIÈME PARTIE.

—◦—

PLACEMENT DES GRAVURES

PARIS. — IMPRIMERIE SIMON RAÇON ET Cie, RUE D'ERFURTH, 1.